2019

CHINA JOURNALISM AND COMMUNICATION JOURNAL

中国新闻传播研究

区域融媒体传播

高晓虹◎主编
刘宏 赵淑萍 曾祥敏◎副主编

中国传媒大学出版社
·北京·

目录 >>>>CONTENTS

区域融媒体

区域媒体融合的原则遵循与策略选择*

——基于对区域媒体融合现状考察的分析

Principles and Strategies of Regional Media Convergence

—Analysis Based on the Current Situation of Regional Media Convergence

◎马　梅

Ma Mei

摘要:文章对我国媒体融合尤其是区域媒体融合的开展情况进行了调研,了解了媒体融合进程中的媒体端的做法、成绩与问题,以及用户端的群众对于媒体融合的意见与建议,认为区域媒体融合要从国家执政安全的高度,从群众的利益与需求出发,改变灌输式的以传者为中心的传播理念与工作态度,厚植服务理念,真正为国家的长治久安、繁荣昌盛而发挥媒体的"关系连接"作用;在融合深度与融合主体上应采取"宽融合"原则。在此基础上文章进而对于区域媒体融合的具体运作提出了策略建议。

关键词:在地性,服务,宽融合

Abstract: This paper investigates the development of media convergence in China, especially in regional media convergence, and understands the practice, achievements and problems of the media side in the process of media convergence. It also understands the opinions and suggestions of the masses on the media convergence at the user side. It considers that the regional media convergence should be from the height of national governing security. Starting from the interests and needs of the masses, we should change the indoctrinated dissemination concept and working attitude centered on disseminators, strengthen the service concept, and really do a good job of the media's "relationship connection" role for the long-term stability and prosperity of the country. On the basis of this, we should adopt the principle of "wide integration" on the depth of integration and the main body of integration. The

* 本文是安徽省哲学社会科学规划项目"移动互联环境下中国政治传播理念与实践创新研究"(AHSKZ2016D14)的阶段性成果。

following article further puts forward some strategic suggestions for the specific operation of regional media convergence.

Keywords: locality, service, wide convergence

当前媒体融合正在我国各地各级各类媒体之间展开,那么其具体情况如何?笔者于 2018 年 7 月至 2019 年 7 月,在安徽各地的媒体包括开展信息服务的互联网公司进行调研,采取实地走访、线上线下访谈、参与行动的方法了解安徽区域媒体融合的情况。同时,笔者还参加了互联网传媒智库机构组织的对于央媒、互联网平台媒体、互联网垂直媒体的参访活动,实地走访观察了其媒体融合工作的开展情况。2019 年 3 月至 7 月,笔者组织和带领学生对县级融媒体建设尤其是安徽各地的县级融媒体建设进行了调研,访谈了县委宣传部门负责人、县级媒体的相关领导、编辑记者,以及县乡镇、村的干部和新农人新农民,了解其对于县级融媒体建设的意义和问题的认知。

通过这些调研,并进行文献研究,笔者认为,我国当前的媒体融合是合纵连横都在进行,同时还存在着“媒介融合”和“媒体融合”两个中文指称的并行。仔细辨析起来,“媒介融合”更多是从使用者角度和技术角度出发,强调在信息生产传播活动中各种符号、介质、渠道、技术都可以用,信息使用者在接收信息时往往不会去计较信息来自什么通道,事实上很多用户是同时使用几种媒介的。“媒体融合”更侧重于一个个信息生产传播的专业组织(单位)的发展、经营管理、体制机制方面的问题。其实,在“媒体融合”中必然包含着“媒介融合”,因而本文的区域媒体融合研究,也不再做“媒介”与“媒体”的区分。

一、我国媒体融合的进展

(一)“媒体”意涵的多重并置

传统媒体与新兴媒体融合,从媒体的物理属性和信息生产方式上,涉及的不再是两种“大众传媒”意义上的规模化组织化“媒体”的融合。

原因之一在于这里的“媒体”在组织结构、业务范围方面并不相同。“传统媒体”是规模化组织化地进行信息生产与传播的专业化机构。这些“传统媒体”首先都是内容生产者,其次才是融生产和传输为一体的自给自足的信息机构。但“新兴媒体”却有很多并不是内容生产者。如 2014 年移动客户端“今日头条”声称自己“不做新闻生产者,只做新闻搬运工”。如今,“今日头条”固然有了自己的新闻生产,但其主要业务仍然是聚合来自各种信息生产主体——UGC、PGC、OGC、MGC 提供的信息产品。"新兴媒体"当中也有一部分在创业之初就做新闻等信息产品的生产,以信息生产者身份亮相,尤其是很多前传统媒体人(包括在传统媒体创办的网站和客户端等工作的)转型做的、创办的新媒体,如前《南方周末》优秀记者马昌博创办的以短视频为主要产品的壹读传媒、视知传媒,等等。可以说目前我国的"新兴媒体"是一切运用新兴的数字信息技术、网络技术的,混杂着多种传播主体、传播范围与传播方向的"媒体"——它是一种融人际传播、群体传播、组织传播、大众传播于一体的,具有多种行动者主体(既有法人性质的专业媒体,也有各种法人性质的本不是专业媒体的"组织",还有一个个自然人)的混合型概念。① 而且,这些"新兴媒体"有的不再是过去的信息生产型的媒体,而只是一个传播的平台、载体,是一个集纳平台。传统媒体中的"媒体"其代表的物质存在,与新兴媒体的"媒体"所代表的物质存在,在内涵上不完全对等。

原因之二是当今的传统媒体也都已经是全媒体形态。2014 年 8 月 18 日,习近平在主持召开中央全面深化改革领导小组第四次会议时要求推动传统媒体和新兴媒体融合发展。2014 年讲话所提到的传统媒体、新兴媒体泾渭分明,其时的"新兴媒体"中的强势的规模化组织化的信息生产者聚合者分发者,可能主要指的是那些市场化的、体制外的网站及新浪微博、腾讯微信等平台型媒体;其时的"传统媒体"可能还只是纸质的报纸杂志、传统单向撒播式的且只用收音机和电视机接收的广播电视媒体。自 2016 年以来,"融合"进入了新的阶段②,从简单的物理相加,进入到了化学意义上的"融"与"化",产生了全新的组织架构、生产流程、内容产品、表现形式与话语风格等。现在仍然发展很好的传统媒体,都已经悄悄地向"你就是我,我就是你"转变,从传统媒体转型为新型主流媒体——物理介质上各种手段都还存在,但是生产流程和人员布局上往往已是移动优先,全媒体记者成为主流,一次采集、多元生成,多终端多平台发布。全媒体记者一次外采会带回多种符号介质的素材,各种符号与体裁的媒介产品得以产出,并发布在不同平台。

当前我国的传统媒体纷纷有了自己的网站、客户端、微博微信公众号,以及在其他

① 张志安认为,"当前,新媒体环境下的传媒行业正在发生巨大变革:从过去以传统媒体、主流媒体、机构媒体为核心的新闻传播舆论场,逐步转变成专业媒体、平台媒体和自媒体协同互补的公共传播舆论场……" 张志安.从新闻传播到公共传播——关于新闻传播教育范式转型的思考[J].暨南学报(哲学社会科学版),2016(3):77-84,131.

② 习近平总书记:要尽快从相"加"阶段迈向相"融"阶段,从"你是你、我是我"变成"你中有我、我中有你",进而变成"你就是我、我就是你",着力打造一批新型主流媒体。——2016 年 2 月 19 日,在党的新闻舆论工作座谈会上发表重要讲话。习近平.在党的新闻舆论工作座谈会上的讲话[M]//中共中央文献研究室.习近平总书记重要讲话文章选编.北京:党建读物出版社,中央文献出版社,2016:430.

平台媒体驻扎的“某某号”(这些平台媒体现在主要还是从商业公司基因成长起来的,如今日头条、抖音、百度,很多传统媒体有自己的头条号、抖音号、百家号等)。央媒如新华社、人民网在向平台媒体发展,在新华社和人民网上面也有地方媒体的入驻,实力强劲的传统媒体正发展成为新型主流媒体。事实上,正是早期的体制外的网络媒体如网易、搜狐、新浪、腾讯等的冲击,使得曾经单一的报纸杂志、广播电台、电视台等开始了电子化、网络化、交互化、社交化,开始拥有了自己的“两微一端”等,从而向全媒体转变。然而也正是这些传统媒体在向全媒体发展的过程中,内部叠床架屋,机构臃肿,业务重叠交叉,力量分散而造成同一媒体内部的同质化竞争,使得一体化发展、组织流程再造提上了议事日程。如今一些媒体融合做得比较好的媒体,新闻生产的“中央厨房”已经形成。这一“中央厨房”主要包括大数据监测分析系统、全媒体指挥中心、全媒体编辑中心①,在物理空间和人员坐席上,它呈圆形或扇形的安排,值班新闻总编副总编位于圆心或扇形起点,其他原属报纸、广播、电视、网站、微博、微信、客户端等的新闻采编核心力量,或按照栏目名称或按照内容领域,构成每一条半径。媒介即讯息,这样的空间布置,使得各种介质的新闻采编力量,自然地形成一种文化心理——在面对一个重大新闻事件、活动的传播时,其前期策划必然是各种物理介质采编人员共同的讨论和全媒呈现的融合操作。

(二)媒体融合的分层现实

当前我国央媒、省级媒体都在媒体融合上面花费了巨大的精力、物力、人力、财力,一些央媒和部分省级媒体可以说已经在新闻内容生产与传播上实现了较高的覆盖率。但是也有一些国家部委所办媒体、行业媒体,有一些经济实力并不强大的省份的省级媒体,其媒体融合出现了很多困难:内容生产质量没有上去,多种媒介终端分发又进一步将原来数量不多、质量不强的内容生产力量分散开来;媒体融合需要的新技术人员缺乏,人才引进很难,原有员工学习新技术的愿望又不强烈,反而不少优秀员工向薪资更高的发达地区或有信息传播业务的企业跳槽。

具体到区域媒体融合层面,在媒体融合的参与范围上面,既有某省的省市县各级媒体融合为一个平台的现象,如湖北省将“长江云”建设成省市县三级共享的区域性生态级融媒体平台②;也有省级媒体统管本省县级融媒体建设而地市级媒体独立进行的现象,如安徽省 2019 年 7 月 18 日宣布的在安徽省委宣传部领导下,安徽广播电视台

---

① 陈志农.打造“超强大脑”,推进媒体深度融合[J].青年记者,2017(7):24-25.

② 赵轶.构建县级融媒体中心的省级支撑平台[J].新闻战线,2019(3):22-24.

主导，集合安徽省级媒体力量进行的县级融媒体建设模式。在融合的成效方面，经济文化发达地区如上海、浙江的媒体融合成绩迭出，天津也在2019年开启了全面融合整合的行动，但还有很多省市县仍然没有太多变化。

地市级媒体独立进行的媒体融合也取得了一定成绩。2018年9月29日，安徽省芜湖市的芜湖日报报业集团和芜湖市广播电视台整合而成的区域级融媒体——芜湖传媒集团正式挂牌成立。这是安徽省地市级媒体融合改革的先行者。经过一年的发展，芜湖传媒集团已经走上了良性发展、阔步前进的轨道。该集团立足现实，先将原属日报、晚报等报纸建立的新闻网站，原属广播电视台的新闻频道、移动客户端等所有的时政新闻采编力量整合起来，成立全媒体新闻中心，其后全力实施策采编发一体化的中央厨房制，所有时政新闻记者归属一个单位，统一调配。经过一年多的集团内部培训、学习，该中心记者全部成为全媒体记者。现在一个重要新闻发生，该集团统一调配力量，往往只派1—2个记者外出采集素材，进行基本稿件的撰写和编辑，同时将素材发给台里各栏目、板块，由后者根据自身特点进行进一步加工，进而在各媒介终端分发。

无独有偶，2019年4月28日，珠海传媒集团正式挂牌，以原珠海报业集团和珠海广电集团为基础，同时整合市内其他国有传媒类资源，成为国内首家全媒体国有文化企业集团。但也有原来合在一起、现又分家的：2019年5月，原属于大庆新闻传媒集团的大庆日报社、大庆广播电视台重新设立。究其原因，广告下滑、生存困难成为“分家”的根本原因。① 笔者也对安徽省内外的地市级媒体进行了广泛调研，目前一个地市的各家媒体实质性融合为一家的还非常少，在安徽除了芜湖市，其他都还在观望等待。

县级融媒体建设方面，经过一年多建设，已经取得不少成果，形成三种模式。一是在省级区域形成较为统一的整体规划。有的省统一规划，由省级报业集团、新媒体集团、广电集团其中一家建立统一的融媒体技术平台，该省各县级融媒体中心全部依托这家省级媒体集团的技术力量开展建设；有的省整合了本省省级报业、广电、新媒体的力量，以联合控股方式成立统一中心，统一开展本省县级融媒体建设；有的省尊重现实，省内的县级融媒体建设分属省级报业集团或省级广电集团指导建设。二是地级市区域内形成了统一规划，如杭州市所属各县区融媒体建设就实现了在市级范围内的统一。三是县级区域独立进行融媒体建设，如甘肃玉门模式。当然也存在一些问题。有的县在本地融媒体建设中，在本省主导计划没有出来前，已经开展，但是由于缺乏指

① 2019上半年广电媒体融合的四大新亮点[EB/OL].(2019-07-28)[2019-10-13].http://www.ttacc.net/a/news/2019/0715/57564.html.

导,其片面地进行硬件升级改造却又不符合要求、不符合融合规律和新闻传播规律,造成一定的资源浪费。另外,很多地方的县级融媒体还没有真正发挥贯通信息传播的"最后一公里"的作用。[①]

二、区域媒体融合的总体原则

在区域媒体融合全面展开的当下,需要思考根本性的问题:融合的目的是什么?基于这样的目的,又该融合什么,如何融合?在体制上,区域媒体融合是区域内各种传统媒体与新兴媒体的融合,包含那些进入区域发展的商业企业发展起来的各种网络媒体、社交媒体乃至平台媒体呢,还是只有本区域内各种传统媒体(包括其传统介质的部分、新兴媒体形态的部分)之间的融合?在单位类别上,是否应该再多走一步,包括与各种不是媒体,但给予媒体以新信息传播技术支持的技术公司等的融合,包括与区域内各级党政机构、公共服务部门内设的信息发布部门的融合?在融合后的业务层面,是只坚守新闻生产分发呢,还是拓展到各种信息产品、文化产品乃至周边产品、服务?

(一)利益博弈还是关系连接

当前"新闻+政务+服务"的融媒体功能定位已渐成共识。湖北的"长江云"和天津的"津云"主要策略即是。[②] 2019 年 4 月 3 日,"南粤全媒体智慧云平台"正式上线,其助力广东全省各级电视台、报社共同搭建的融媒体中心技术服务平台,通过媒体服务、党政服务、民生服务、公共服务和增值服务五大功能支撑,实现了与新时代文明实践中心系统全面对接和省、市、县、镇、村五级贯通。[③] 笔者在安徽各地调研,发现有不少地市级媒体已经拿出自己的专门人力承接地方政府的政务信息生产编辑发布任务,也发现有县级融媒体中心认识到"新闻+政务+服务"的三合一,并已设计好包含这些业务的客户端,只待上线发布。

确实,比起全国性的媒体,和地方的紧密连接或者说"在地性"是区域媒体的优势。区域媒体可以立足本地,找准本地特色优势与问题,紧密服务本省的各项建设,为政府决策出谋划策,为群众关心的问题提供解决方案。"当县委书记一定要跑遍所有的村;

---

① 陈国权.中国县级融媒体中心改革发展报告[J].现代传播,2019(4):15-21.

② 郭忠.以"六个贯穿"提升主流媒体引导力[J].新闻战线,2018(15):20-24.王佳航,李潇.新连接 新技术 新叙事——现代传播体系版图下的两会报道[J].新闻战线,2019(7):59-61.

③ 2019 上半年广电媒体融合的四大新亮点[EB/OL].(2019-07-28)[2019-10-13].http://www.ttacc.net/a/news/2019/0715/57564.html.

当地市委书记，一定要跑遍所有的乡镇；当省委书记应该跑遍所有的县市区。”习近平有一次在接受中央电视台采访时说。正是因为有大量的调查做基础，使得习近平在制定发展战略时能有的放矢，并且能从全局高度看问题。[①] 这是一种透彻了解本地情况基础上的施政。比起一个主政一方、事务繁杂的领导，媒体作为沟通上下的机构、社会的中介场域，拥有众多条线记者编辑，更应该也更能够常年奔走于区域各地，对所服务区域的各方面情况了如指掌，然后精准服务、有效引领。省级媒体业务领导和记者应该跑遍县市区，地市级媒体的业务领导和记者应该跑遍乡镇，县级媒体则应跑遍所有的村与社区，然后他们会精准掌握本地情况，会发现问题，会发现无数鲜活的感人的故事。如此，其区域的新闻传播接地气，有针对性，又鲜活。

但是长久以来，区域媒体往往没有发挥自己的这一优势。固然，他们的发行、广电线路与信号覆盖到了村镇，但是他们的新闻传播往往是工作告知性的，其新闻内容往往是记者跟着领导跑一圈或带着新闻框架找素材，从而缺少和群众浸泡在一起而得来的鲜活内容和深刻灵魂。区域媒体的领导和记者的身体与心灵都还没有真正走进自己应该去的地方，甚至有些区域媒体的领导还把媒体融合当作利益博弈与争夺的战场。

笔者调研时，一个地市级全媒体新闻中心负责人说：“现在媒体融合了，但很多地方的媒体融合还是停留在原来的形式，融合往往只是形式上的，始终还是高高在上的工作方式，没有实质性的内容，老百姓也不可能买账。媒体融合要改变态度，要有服务的理念。媒体融合最重要的应该是政治问题、理念问题和方法问题，至于设备、资金等都是次要的，但这最主要的三点却往往被忽视。我们要打破官本位和无冕之王的想法，媒体融合不是利益的再分配而是新闻理念的重塑。”确实，做好党的新闻舆论工作，事关旗帜和道路，事关贯彻落实党的理论和路线方针政策，事关顺利推进党和国家各项事业，事关全党全国各族人民凝聚力和向心力，事关党和国家前途命运。[②] 而且，“建设县级融媒体中心已成为巩固思想共识、巩固执政基础和执政资源的重大必须和客观必然”。[③] 为此，我们必须要做好媒体融合。但我们的媒体融合要从国家执政安全的高度，从群众的利益与需求出发，改变灌输式的以传者为中心的传播理念与工作态度，真正将“用户思维”内化于心，厚植服务理念，我们要走进群众做新闻做节目，从群众的角度做新闻做产品，如此才能建立与人民群众的紧密联系，也才是真正为国家

---

① 李爱明，熊毅.政治局里的省委书记们[N/OL].华夏时报，(2007-10-27)[2019-07-28].http://news.sina.com.cn/o/2007-10-27/140312796623s.shtml.

② 习近平.在党的新闻舆论工作座谈会上的讲话[M]//中共中央文献研究室.习近平总书记重要讲话文章选编.北京：党建读物出版社，中央文献出版社，2016：417.

③ 方提，尹韵公.论县级融媒体中心建设的重大意义与实现路径[J].现代传播，2019(4)：11-14.

的长治久安、繁荣昌盛而发挥了媒体的“关系连接”作用。

(二)窄融合还是宽融合

对于媒体的生存发展来说，媒体融合是要让现有媒体适应信息传播技术变化，整合发展，尽可能做强做大自身。只有生存下去，生存得好，媒体才能发挥其对于社会发展的重要作用。这一目的决定了媒体不能故步自封，而应善于利用一切可资发展的力量。但是当前我国很多媒体是从传统媒体发展而来，因此其技术力量与用人机制上的先天“缺陷”决定了应该走“宽融合”。

目前在很多地方，区域媒体融合主要是本地同行政级别的报纸、广播电视台及其所办的新媒体的融合，形成一个统一的机构，具有统一的对外指称。但是实力雄厚、思维创新的媒体，已经与“信息传播媒体”意义之外的，过去不被认为是“媒体”的机构合作，借助后者的物理介质、技术力量，实现更大空间范围、更高技术层面的信息生产与传播，实现新闻传播业到文化产业及其周边的发展。如人民日报社、新华社、中央广播电视总台，都与快手、抖音、高德地图、百度大数据、腾讯等互联网媒体、科技公司进行了合作，借助其流量资源、数据资源、技术力量等。区域媒体中，经济发达地区的深圳广电集团与深圳巴士集团合作，实现空间传播上的进一步占领。而众所周知公交电视是一种重复性强、到达率高的媒介，乘客在无法使用手机等自带媒介时，往往会抬起头来看公交电视屏。再如深圳报业集团与华为签署战略合作框架协议，双方将在大数据中心、媒体混合云、融合媒体平台建设、5G＋人工智能创新、虚拟现实等方面开展合作。报纸媒体在硬核技术层面和信息生产传播技术的多样性与难度系数方面，要弱于广播电视媒体、网络媒体，那么它与当前最前沿信息传播技术和通信技术的拥有者华为的合作，必然能使自己在信息生产传播上一下迈入先进乃至最前端的行列。

当然，宽融合还不仅仅指传统型的媒体要与技术型公司、网络公司合作，它还指的是要与本地的各种资源、各种力量融合，连接更多的社会资源、商业资源、生活资源，促成他们的对接。对于地市级媒体与县级媒体，尤其应该如此。如针对本地农民、种植大户的种植困难，县级融媒体可以联系对接农业专家到村民家中或田间地头了解情况，也可以提供远程“会诊”，为其解决具体难题。这个解决过程本身可以做成各种样态和媒介符号的新闻作品刊播，同时也是建立与群众的连接、提升影响力的重要方式。

喻国明认为，县级融媒体的建设如果以“窄融合”的方式操作，主要以内容服务和传播服务作为其建设发展的基本逻辑，则必然走入不可持续发展的死胡同。反过来，如果县级融媒体中心以跨领域、跨行业、超越内容的发展逻辑去建设，努力成为服务于人民群众日常生活的平台型媒体，人们日常生活中林林总总的需求都能够在此平台上实现，那它在人们生活中的不可或缺性就得以确立。而县级媒体在本区域深耕多年，具有激活、整合“宽融合”所需资源的集成能力与优势，这样一来，不但可以拥有自我造血的经济能力，而且作为这种生活集约平台的副产品，其传播能力和影响力也会由此而得以提升和保障。① 诚哉斯言。事实上，当前我国很多地方的县级媒体做的不是内容服务和传播服务。以县电视台为例，他们只是做些工作告知的会议新闻或播放电视剧（还往往是国家级媒体、省级媒体播放过的二轮剧、三轮剧等），导致群众根本不看。他们没有深耕本地。那些真正深耕本地的县级媒体如浙江安吉县、长兴县的媒体往往在经济效益和社会影响上都还不错。现在，在县级融媒体建设的契机下，如果县级媒体能够真正转变理念，以服务为根本，确立在地发展、深耕本地方略，在外充分整合本地各方资源，连接各方；在内整合媒体内部力量，实行组织重构、流程再造、一体化发展，必将能够既解决好信息传播与服务的“最后一公里”问题，又实现自身的腾飞。

三、区域媒体融合发展的策略路径

以上梳理了当前区域媒体融合的现状，分析了其实施中应秉持的原则，那么在具体的策略执行过程中，区域媒体融合可以采取哪些具体措施？

（一）顶层设计的因地制宜因“级”而异

当前全国各地的新闻传播院校纷纷开展了各地媒体融合的调研，各地媒体融合与媒体发展的新闻报道稿也纷纷刊播，笔者也对安徽各地市级媒体、县级媒体进行了调研。梳理这些调研材料与文献，笔者认为在区域媒体融合方面，各地应量力而行、因地制宜，走出适合自己的路子，国家有关方面不应再一纸通告要求各地采取统一做法。

我国各地经济社会发展不均衡，新闻传播业也因为各地经济实力不同、文化发展和文化消费的不均衡，而存在很大差异。在经济文化发达的省（自治区、直辖市）、地市、县区能够实行的媒体融合措施，在经济文化相对落后的地方就不一定适合。以省级媒体为例，天津可以将各类省级媒体融合为一家，这在一定程度上与它的人口数量、经济体量有关系；北京、上海、重庆则因为人口数量大得多、空间区域更为广阔，现有各

① 喻国明.今天的媒介融合应当怎么做——从互联网时代的常识到新传播格局的大势[J].教育传媒研究，2019(4)：7-9.

类媒体各自发展较好或体量较大，不一定适合将报业、广播电视、新媒体等融合在一起，如果强行要求可能会造成机构的过分庞大，相关人力物力等资源的配置调整在相当一段时间难以消化，内容生产效率降低。其他经济相对不是特别发达、新闻媒体各自体量都不大的省级媒体，则可以尝试将各种介质媒体融合为一家。

地市级媒体的体量要远远小于省级媒体，在理论上可以将各类介质媒体融合为一家，但是鉴于当前各地市级媒体内部的融合决心、动力、相关支持保障程度不同，其所在省的省级媒体融合工作的进展不同，国家和省市有关方面也不能强制推行地市级媒体的全融合。而县级融媒体的建设，为了避免各地重复建设导致的低效，由省委宣传部统一领导，全省统一在一个技术平台上同步进行则是可以的。

（二）传播理念的在地关系与用户黏性运维

当前传统媒体受到新兴媒体和各类传媒公司的竞争压力，广告来源被后者大量抢夺，经济效益下滑，需要寻找其他的盈利模式。笔者调研发现创收形势好转的区域媒体，如安徽芜湖传媒集团、安徽淮北日报社，都紧紧依托本地，运用各种方式、抓住各种机会，为本地政务发布、公共服务信息发布、企业信息发布与活动开展等助力，并在这过程中得到经济回报。湖北黄石的东楚晚报社，一家中部地区内陆小城纸媒的逆势发展，也充分说明了“在地发展”、紧紧服务本地发展对于区域媒体的至关重要性和有效性。①

诚然，区域媒体的特性和优势在于与本地区各个方面、群众的地理接近，但地理接近并不等于心理接近，也不等于区域媒体所在区域就会天然地给予该区域媒体以各种支持。关系毕竟是双方共同建构的。在当今移动互联的信息传播环境下，媒体生态变化，自媒体遍布，信息传播去中介化②，信息传播领域的供求关系也成了需求侧主导的形势，需求侧的党政机构、社会部门、公民个人在需要借助专业媒体的时候，完全可以绕开本区域的所谓传统媒体、主流媒体，而选择区域外的媒体，如中央级媒体、体制外的传媒公司等。按照波特的五力模型理论，在这样的形势下区域媒体的竞争优势因为替代者、新进入者、同业竞争者的存在而几乎为零。③ 在这样的环境下，区域媒体需要认清自己的位置，需要转变单一的、高高在上的、以“我”为主的、信息告知型的新闻传播工作定位，必须主动靠近区域内各种单位、社区、人群，为其服务，并努力维护好这种

① 高国专，邹圣旺，曹建国.全媒传播、全案执行、全心服务、打造创新服务型媒体——东楚晚报全媒体经营创新的探索与实践[J].新闻战线，2019(13)：94-96.

② 马梅.移动互联时代信息传播的轻量化策略[J].东南传播，2018(9)：12-14.

③ 波特.竞争论[M].刘宁，高登第，李明轩，译.北京：中信出版社，2003：4.

在地关系，牢牢建构本区域用户对自己的使用黏性，让区域各方把自己当成获取信息和各种服务的首选媒体。如此，也能获得各级党委政府的财政拨款、项目资金、购买服务等经济支持乃至其他人财物的资源。

（三）组织架构的中央厨房与项目制并行

在媒体融合发展的形势下，区域媒体都在全媒化发展，在各媒体的新闻尤其是时政新闻生产发布领域，普遍采用了中央厨房制，实现了新闻发布的移动优先、一次采集、多元生成、多平台多终端发布。但媒体业务除了内容生产，还有经营业务；媒介内容生产方面除了新闻内容生产也还有其他内容产品的生产。这就决定了中央厨房制之外，还应允许存在各种各样的项目任务执行的团队。为此很多区域媒体也实行了工作室制度。这些工作室团队可以是常设的媒体内容栏目制作团队，也可以是临时性的、应急性的任务团队，还可以是重大任务的特设集成团队。工作室这一项目制团队的存在，能发挥其人员组合灵活和任务时间有弹性的优势，也能够在必要时候借助工作室的相对独立性，实现与媒体外部资源的联系、借用与合作。

（四）内容生产的本地化品牌化

根据前文所述，我们知道区域媒体在新闻资源、人力财力、技术水平等各方面无法与央媒、跨区域发展的互联网平台媒体竞争，要想生存，必须在融合区域媒体的基础上从本地的各种建设主体中获取资源，在为其服务中实现经济效益与社会效益的齐飞。这就必须围绕国家中心工作，从本地情况、特色出发，做好结合文章，做好“顶天立地”的新闻作品和各种媒介产品。安徽的芜湖传媒集团有一档电视文化栏目《鸠兹三人行》，因为媒体的文化责任而创办，创办后长时间完全由台里拨款维持，栏目不创收。后来紧密结合国家和地方大力发展文化事业文化产业、提升文化软实力的政策，创新性发展，得到了芜湖市文化部门、旅游部门等的经费支持，实现了可持续发展。2017年国家提出乡村振兴战略，芜湖传媒集团电视栏目《乡约鸠兹》创立，解读涉农政策，服务三农，取得芜湖市农业农村局支持。这两个栏目现在都是全媒呈现，在芜湖传媒集团的各个终端刊播。应该说，这两个栏目在为本地发展服务中获得了发展壮大的机会。但是我们还应清醒地认识到，如果仅仅一般性地做节目，没能高效地服务地方，节目栏目没有特色和高度，也是难以维持的，即区域媒体融合的本地化发展还应是高质量的本地化，要努力做到内容生产的品牌化。

（五）体制机制上的统一管理和一体化考核

在对外宣布进行融合发展的区域媒体中，不少媒体内部长期以来因为绩效考核的壁垒存在而无法真正实现人员和业务的融合。而芜湖传媒集团的全媒体新闻中心的记者无论在报纸、广播、电视，还是在网站、客户端等任何一个终端发稿，都计算工作量，只以各种介质作品的质量为计算标准。如果记者的同一个素材能以不同的范式、不同的形态在不同终端发稿还能够另计工作量。这有效激发了记者编辑的全媒体采集与呈现的动力，从考核机制上保证了媒体融合的顺利进行。在芜湖传媒集团内部，已经形成了良好的融合文化，大家在业务开展上都渐渐能够从创意策划端就开始想着全媒呈现、各类人员参与。相反，在那些没有进行市级媒体全面融合的地方，往往在机制上就没有统一的操作。在笔者调研的一些地市级广播电视台，采编人员还是没有形成全媒呈现意识和融合发展意识，他们或者只是按照惯性制作视听节目，或者只写作文字新闻，或者只是简单地将写作的文字新闻稿原封不动地给其他终端，没有根据不同介质特点进行适配性的新闻作品制作，不把自己原属介质之外的新闻制作当作本职工作。

结　语

媒体融合是一个系统性工程，需要大量人财物的支持，对于区域媒体而言，其人财物资源本身有限、抗风险能力较弱，在融合发展中更是需要审慎考虑、系统设计、稳妥操作，当然也需要各方协同支持，如此才能实现区域媒体的发展壮大，做好媒介生态巨变情境下的信息传播和新闻舆论工作，发挥主流媒体在国家发展中的重要作用。

〔马梅，博士，安徽师范大学新闻与传播学院副院长、教授〕

智能融媒体时代区县政务新媒体发展探析

Analysis on the Development of New Media in District and County Government Affairs in the Age of Intelligent Convergence Media

◎ 秦瑜明　孙书礼

Qin Yuming　Sun Shuli

摘要：习近平总书记在全国宣传思想工作会议上指出，“要扎实抓好县级融媒体中心建设，更好引导群众、服务群众”。中宣部作出部署，要求2020年底基本实现县级融媒体中心在全国的全覆盖。这标志着推动媒体深度融合发展的新进程已经开启，县级融媒体中心建设成为这一阶段工作的重心，各县级融媒体要整合自身资源优势，致力于建设区域政务服务新平台。随着智能融媒体的不断发展，媒体融合工作重点已由省级以上媒体延伸到基层媒体，建设县级融媒体中心是进一步健全和完善新时代国家战略传播体系的重要举措，是强化舆论引领、助力社会治理、加大风险防范的有效方法。在区县融媒体建设实践中，推动媒体融合发展，是巩固宣传思想文化阵地、强化意识形态领域责任制、壮大主流思想舆论的战略举措。

关键词：媒体融合，区县融媒体，政务新媒体

Abstract: General Secretary Xi Jinping pointed out at the National Conference on Propaganda and Ideological Work that “it is necessary to do a good job in the construction of county-level integrated media centers to better guide the masses and serve the masses.” The Publicity Department, CCCPC has made arrangements to require the full coverage of the county-level convergence media center in China by the end of 2020. This marks the beginning of a new process to promote the deep integration of media development. The construction of county-level media center has become the focus work recently. The county-level media should integrate its own resource advantages and strive to build a new platform for regional government services. With the continuous development of the intelligent convergence media, the focus of media integration has been extended from the media above the provincial level to the grassroots media. The construction of the county-level convergence media center is an important measure to further improve the national strategic communication system of the new era, and is to strengthen the guidance of public opinion, help social governance and increase risk prevention. In the practice of district and county integration media construction, promoting the development of media integration is a strategic measure to consolidate the ideological and cultural front, strengthen the responsibility system in the ideological field, and strengthen the mainstream ideological paradox.

Keywords: media convergence, district and county media, government affairs new media

当前，随着新技术的快速发展，新媒介样态不断出现，新媒体已成为信息集散地、舆论策源地和思想交锋地。在这种背景下，媒体融合的工作重点已由省级以上媒体延伸到基层媒体，建设县级融媒体中心是进一步健全和完善新时代国家战略传播体系的重要举措，是强化舆论引领、助力社会治理、加大风险防范的有效方法。党的十八大以来，党中央高度重视传统媒体和新兴媒体融合发展，从央媒到地方媒体，在加速媒体融合方面不断推出新政策，县级融媒体中心的建设，更是受到社会各界关注。

随着智能融媒体不断发展，目前我国媒体融合发展逐步由以中央媒体机构、地方传媒集团为主体的“规模型”融合，转向县级媒体机构为单位的“精准型”融合，这要求深耕基层群众内容需求①，自下而上夯实我国媒体融合发展的基础构建。县级媒体建设最初实践于广播电视领域，1983 年在“四级办台”政策指导下县级广播电视台开始搭建②；伴随互联网技术为代表的新媒体技术快速发展，县级媒体紧跟主流媒体数字化的脚步，2003 年响应中央建设县级新闻网站的倡导，进一步搭建与扩张县级媒体机构对外传播渠道。2012 年县级“两微一端一号”媒体平台建设全面铺开，实现从单一平台向多元平台的转变。30 余年间，县级媒体不断学习利用新技术，调整体制结构，在内容生产、传播环节丰富媒体功能，在经营环节自主、多元化运作，逐步向县级融媒

① 谢新洲.我国媒体融合的困境与出路[J].新闻与写作，2017(1)：32-35.

② 郑宇.县级广播电视台发展研究综述[J].视听纵横，2013(5)：26-29.

体形态转变。[①] 县级融媒体中心建设作为系统性的重大工程，具有综合性服务功能，这就要求在建设过程中要跳出媒体看融媒，致力于借助制度化优势打造助力治理能力提升的新时代治国理政新平台，各地应该根据当地实际情况因地制宜选择最为适合本地的方案，并在理念、定位、政策、人才、平台等方面进行系统化转型，推进县级融媒体向着引导群众、服务群众的方向发展。

一、政务新媒体：主流价值引导的重要载体

（一）顶层设计推动区县媒体融合

2014 年 8 月 18 日，中央全面深化改革领导小组第四次会议通过了《关于推动传统媒体和新兴媒体融合发展的指导意见》，提出“要研究和把握现代新闻传播规律和新兴媒体发展规律，运用互联网思维，推动传统媒体和新兴媒体融合发展，构建立体多样、融合发展的现代传播体系”[②]。从此，中央和各级地方媒体积极响应，由顶层设计所推动的媒体融合工程全面展开。

经过四年的建设，媒体融合初具规模并逐步迈进重点建设与攻坚克难阶段。2018 年 8 月 21 日，在全国宣传思想工作会议上，习近平总书记提出要“扎实抓好县级融媒体中心建设”，并将“引导群众、服务群众”作为县级融媒体中心建设标准。从此，长期处于业界边缘地带的县级媒体成为国家政策关注的焦点区域，县级融媒体中心建设成为打通媒体融合的“最后一公里”，获得政策扶持的发展机遇。2018 年 9 月 20 日，中宣部召开县级融媒体中心建设现场推进会，并对县级融媒体中心建设进行整体部署，明确要求 2020 年底基本实现县级融媒体中心的全国覆盖，其中 2018 年先行启动 600 个。县级融媒体中心建设进入加速发展阶段。为提高融媒体建设效率，国家对县级融媒体中心建设作出具体规范与要求：2019 年 1 月 15 日，由国家广播电视总局组织编制并审查的《县级融媒体中心省级技术平台规范要求》正式发布，该文件指出“省级技术平台应覆盖全省，与省域内县级融媒体中心实现互联互通、信息共享、协同互动”[③]。同时，《县级融媒体中心建设规范》也在同天由中共中央宣传部和国家广播电视总局联合发布。该规范基于县级融媒体中心的业务类型，规定了其总体架构、功能要求、基础

---

① 黄楚新，彭韵佳.2017 年中国媒体融合发展报告[J].现代传播，2018，40(4)：9-15.

② 新华通讯社课题组.习近平新闻舆论思想要论[M]，北京：新华出版社，2017：233.

③ 国家广播电视总局.《县级融媒体中心省级技术平台规范要求》《县级融媒体中心建设规范》发布实施[EB/OL].(2019-01-15)[2019-03-05].http://www.nrta.gov.cn/art/2019/1/15/art_114_40207.html.

设施配套要求、关键技术指标及验收要求等内容。[①] 在政策推动下，县级融媒体中心建设取得立竿见影的成效。我国县级融媒体平台基本搭建完成，“1,756 个县至少拥有一种新媒体平台并开展相关建设工作的县级媒体，占比高达 93.90%”[②]。但各县经济发展状况、民生情况存在较大差异，融媒体建设水平也各有不同。

(二)以政务服务为核心，建设现代传播体系

习近平总书记在全国宣传思想工作会议上提出了“在基础性、战略性工作上下功夫，在关键处、要害处下功夫，在工作质量和水平上下功夫”的要求[③]，而县级融媒体中心建设正是构建现代传播体系的一项基础性、战略性工作，也是媒体深度融合的关键处和要害处，不把这项工作做好，通过媒体融合使主流媒体牢固地掌握网络舆论主导权，完成现代传播体系构建的任务就难以落到实处。

为了保证区县融媒体中心建设的工作质量和水平，我们需要对其功能和作用进行深入研究和探讨。中宣部在县级融媒体中心建设现场推进会上强调，“努力把县级融媒体中心建成主流舆论阵地、综合服务平台和社区信息枢纽”[④]。这些要求突出了县级融媒体中心的舆论引导功能和服务功能。其中特别值得关注的是，习近平总书记对服务功能的强调。联系他在 2019 年 4 月 20 至 21 日召开的全国网络安全和信息化工作会议上的讲话，要求“各级党政机关和领导干部要提高通过互联网组织群众、宣传群众、引导群众、服务群众的本领”，可以发现，习近平总书记对利用互联网手段引导群众和服务群众的论述是一以贯之的系统思考，其中“服务群众”的观点，是习近平总书记对互联网时代马克思主义新闻理论的重大发展。

随着媒体融合不断深入发展，政务新媒体成为了主流价值引导的重要载体。各地都在努力把县级融媒体打造成新时代治国理政的新平台，即通过构建“互联网＋媒体＋智慧政务＋政府数据公开＋智慧城市运营”的智能媒体新平台，再利用自身的制度优势获取尽可能多的优质资源，使其具有主流舆论阵地功能、综合服务平台功能和社区信息枢纽功能。区县融媒体中心这一新时代治国理政新平台应充分赋能当地党委和

---

① 国家广播电视总局.《县级融媒体中心省级技术平台规范要求》《县级融媒体中心建设规范》发布实施[EB/OL].(2019-01-15)[2019-03-05].http://www.nrta.gov.cn/art/2019/1/15/art_114_40207.html.

② 谢新洲，黄杨.我国县级融媒体建设现状与问题[J].中国记者，2018(10)：53.

③ 习近平.举旗帜聚民心育新人兴文化展形象 更好完成新形势下宣传思想工作使命任务[EB/OL].(2018-08-22)[2019-10-20].http://www.xinhuanet.com//2018-08/22/c_1123310844.htm.

④ 县级融媒体中心建设全面启动[EB/OL].(2018-09-21)[2019-10-20].http://www.xinhuanet.com/politics/2018-09/21/c_1123466267.htm.

政府的治理体系和治理能力，真正成为党委和政府提升现代治理能力的核心抓手。

二、区县政务新媒体：发展样式多元 服务能力尚弱

随着新媒体技术不断发展，媒体格局和舆论环境出现重大变化。新兴媒体发展速度之快、覆盖范围之广超乎想象，给传统媒体带来了很大的冲击。① 在智能融媒体环境下，地方媒体需要更好地发挥环境监测功能和社会协调功能，有效利用网络平台优势，承担起新媒体的媒介社会责任。

在区县融媒体中心建设过程中，政务新媒体扮演重要角色。政务新媒体指的是各级行政机关、单位在承担行政职能的过程中，在微博、微信、论坛等领域开设的公共政务账号或应用，通过行政部门的开发建设，搭建一条联系群众的桥梁。这种现代化的沟通、宣传和处理方式，能够构建人民满意、利企便民的“指尖上的网上政府”。2018 年 12 月，国务院办公厅印发的《关于推进政务新媒体健康有序发展的意见》中指出，要以习近平新时代中国特色社会主义思想为指导，全面贯彻党的十九大精神，以此实施网络强国政策，进一步推进政务公开和政府服务优化，持续提高政府的网络引导能力，在 2022 年达到全国政务新媒体规范、创新、融合发展的舆论格局。

(一)政务新媒体发展多元，舆论引导能力有待提高

近年来，随着移动互联网的发展，县级媒体在新闻网站、移动客户端建设方面逐渐加大了投入，在微博、微信等社交平台也做出了努力，从信息传播速度、覆盖广度上，政务新媒体可谓影响力十分显著。②

但总体来看，县级政务媒体的建设还存在诸多问题，基于区县融媒体中心的舆论阵地建设尚比较薄弱，无法全面满足县域信息传播的需求。目前，60％的县级媒体拥有包括“两微一端”在内的三种及三种以上的新媒体平台类型，其中，总计 1,637 个县已经开始拥有官方微信公众平台，其覆盖率为 87.54％；在内容建设上，平台功能基本健全，内容丰富且具有地方特色，但仍有 21.95％的县有超过一个月未更新的网站或栏目。③

由于长期存在的区域垄断和行政庇护，县级媒体市场化程度相对较低，不能有效

① 黄建新. 传媒：自由与责任——西方“报刊的社会责任理论”解读[M]. 上海：上海交通大学出版社，2010：152-154.

② 殷俊，姜胜洪. 政务新媒体发展现状及对策探析[J]. 新闻界，2015 (5)：40-43.

③ 谢新洲，黄杨.我国县级融媒体建设的现状与问题[J]，中国记者，2018(10)：53.

把握用户需求变动,不能牢牢占据主流舆论阵地。县级广电媒体及陆续创办的网站难以形成规模传播力和影响力,导致既不能有效向下深入基层,又不能顺畅向上连接。县级融媒体中心是实现整个现代传播体系上下贯通的重要一环,它处在中央、省、市、县机构传播网络的最底层,空间上和本地民众接触较多,承担着贯通上下,引导和服务当地群众的重要功能。这一下沉基层、接近用户的"零距离"优势,正是大数据时代媒体深度融合极为重要的核心要素。国家层面从集中资源大力建设新型主流媒体,到重视县级融媒体的全面布局,这不仅让我们从政治、经济、社会等各领域,看到了未来媒体融合增进社会效益与助推经济高质量发展的前景,也意识到在大数据、AI、云平台等新型媒介技术的驱动下,现代传播的纵向拓展与范式转型已成必然。县级融媒体中心处于衔接上下的坐标中,不仅要适应宣传解读党的政策方针的新要求,更要回应基层群众的利益诉求,搭建连通官方与民间两个舆论场的桥梁。我们应以开放的融合观念,实现"上下贯通",做好县级融媒体中心建设的加减法。

(二)政务平台重复建设,服务用户基础薄弱

目前政府主要运用的新媒体政务平台是"两微一端",载体主要为电脑和手机。微博、微信和客户端特点不同、效果各异,电脑和手机在信息传播方面又各有所长,由此形成了电脑政务微博、电脑政务微信、电脑政务客户端、手机政务微博、手机政务微信、手机政务客户端六种信息传播模式。面对这些多样化的选择,政府最终采用一种还是多种模式,哪些为主,哪些为辅,不仅需要多方考量,还要进行不断试错和完善。而这一过程不仅会影响到政务信息传播的时效性,更会影响到政务处理的效果,进而降低公众对新媒体政务的体验感。

区县融媒体中心的职能之一是服务群众,丰富服务职能,提升服务水平。因此县级融媒体中心建设的首要任务是转变思路,树立服务群众的观念,加强服务功能设计,在准确把控群众需求的基础上,利用融媒体的服务功能更好地解决群众的问题,满足其切实需求。通过媒体平台的整合,适时丰富优化平台内容,带给人们不同于传统媒体的新鲜感。可以在融媒体平台纳入县级单位政务服务功能,提供给人民群众办事的"捷径",方便民众处理事务。这也是政务新媒体建设的重要功能。

移动传播环境下成长起来的用户,对媒体服务提出的要求更高:是否具备"新闻+政务+服务"的一站式服务能力,成为能否吸引受众的关键。因此政务服务需要在地方主管部门强力支持下,对县域各部门的数据资源进行整合,以打破部门信息孤岛。其他还包括县域内乡镇、部门的政务新媒体代运维业务,对接县域政务服务网,推动政

务服务事项实现“指尖办”“网上办”等。从目前区县政务新媒体实际运营情况来看，只有县域内政务新媒体代运维这类服务开展较多，其他如接入政务服务方面，大部分县级媒体暂时还无法提供，未能实现数据、业务的打通，用户体验较差，总体服务能力还较为薄弱。

三、区县政务新媒体建设：集群式相融 本地化运营

（一）资源整合：突出区域优势和特色

目前，在我国一些县域，各级各类主流媒体缺乏互联网传播平台。在这一状况下，一些县级党政机构的政务公开主要通过互联网商业平台实现，如入驻“微博”“微信”“抖音”等，大批商业运作的自媒体账号也借由互联网商业平台而活跃于网络舆论场上。主流媒体在县域网络空间传播主体多元，缺乏协同，导致主流价值观的舆论引导力不强，不利于构建基层舆论的良性生态。基于此，县域的“播、视、报、网、端、微”等传播资源要全面打通，应通过内部组织机构和采编流程再造，提升报道资源的利用效能。

新媒体在发展中同样也表现出了规模经济效应。从投入产出比来看，“各自为战”型的新媒体矩阵的效率远不及整合为一体的集团式的“新媒体集群”。此外，从目前国内政务类新媒体的分布情况看，“集群式”整合也是大势所趋。据统计，全国目前有政务微信 10 万余家，政务微博近 30 万家，这其中多数集中在县级及县级以下的区域内。由于这些新媒体在发展中有着明显的各自为政甚至相互竞争的情况，因此在一些主题类报道中甚至还会出现“自说自话”“互相干扰”，对同一件报道发出不同声音的现象，不利于统一报道力量、形成报道合力。考虑到上述因素，出于提升效率、更好地凝聚传播力的考虑，时下的县级融媒体建设应将传统的广播电视等媒体与新媒体之间的这一小规模的“单一式”融合扩大为“集群式”融合，即将县内各行政机关、事业单位等现有的新媒体平台统一融入融媒体中心，实现“集群式”相融，这样才能更好地减少投入、整合力量，在统一指挥、统一调度、统一声音、协同发布的基础上实现激发合力、提升传播力的目的。

以河北长城新媒体集团为例，长城新媒体集团旨在架起党政部门与百姓的桥梁，进一步拓展入驻单位的数量规模，积极争取省级政策，将党政部门回应百姓诉求的办理工作纳入各级各部门领导干部考核体系，扩大规模、提升效率。定期编发有影响力、

有质量的新闻调查,形成内参上报。

此外,着力打造全省最具影响力的移动政务服务新平台。以“长城政务云”建设为契机,积极参与河北省政务平台建设工作,研发和推进部门和部门间的网上办事、网上审批等功能,搭建功能完备、互联互通、运行顺畅的移动网络公共信息服务体系。依托“阳光网上直通车”网上问政平台,充分发挥各级党委、政府强大的组织优势,以及长城新媒体集团全媒体矩阵传播优势,紧紧围绕“网上晒政、网上问政、网上理政、网上惠政”四项任务,建立完善信息受理、交办、督办、答复等一系列工作机制,听民生、聚民智、解民忧、惠民生,搭建党群干群连心桥,成为全省党政机关和领导干部走网上群众路线的总平台。

(二)技术平台:建设本地化政务融媒体平台

在政务融媒体建设过程中,技术平台是驱动力量。移动传播时代,如何在海量的信息资源中,寻找到适合个性化需求的内容,实现精准分发,已经成为媒体竞争的关键点。对于县级融媒体中心来说,想要精准识别本地用户需求和使用场景,提升传播效率,必须提升自身的智能化技术支撑。纵观当前各地县级融媒体中心建设情况,导入内容生产技术较为顺利,例如借助成熟的全媒体内容生产系统,实现新闻线索管理、采访调度管理、内容制作管理等相对容易。但在内容分发层面的技术支撑仍较为薄弱,大数据抓取、智能分析以及基础性的用户数据库、内容数据库搭建的技术难度较高,是县级技术资源难以企及的。因此,县级媒体要融入“平台化”趋势,并非一定要自建平台,应作为主流媒体自主可控的新型媒体平台的用户入口和服务端口高效率运营。当前,较为可行的方案是集中力量建设省级技术支撑平台,县级融媒体中心在省级平台支持下,建设和运营本土化的、有独立形态的移动互联网端口,这样既保证了底层架构的统一协调,又可在应用层进行特色化的多元探索。

天津“津云”新媒体的建立是响应中央号召,适应新媒体发展格局的重要举措。首先是平台融合,天津日报、天津网、今晚报、今晚网以及天津日报微博、微信等整体并入“津云”新媒体集团。其次撤并天津日报的“新闻 117”、今晚报的“问津”以及北方网的“前沿”三个客户端资源,组建“津云”客户端与北方网、系列双微、头条号等一体运营,形成载体多样、渠道丰富、覆盖广泛的新媒体传播矩阵。“新闻+政务+服务+互动”的多功能设计使生产者、用户、平台结合起来,台前幕后线上线下融为一体,成为轻前端、富生态、大后台的融媒体平台。津云原创新闻、精编新闻,涵盖机构媒体和政务部门的近 2,000 个津云号,170 余家政府、职能部门、高校、国企入住的云上系列,30 余家海外华文媒体和津云新媒体矩阵覆盖的1,400万用户，形成生态型的媒体平台，不仅能够和外界产生全面连接，还能达到系统内信息和需求的充分多向交流。①

在媒介形态上，传统媒体和新兴媒体要和谐互促，推陈出新，形成县域融合传播的合力。县级融媒体中心现正处于从组织层面的“结构性融合”，向基于网络、媒体及通信的数字平台共存的产业化融合的转变中。在5G引领传媒变革的当前语境下，新媒介必然重构用户信息生态，上演“全息媒体”带来的融合聚变。无论“全息媒体”如何在高科技应用下裂变，未来新媒介终将离不开迭代升级旧媒介的功能。

(三)服务用户:重塑政务新媒体生态

对于区县级融媒体中心建设，中宣部曾明确提出“把县级融媒体中心建成主流舆论阵地、综合服务平台和社区服务枢纽”的建设目标。其中主流舆论阵地重在传播内容建设，综合性服务平台则为县级融媒体拟定了“综合服务平台”这一定位。也就是说，县级融媒体不仅仅是媒体，更是一个集纳了媒体职能的“平台”，而这个平台服务作用的更好发挥则离不开扎根社区，以社区服务为基础，只有这样才能最终实现综合服务平台这一目标。社区服务与公众的日常生活息息相关，因此，如果能够先从各个社区着眼，以社区居民急需的服务为开拓点，将融媒体的服务职能与社区居民需求相对接的话，融媒体的服务职能也就真正落在了实处，起到了打通基层服务“最后一公里”的作用。

在发挥服务职责的过程中，县级融媒体也应该注重取长补短，自身有优势且在社会上还未形成有效竞争的政务类服务、社区类服务等应该是主打方向，而诸如票务、电商等非专长性的服务则应该从其服务范畴中剔除出去，这样才能使其服务的最优化得以充分发挥出来。当然，在服务功能的发挥方面，县级融媒体中心还应该清晰地认识到融媒体的综合服务这一定位中的“综合”所指。实际上，这里的“综合”既包括政务服务、生活服务，也包括媒体甚至文化等方面的服务。因此县级融媒体的未来发展绝不仅仅是“政务资讯＋服务”，还应包含推动地区文化发展、旅游的包装推广、活动的组织实施等多方面内容。从这一角度而言，县级融媒体落实的是“泛服务”，而不仅仅是“政务服务”，其发展的最终落脚点也是作为“智慧城市”中一个重要组成的综合性的“泛文化”“泛媒体”“泛服务”机构。区县政务新媒体建设应以“高效抵达＋创新表达”拓展平台的知识转化功能，为本地用户提供信息分享通道，形成信息流闭环，建立融合传播

① 齐怀文.津云：新型主流媒体的融合实践[J].新闻与写作，2018(10)：91-94.

生态。

湖北省“长江云”平台是全国首个将舆论引导与意识形态管理、政务信息公开、社会治理和智慧民生服务三者融为一体的“新闻＋政务＋服务”的新媒体平台,即建设和支撑省市县三级党政机关、群团组织、新闻媒体、公共服务部门、高校和企事业单位的N个新媒体产品。[①] 利用“长江云”平台上的政务互动功能,让各厅局长轮流走进全媒体直播间,与群众直接对话,回应、解决问题,还邀请专家学者进行点评、献计献策。联动线上线下,及时督办解决群众诉求,加强了网络问政的监督作用。目前,市(州)、县级已有近1,000家政府部门、企业分别入驻当地政务移动客户端,并提供政务互动和各类窗口服务,以平台建设为支撑,重塑政务新媒体服务生态,提高区域政务新媒体的影响力。

结　语

为了促使政务新媒体获得积极的发展成效,政务新媒体建设要立足当前实际,通过集群式相融和本地化运营,重塑政务新媒体生态。结合国家相关政策和本地发展需求,不断推进政务新媒体建设,使政府服务质量不断提升,沿着更加科学、完善的方向发展。

〔秦瑜明,中国传媒大学新闻传播学部教授;孙书礼,中国传媒大学新闻传播学部博士研究生〕

① 赵轶.构建县级融媒体中心的省级支撑平台——长江云打造区域媒体融合新生态[J].新闻战线,2019(3):22-24.

与众传播:融媒体时代新兴主体的崛起与时空一体化塑造

Attendance Communication: The Rise of Emerging Subjects in the Convergent Media Era and the Shaping of Space-time Integration

◎ 张成良 仇 玲

Zhang Chengliang Qiu Ling

摘要: 融媒体传播对媒介系统产生了深远的影响,其中对传播主体的影响尤为深远。传统意义上的传受双方都成为融媒体时代的新兴主体,并在脱域形成的虚拟的时空一体化中共同参与叙事。从主体性到主体间性,传播活动经历了由"我和你"到"我和他",再到"我们"的调适过程。本文基于时空一体化背景,依据传播学的话语体系,提出了区别于受众和用户的传受主体概念——与众,并分析了"与众"的概念、特征及其叙事特征。

关键词: 融媒体,与众,受众,脱域传播

Abstract: Convergent media communication has a far-reaching impact on the media system, in which the change of the Journalistic subjects has been affected significantly. Both communication and reception in the traditional sense have become the new subjects in the era of convergent media, and they have participated in the narrative in the virtual space-time integration formed by delocalization. From subjectivity to intersubjectivity, communication has gone through the process of adaptation from "me and you" to "me and him" and then to "we". Based on the background of Space-time Integration, according to the discourse system of communication, this paper puts forward the concept of the attendance of communication, which is different from the audience and the user.

Keywords: convergent media, attendance, audience, disembeding communication

传播媒介的每一次革命,都意味着传播活动主体的一次解放,不论传播技术如何发展变化,传播总是围绕受传需求展开的。就传播活动的主体性而言,传播者与受传

者(即受众)作为双重主体而存在，因此要了解传播媒介的发展变迁，就要了解传播主体间关系的变化。从传播的主体性到主体间性，传播活动经历了由“我和你”到“我和他”，再到“我和你”的调适过程，通过受传时空一体化塑造，完成“交互主体性”的受传一体化模式建构。

受众是时空分离的大众传播时代的产物，是指信息传播的接收者，但在“传受分离”模式下生成的“受众”概念在融媒体时代需要经历新的演化。很多学者都意识到了受众概念的局限性，从不同特征发展出了网众①、沉浸人和泛众②、流众③、积极受众④、用户等概念，但无一是沿着公共交往路径并能囊括多重角色同一化的收受者角色进行的探究。

笔者在《融媒体传播论》一书中首次提出了“与众”⑤的概念，本研究沿袭以上研究中的话语体系，并进一步探讨“与众”(attendance)概念的时空一体化情境，以及时空一体化情境如何为“受众”向“与众”的演化提供解释。

具体而言，本文希望探讨的是：时空一体化延伸对受传关系中新兴主体——“与众”提供了怎样的情境变化？“与众”的概念究竟是什么？相对于时空分离的“受众”，与众具有怎样的主体特征及叙事特征？

一、时空发展与变迁关系中的受传者

在漫长的人类发展过程中，因群居而形成的社会性促进了人类的互通、交流和交往，自在而为的原始信息交流活动中，传播者和受传者是分工不清的统一体，他们“在场”(空间)传播，即时(时间)传播。虽然随着工业革命的到来，传播技术在一定程度上遮蔽了这种双重角色的存在与社会影响，但这种具有统一体特征的双重角色贯穿于人类社会发展的始终。

---

① 何威.网众与网众传播——关于一种传播理论新视角的探讨[J].新闻与传播研究，2010(5)：47-54.

② 李沁.沉浸传播：第三媒介时代的传播范式[M].北京：清华大学出版社，2013：1-12.

③ 葛自发.流众传播：数字传播主体的崛起、困境与前景[M].北京：中国国际广播出版社，2019：1-6.

④ 蔡润芳.“积极受众”的价值生产——论传播政治经济学“受众观”与Web2.0“受众劳动论”之争[J].国际新闻界，2018(3)：114-131.

⑤ 对于新媒体受众，有研究者(杨继红，2008)称为“主动受众”，也有研究者(邱林川、陈韬文，2011)称为“创众”。新媒体受众与传统受众的本质区别在于其主动传播，而非被动收受，主动受众的实质仍然未能确定主动参与不同形式创作特点；而“创众”则强调了新媒体受众创作者的特殊身份，实际上新媒体受众既包括一般的新媒体浏览者，也包括参与生产和传播的创作者，因此仅以“创众”来界定新媒体受众也未能穷尽新媒体受众的特征。我们以考虑到新媒体受众参与传播以及主导传播的特点，使用“与众”这一词来定义新媒体受传者，英文对应单词attendance。后文中也多使用“与众”来指称新媒体受众。张成良.融媒体传播论[M].北京：人民出版社，2019：166.

安东尼·吉登斯(Anthony Giddens)在《现代性的后果》一书中提出,时空分离、脱域是现代性的重要动力机制,其中,时空分离是指在现代社会中,时间的标准化和虚化带来空间(space)与地点(place)分离。[①] 沿着吉登斯的话语体系,下文所指的时空一体化是指虚化了的时空一体化,是时空分离后在形式上的再组合,媒介是时空延伸的工具,融合媒介的作用同个人与其生产的信息的空间距离相关联,个人生产的信息能够以轻而易举的方式被传播到任何可能的媒介平台上,促进了信息沟通和人际交往。

吉登斯还论述了脱域的定义及其对社会关系的影响:“脱域,我指的是社会关系从彼此互动的地域关系中,从通过对不确定的时间的无限穿越而被重构的关联中‘脱离出来’。”[②]在时空一体的过程中,场域(场)、媒介(体)、传播主体之间形成了怎样的传播关系模式?从传播活动的物质性与时空关系上看,受传者的角色变化经历原始在场传受一体化到跨越时空的脱域在体的受传,其标志是作为介质的报纸、杂志的广泛传播,新闻信息通过产业化生产得以传播扩散。受众的概念真正开始产生,大众传播业得到发展,现代传播技术的出现,使得人与人之间传播活动的时空秩序被打破,马克思所说的“用时间消灭空间”的传播理念开始形成。[③] 与新闻事件场本身及受传者无关的第三角色开始出现,并迅速成为主导传播的本位主体,他们是职业新闻传播者。作为与传播者角色相对应的受传者,也因为时空分离而带来大众化的问题,这唤起大众传播时代的到来。受众角色从原始的在场受传时空环境中抽身而出,成为大众传播活动中受传主体。大众传播环境中,人与人隔着媒介叙事与倾听,人与新闻事件现场隔着媒介与传播者交流与沟通。

脱域在体传播倚重的是介质,最终轻便且易于运输的纸张占据上风,而物质质料运输带来的困扰直接影响到报纸、杂志等大众传媒的传播效率。从脱域在体的物质性受传到不依凭于运输介质的脱体受传,大众传播业从报刊媒介形态演进到广播、电视及早期的互联网媒介形态时代。从受传的本质上看,受众身份并未发生变化,只不过从时空关系维度上看,受众摆脱了受传的物质性介质束缚,可以即时“在场”获取新闻事件现场的有关信息。

脱体受传倚重的是无线传输技术,受众在时空维度上实现了“在场化”受传。从脱体受传到众媒合一的受传一体化发展,所有的人都成为传播者,所有人也同时成为了受传者,所有媒介形态融合在具有高度交互功能的平台上,融媒体时代正式到来。融

---

① 吉登斯.现代性的后果[M].田禾,译.南京:译林出版社,2011:18.

② 吉登斯.现代性的后果[M].田禾,译.南京:译林出版社,2011:69.

③ 刘洁.马克思:“用时间消灭空间”:溯源及新闻传播学扩散[J].国际新闻界,2010(9):37-42.

媒体传播中主体不受时空限制,不受介质形态制约,真正实现了非线性"交互主体性"的传播。以下主要从在场在体、脱域在体、脱域脱体和受传一体受传四个情境进行阐释,具体的时空发展与变迁中不同媒介形态受传模式如图1所示。

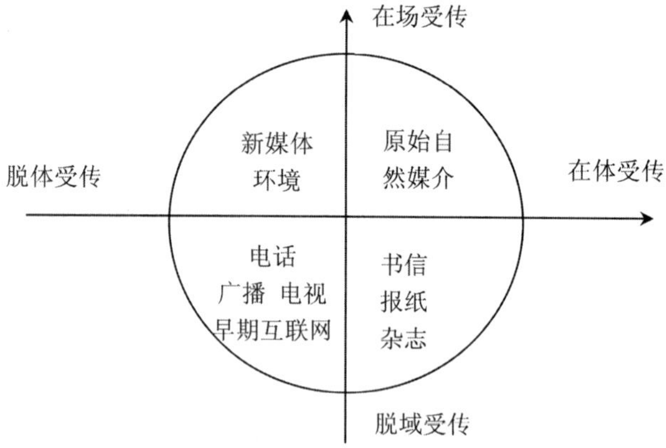

图1 时空发展与变迁中不同媒介形态的受传模式图

(一)从原始在场受传到脱域在体受传的跨越阶段

从历史向度上看,传播开端于人类的交流与沟通,促进了语言、文字的发明创造。从初始的群居交流开始,以谋求共识为特征的传播活动萌芽于自在的交流环境中,自然属性的在场传播模糊了传者与受传者的身份界限,传者即受者,受者亦传者。能决定传受身份的只有具体的社会情境,传播的时空界限也清晰明朗,此时此地的交流强化了族群的属性特征,也赋予原始语言以更大的发挥空间。

文字的产生突破了传播活动的时空阻隔,表义的文字书于竹帛,随着竹帛传播的,是一条条信息的对外扩散,新闻信息实现了脱域传播。由于受到技术限制,媒介形态发展变迁的路径体现在对物质性介质的选择与使用上:石壁、山墙、龟甲兽骨、竹帛、莎草纸、羊皮纸、草浆纸等。媒体介质的轻便适用,成为脱域传播影响的重要基础,传播即媒介,媒介即运输。脱域传播解决了空间距离的问题,但也为此消耗了时间,这是因为传播符号与介质之间的不可分割性,决定了脱域在体受传的现实。在传播活动的控制行为中,因为时空阻隔带来传播效果的不可控性,受传者在解码中受到自身环境、时空因素、文化认同等多重因素影响,由此形成的扰动要素使得单向度的大众传播似乎更加有利,而互动性传播与交流则完全被遮蔽于时空分隔的社会背景之中。

（二）从脱域在体受传到脱体受传的发展阶段

脱域受传解决了时空阻隔的困惑，却未能改变符号在体传播的问题，传播等同于运输的时间耗损问题最终被脱体受传的无线传播技术突破，信息符号不必附着于纸张等实体上运输扩散。信息符号脱体传播，受众则凭借无线技术载体不加限制地受传消息。脱体受传不但打破了时空阻隔，也降低了媒介实体运输所带来的物流成本，更重要的是，以损耗时间为代价的空间关系亦发生了变化，时空一体化的即时传播活动开始出现并被广泛采用。

事实上，从脱域在体受传到脱体受传，意味着人们感知世界的能力在不断延伸，传播空间的延展带来"拟态环境"不断丰富与完善的同时，他者的关系弱化使传播者更加耽于自说自话。这种对空言说不断在强化大众传播的虚拟属性。对此，赫伯特·甘斯深入观察后发现：传播者对实际的受众几乎一无所知，亦拒绝来自受众的反馈。尽管他们对受众有模糊的印象，但却很少关注他们；相反，他们为上司或自己而拍摄、写作，并假定——如我之前所言——能使自己感兴趣的新闻故事，也同样会吸引受众的注意力。[①]

这个阶段的传播者对受众的需求关注极少，他们用发行量、收视率等统计数据来表现受众的反馈情况，几乎不主动获取消费者的具体信息，受众只是一个冷冰冰的数字符号。

（三）"再嵌入"的受传一体化融合的发展趋势：信息生产与消费的时空分离

为了进一步解释脱域，吉登斯引入了"再嵌入"(re-embedding) 概念，所谓再嵌入指的是重新转移或重新构造已脱域的社会关系，以便与地域性的时空条件相契合。受传一体化融合发展，意味着时空关系的一体化建构，在融媒体语境中，时空被嵌入到特定的传播语境中，传播活动通过窗口的切换得以自由穿梭。传统的窗口移动使得叙事从一条情节线索移向另一条情节线索，其形式标记是拨回叙事时钟，跳到另一时间和地点[②]；融媒体语境下的窗口相互嵌套，各移动窗口叠合在同一平台上，即时切换即时激活，叙事时钟以平行蒙太奇的关系缓存于同一平台窗口，形成多窗口同步叙事的在场奇观。

移动互联网通信技术相比以前任何一次媒介技术进步都更具有颠覆性，甚至可以说当今新的传播格局主要是由技术的日新月异引起的。这次被阿尔文·托夫勒(Alvin

① 甘斯.什么在决定新闻[M].石琳，李红涛，译.北京：北京大学出版社，2009：295.

② 赫尔曼.新叙事学[M].马海良，译.北京：北京大学出版社，2002：78.

Toffler)描述成“第三次浪潮”的信息技术革命颠覆了几百年的新闻专业主义的局面,大众受传的身份越来越模糊,他们越来越积极地参与到新闻生产和传播过程当中。新兴媒介形态中,传播主体面临着多重角色建构,传受角色的同一化或一体化出现,在多元媒介形态共存的环境中,传统的大众传播受传者,一方面仍然保留有大众传收结构中受传的角色,一方面则被新兴技术赋权,成为能够从事新闻信息生产的传播者。

二、与众传播:融合时空中的新兴主体塑造

现代技术体现的是人的自然能力在质上的扩张,这是人类对自然强加在自己身上的生理及心智束缚所做出的技术超越和合域突破。① 随着数字技术的不断延伸,融媒体旨在将视觉、听觉、触觉、嗅觉等全觉感官融合在一起,这弥补了其他媒介技术不可避免的“偏向”问题,成为媒介人性化趋势下最有前景的新型媒介集合体。② 融媒体环境中的大众,实质上可以被看作是多重角色同一化的收受者,这是一个崛起的新势力,融媒体时代的新兴主体:与众,一个延续并拓展了大众传播时代受众内涵的新概念,进入到我们的研究视野。③

(一)“受众”概念面临时代性消解

“受众”一词来自于西方,最早出现于14世纪,“Audience”(听众)源于拉丁文Audire,意味着“倾听”,倾听意味着忘掉自己。④ 传播学奠基人拉斯韦尔(H. Lasswell)提出了传播四要素说,其中就包含“受众”这一要素。应该说,现代新闻生产与传播催生了“受众”概念,“受众”这一概念得益于大众传播,它强调了新闻信息受传者的泛化与不确定性,同时也等于承认了普通社会大众未被赋予公共化、社会化、大众化的新闻传播话语权,他们更多的是相对消极被动的新闻收受者。⑤ “受众”概念在大众传播活动中持续产生了深远的影响,也由此引发了关于大众传播效果、传播控制、受众分析等研究领域的话题。

后新闻业时代,媒介使用者不再是简单的“接收者”,虽然很多业界和学界人士仍然在沿用受众的说法,但受众概念解释力和覆盖力的不足已是不争的事实。无论在人

---

① 艾莉莎,李钢.物媒融合的间性嬗变——新型物联化传媒生态的技术哲学解读[J].系统科学学报,2015(11):31-34,58.

② 张成良.融媒体传播论[M].北京:科学出版社,2019:20.

③ 张成良.融媒体传播论[M].北京:科学出版社,2019:166.

④ 姚喜明,王惠敏.西方修辞学视域下的受众解读[J].宁波大学学报(人文科学报),2010(1):35-39.

⑤ 杨保军.新闻规律视野中的新闻受众变迁与实质[J].编辑之友,2019(2):15-19.

文科学还是社会科学领域，传播研究中受众一词的所指对象（Referent）正在消解。①后现代主义对于主体概念的认知遮蔽了言者和受众之间的清晰界限，通过“说话”和“受话”这种对象关系的划分已不足以表达传播主体角色的复杂性，“受众”的概念面临时代性消解。需要指出的是，近年来使用频率最高、流行最广泛的还是互联网业界率先使用的概念：“用户”（users），作为数字媒介环境的使用者，用户概念的商业和技术属性过重。

（二）时空融合背景下“用户”概念的三个缺点

交互性媒体环境和媒介技术的变化是导致“用户”概念进入新闻传播学的主要动因，但研究者对“用户”概念在新闻传播学中的使用是审慎和具有批评性的。

一是用户概念偏重于经济环境的使用。蔡雯提到，在新闻学中引入“用户”这个词可能容易引起争议，这个词的经济色彩很重，容易让人担心对新闻公共性和人文精神的排斥。② 某种程度上讲，现在的媒体业界大多以经济利益为指挥棒，点击量、点赞量、转发和评论量成为媒体人业绩考核的非常重要的指标。

二是技术色彩过重。新闻传播学中的“用户”概念主要承袭数学与计算机科学中的用户定义，媒介研究所使用的用户界面设计、用户体验、用户行为这些词最早都是在计算机科学和信息科学中运用并迁移到数字媒介传播中的。本研究以“新闻用户”为主题在中国知网进行了搜索发现，2018—2019 年有 63 篇论文采用了该说法，并且与算法、客户端、受众、产品、用户体验、用户需求、黏性、用户行为、用户数据、用户指标、新闻产品、数据新闻、视觉设计等词关联使用，这些表述都带有明显的信息技术指征，比如，算法推荐新闻可以根据使用者的兴趣、爱好进行有针对性推送，但人民日报已经对算法推介提出了批评，认为会加重公众的信息茧房，信息容易出现单一化倾向，加剧群体同质化倾向，对公众理性和合理性造成伤害。

三是用户概念缺失公共精神。胡百精认为，社交媒体的回归与解放需要在信任中培育公众的对话民主，重塑合法性。社交媒体革命许诺，在互联网的任何一个节点和角落，人人可以自由和开放地交往。然而，现实却无法兑现。人们如孤独的原子一般游弋在互联网海洋，无交往、浅交往，无思考、浅思考，以致有人开始忧惧“社交死于社交媒体”。③

---

① BIOCCA F A. The breakdown of the audience anderson J. communication yearbook: Vol. Ⅱ[M]. Newbury Park, CA: Sage, 1998:127-132.

② 蔡雯.从面向“受众”到面对“用户”——试论传媒业态变化对新闻编辑的影响[J].国际新闻界，2011(5):6-10.

③ 胡百精，李由君.互联网与信任重构[J].当代传播，2015(4):19-25.

(三)与众概念的再阐释及其特征分析

所谓“与众”是指在时空契合的网络媒体平台上,积极参与互动并同时进行新闻产销的数字媒介使用者的群体集合。数字媒介时代的本质特征是脱域参与和互动,强调传播中的多时空和跨时空的互动沟通特质。

作为时空环境中的受传者,“与众”概念本身就是一个多重角色融合为一体的指称,它既指参与传播的受传者,也指主动生产并传播的传播者,这种角色多重性无法具体做出区分,哪怕在同一语境中传播,这种身份也很难做出清晰判断。如微信群中的话题讨论,随着话题讨论的开展,每个人的角色都在传播者与受传者之间不断转换,每个人都享有充分的话语权。应该说,融媒体本质上是融合了包括报纸、广播、电视在内的媒介形态复合体,必然存在着大众传播中的“受众”群体,与融媒体的集合性概念一样,“与众”也是包含着“受众”概念的复合概念指称。

融媒体环境中的传播,突破了线性的单一向度传播的局限,“与众”传播趋向于角色的同一性、传受的一体化,与众以“交互主体性”角色成为传播活动的主体,传播超越了主体性,走向了主体间性。主体间性强调主体与主体之间的相互性和统一性,主体间性强调的是各主体之间的相互理解与沟通,以实现认同与达成共识。①

传播主体地位加强。在传统媒体时代,媒体是主体,受众是客体,传受关系明确;到了融媒体时代,媒体和“与众”均为主体,都是关系网络中的一个节点,主体之间地位平等,地位从主客体过渡到主体间性。传播缘于主体性建构,最终走向主体间性,价值从单一趋于多元,角色由个体转向社会性。尼葛洛庞帝(Nicholas Negroponte)在《数字化生存》中提出,“在数字化生存的情况下,我就是‘我’,不是人口统计学中的一个‘子集’(subset)”。② “与众”的主体间性表现出传播活动中“我和你”“我和他”之间关系的连续转化与呼应,话语随机开启,随时转换,没有人在话语交流中能够获得额外的特权。主体间性是后现代人与人之间关系的重构,引入“与众”概念,不仅意味着发现了积极“生产”意义的受众存在,还把受众纳入到主体间传播关系之中,揭示出阐释过程所隐含着的社会经济关系。③

在脱域交往中构建新型社会关系。传统社群在特定边界的社会关系中交往,传统的道德、情感、信任约束社群行为,规范社会关系;但融媒体中多为脱域交往,“与众”之

① 黄卫星,李彬.传播:从主体性到主体间性[J].南京社会科学,2012(12):90-97.

② 尼葛洛庞帝.数字化生存[M].胡泳,范海燕,译.北京:电子工业出版社,2017:159.

③ 狄金森,等.受众研究读本[M].单波,译.北京:华夏出版社,2006:21.

间因为兴趣爱好临时组成社会关系，“与众”倾向于贡献原创性信息内容，但脱域交往的信任机制薄弱，社会关系敏感、脆弱。比如，在罗一笑众筹事件中，罗尔凭借自己的文字来讲述故事，主动发起小规模众筹，吸引了一些民众的支持，后来小铜人介入，影响快速扩散，众筹金额突破 200 万，很快，一些陌生人脱域交往，爆料罗一笑的医疗费用明细、罗尔房产及婚姻等个人化信息，众筹信任机制被打破。

（四）从受众到“与众”的回归与解放

融媒体环境中赋权“与众”意味着，作为社会大众的“与众”的自由程度在不断扩展，这种自由不附加任何交换条件，他们可以任意通过网络节点进入融媒体平台，接受或推送信息，在社群里沟通交流。他们使用的符号可以是文字、语言、视频、图片、表情符号、动画等，符号的多元化使用意味着打破了特定人群对于文化的垄断，任何人可以运用任意一种符号表情达意，跨文化、跨语境传播得以实现。哈贝马斯（Jürgen Habermas）的交往行动理论认为，交往行为是比工具合理性上的生产力具有更大的社会进化意义。[①] 传统意义上的受众是由媒体来构建认知世界的，而媒体是由社会政治经济基础决定的，由此可以认为受众的认知和行为是被隐性支配的。而“与众”是有民主、参与、协商精神的，人们希望通过赋权来挑战权力机构、系统决策和精英团体的程序合法性和话语垄断，吉登斯提出脱域机制的一大类型是象征标志，主要是通过媒介将信息进行无障碍无特定情境的传播，人们希望可以平等参与到相关利益及价值观的体系建构当中。

从受众的兴起到“与众”的升级过程，见证了新闻业到后新闻业发展的历史。传播活动受传主体的转化，形成了大众化的新闻传播方式、收受方式、消费方式。[②] 如果说“与众”的勃兴意味着后新闻业发展带来的赋权运动，那么从传播活动的历史变迁视角来看，从受众到“与众”更应该看作是传播活动主体的“在场”回归，由“彼时”“彼地”到如今的“此时”“此地”传播，从互联网、物联网到人联网，新媒介形态重塑了社会生态，人与人回到同一现场，在场交流与沟通。受传一体化融媒体传播关系中，受传者以“与众”角色在场脱体叙事，与原始的在场受传时受传自然一体化的模糊状态相比，融媒体时代的受传一体化叙事多元、符号丰富、时空一体。

① 哈贝马斯.交往与社会进化[M].重庆：重庆出版社，1998：205.

② 杨保军.变迁与意味——新闻规律视野中的传播主体分析[J].新闻界，2018(11)：17-23.

三、与众传播的融媒体特征与表现

与原始在场传播范式不同,在融媒体环境中,与众群体经由融媒体窗口在不同时空间自由穿梭,不同时空场景穿梭的复杂性使之呈现出多重面相,展现出丰富的时代传播特征。从受众到"与众"传播主体演进的过程,实际上正是受众解放的过程。与原始在场传播物理时空受限不同,融媒体传播以智能平台为基础,将不同形态时空嵌套于其中,赋予"与众"在各时空环境中自由穿梭的权力,时空以非线性、窗口的方式存在,即刻被唤起与展开。所有媒介形态都被纳入到平台环境中,成为供"与众"发送的融媒体内容,"与众"则成为传播活动历史变迁中最积极、最自由的传播主体。

(一)与众在融媒体传播环境中呈现主体间性

融媒体环境中的传播主体是超越主体性的,"与众"叙事是一种交互关系中的叙事行为,人与人之间彼此并列存在,没有谁主导谁,亦不会出现谁替代谁的问题。融媒体时空一体化本身意味着,以智能平台为基础的各窗口叙事单元主体之间具有和谐一致性,叙事主体从单向度时空关系走向同一性时空,从具有控制力和支配力的单一主体走向多个主体的主体性,即主体间性。主体间性主张人与自然环境及世界、人与人之间都存在着并列的关系。他们倾向于认为事物的性质与价值并非全部决定于其本质属性,也不受制于人类的需求、能力和意愿,而是根据系统内不同要素之间互动交错的关系作用动态决定的,其主体包括共存于世界的所有人和事物。[①] 从媒介形态演进的视角来看,传播从"我和你"面对面的主体构成,到"我和他"大众传播的本位主体传播,演进到"我""你""他"并列存在,由此形成多个主体并列关系的"我们"。应该说,凡是关涉"我"与"我们"转换的主体关系构成,都离不开"主体性"和"主体间性"所蕴涵的意义,"主体间性"概念所具备的本质与内在的含义,都能够在"我们"范畴中得到解读,主体与主体之间的关系,便是"我们"所建构的"主体间性"。融媒体环境中的"与众"实质上就是平行于网络空间的"我们",时空融合促成了主体关系的充分延展,与众作为传播环境中主体的"我们"得以动态存在。融媒体形态内涵丰富,既包括了不同媒介形态,也包括多元化的文本符号,最重要的包括了形形色色且彼此平行并列的人,即"与众",它们共同建构起融媒体主体间性的时空环境。

---

① 黄卫星,李彬.传播:从主体性到主体间性[J].南京社会科学,2012(12):90-97.

(二)与众在融媒体传播环境中呈现出一体多元性

传统媒介传播的时空形态,是处在一种表现连续彼此分列的状态,因此既往传播形态依赖于时空的绵延完成物理意义上时空的接续,即时间上延伸并对应空间上的扩散。融媒体传播实际上完成了一种媒介大融合,时空融合造就时间与空间上的统一,形态融合造就了内容和关系的统一,叙事融合则造就传—受关系的统一和“与众”的一体化发展。[①] 在融媒体叙事场景中,时空嵌入智能平台并建立起叙事的时空一体化表达模式,“与众”成为时空一体化表达的叙事者。原初媒介的内容向其他媒介变形转译、转化变异,形成融媒体中的互文关系,互文的媒介再造,被称为再媒介(remediation),再媒介指的是一种媒介在另一媒介基础上蔓生发展和再创造的新的形态。[②] 再媒介实质是经由“与众”转化的媒介内容,其通过时空链接发送完成融媒体时空一体化的建构。

时空一体化强调的是媒介形态的系统属性,融媒体作为复杂系统的组织结构,是由多重时空动态嵌入与叠加后形成的。“与众”传播建构起多重的媒介时空,同时也使之融合为同一性的存在。在时空建构与同一性的呈现上,“与众”的能动性得以充分体现,他虚存不同媒介时空于智能平台上,根据个体需要或沟通需要瞬间激活这些时空。在“与众”一体化时空叙事中,理性、人品和情感等修辞诉求成为调控阀门,使得与众的主体性有着多重的自我建构范式,即便是主体间性的“我们”认同环节中,与众个体也必然考虑到自己是否不明事理,违反人际伦常、人性或者其他人能否接受等。这种自我约束与个体的文化背景、群体认同等息息相关,由此形成的叙事表达呈现出多元化态势,形成自组织的多元化呈现态势。这种自组织、非控制性的叙事使得融媒体传播活动趋向于复杂而多元。

(三)与众在融媒体传播环境中赋能与赋权

传播实践中的赋能与赋权问题是一个无法回避的话题,与众是时空一体化的主体修辞者,其认知经验决定了修辞策略的建构过程,与此同时,其通过文本生产、评论、信息倍增等环节作用实现的自我赋能与赋权,使其具备了融媒体环境中建构性话语能力,同时也保证其处在融媒体时空一体化逻辑的中心位置,时空一体化过程也强调与众在赋能、赋权过程中的动态性、连续性和交互性。融媒体技术建构起一套不同于既

---

① 张成良.融媒体传播论[M].北京:科学出版社,2019:145.

② 张成良.融媒体传播论[M].北京:科学出版社,2019:167.

往传受关系的参与式文化体系,与众作为信息的接受者与生产者,在共享式文化发展过程中,其参与行为影响到融媒体时空一体化建构与话语体系的调适,形成融媒体时代特有的信息传播范式。

融媒体时空一体化建构,得益于现代媒体技术的升级与推广,技术延伸了人的自然能力,使人类挣脱自然强加于自身的生理束缚,其能力与心智伴随技术发展起飞。融媒体技术,其所包含的大数据、云计算、物联网等技术,将一切媒介活动度量化和条理化,在赋予与众叙事内在的结构与秩序的同时,也赋予了融媒体时空一体化的社会目的和意义。对于"与众"而言,能够利用融媒体技术实现"赋形""赋权"和"赋能"三种功能:技术"赋形"使得"与众"以主体间性存在,由此开拓出融媒体时空一体化的建构环境;技术"赋权"使得"与众"获得多重角色配置,其一体多元的特征得以充分发挥;技术"赋能"赋予"与众"具有自由穿梭一体化时空的超级体验,并使自己成为这一时空环境的传播主体。

结　语

本文在对传播活动受传主体演进的研究基础上,提出了融媒体环境下受传主体的新指称:与众。从历史发展的视角来看,时空的发展与变迁改变了受传方式,形成了由原始在场到脱域在体,再到脱体受传的变迁过程。在融媒体技术环境下,传播主体之间不再凭借媒介完成信息受传,而是直接"在场对话",大众传播时代的主体性走向了融媒体时代的"主体间性",传播主体之间倾向于平等、交互的关系得以建构。融媒体环境中"与众"赋权促使其所获得的自由程度在不断提升,受众的特征则面临着消解。

融媒体技术推动了时空一体化的建构,而"与众"传播在建构多重媒介时空的同时,也使之通过智能平台融合在一起,成为具有同一性的时空结构。具有主体间性的与众叙事,呈现出一体多元的身份特征,与众在融媒体传播环境中赋能与赋权行为,则使得多重时空随时被激活,传播主体角色也将最大限度地得到解放。

〔张成良,鲁东大学文学与新闻传播学院教授,硕士生导师;仇玲,鲁东大学文学与新闻传播学院讲师,硕士生导师〕

智能媒体

云音乐的爱与殇

——算法推荐与在线音乐收听体验中的智能迷思

Love and Letdown of Cloud Music

—Intelligent Myths in Algorithm Recommendation of Online-music-listening Experience

◎ 吴炜华　梁　轩

Wu Weihua　Liang Xuan

摘要:本文运用质性研究方法,采用最大差异的信息饱和法抽样,通过对40位网易云音乐用户展开深度访谈与参与观察,并对访谈所得的用户体验进行类属分析,探讨了云音乐的个体消费、青年想象与文化情境,揭示算法推荐时代的智能迷思,并探讨超越智能迷思的路径。研究发现,算法推荐的云音乐消费行为中,存在逃避抵抗算法和情感依附算法为表征的智能迷思与文化想象,它们技巧性、拟人性地减缓了因算法技术的冰冷变革所带来的文化震荡与技术决定悖论,并形塑了当下网络音乐场景中崭新的文化研究场域。

关键词:质性研究,智能迷思,算法推荐,音乐App,网易云音乐

Abstract: This paper takes qualitative research as the orientation, based on the myth theory, adopts the largest difference information saturation method as the sampling method, and takes 40 Netease cloud music users as the research object for in-depth interviews with a total duration of more than 40 hours. The user experience performs a generic analysis that reveals the intellectual myths of the algorithmic recommendation era and explores the path beyond intelligent myths. The study found that there are two kinds of intelligent myths: escaping and resisting algorithm and emotionally attached to algorithm in the era of algorithm recommendation. These intelligent myths play an active role in mitigating the shock caused by technological changes, but they obscure the power game behind the algorithm and alleviate the contradiction between the manipulation algorithm and the algorithm.

Keywords: qualitative research, intelligent myths, algorithm recommendation, music App, Netease cloud music

云音乐所引领的全新音乐生产、传播与消费构成了当下音乐传播实践与研究中最耀眼的文化景象。本文将云音乐描述为一种网络音乐的应用系统、使用平台和消费空间,特指在传统互联网和移动互联网中,可上传、发行、推荐、下载、收听的商业型数字音乐应用。从20世纪80年代开始,对流行音乐的收听行为与消费经验的研究已然占据青年研究、音乐传播、亚文化研究的核心地位,而青少年的音乐使用、收听模式、文化认同、情感驱动与"音乐化"的日常生活之间的文化构型与互动研究更是令人着迷。新世纪以来,中国数字音乐出版与在线音乐发行平台的持续低迷,使得这一领域的生产传播研究、消费行为分析也相对式微。但与此对立的,却是中国庞大的数字音乐消费需求、网络音乐社群和在线音乐的传播流动。在与政策、版权、技术、音乐消费者的多重复杂关系中不断寻找平衡的云音乐服务,经历了近二十年的艰难探索,直至今日,才在中国移动网络的大众式普及、4G资费不断下调、网络与移动终端服务的不断更新下,初具规模。三大云音乐应用——阿里音乐旗下虾米音乐(独家代理滚石、S.M.、BMG、华研、相信、寰亚等音乐版权),腾讯音乐娱乐集团QQ音乐(独家代理环球、华纳、索尼全球三大唱片公司与YG娱乐、杰威尔音乐、LOEN等音乐版权),网易云音乐[独家代理天娱、爱贝克思(avex)、丰华、华研国际等音乐版权]——强势平分了中国青少年网络音乐消费的数字场景。

而在此数字场景中,音乐消费的随机模式、日常下载与收听、在线音乐互动与社交形成了网络音乐传播研究的表层文本。此文本依循着文化符号学、媒介社会学的理论框架而建构;而驱动云音乐之当下生存的算法推荐与技术依附与对抗则构成了网络音乐传播研究的深层文本。此文本呼应新媒体研究、网络文化与科学知识社会学的学术回音而寻找自身的理论立足点。

这一双层文本的理论构型,使得我们在分析云音乐的技术赋能与文化想象中,寻找到"智能迷思"这一崭新的词汇,以帮助理解技术、文化、个体与社会之间的学理互动。

随着人工智能的兴起和算法时代的到来,科技的触角延伸至文化生产、传播与日常经验的各个层面,开始"管理"社会,甚至"管理"人本身。当"管理"被借用以形容技术决定论所辐射出的算法崇拜与操控人类主体行为的愉悦场景之时,从人脸识别技术的"靠脸吃饭",到可穿戴设备的"你的进步,都能被看见",再到新闻应用的"你关心的,才是头条",作为科技的算法,开始对人的身体和心灵,进行日益精密的管理——算法推荐俨然具有了一种全新的科技人格，它如同神迹，猝不及防地出现在普通人的生活之中。突如其来的“历史的断裂”，让人们在理解这个迅速变化的世界时无所适从。《终结者》《西部世界》中所描绘的图景，似乎已经不是科幻，而更像是预告。在这场算法推荐大获全胜的战役中，最为感性、私人的音乐喜好，也被其攻城略地，收入囊中。越来越多的移动客户端，开始上线个性化推荐功能，通过算法推荐，跟踪、重构、改写网络受众的音乐消费空间、收听模式、信息交换形态与音乐分享行为。本文以网易云音乐为代表展开分析，希望解读在云音乐所依托的对用户使用数据的采集和算法的支持中，在个性化推荐的技术赋能下衍生的友好性表演与温情脉脉的社区镜像中，应用、音乐、个体、空间的全新关系的重构法则。

在这一过程中，云音乐的使用者希望享受算法推荐带来的便利，但又担心算法操控人的矛盾仍然存在。面对难以调和的矛盾，人们形成了爱恨交加、情感与理智混搭、技术依附与文化批判共存的智能迷思。

迷思的概念缘起于人类学家列维-斯特劳斯田野考察的笔记之中，而后，罗兰·巴特以“今日神话”将其进行创造性改写，将迷思的概念与媒介之现代性与传播霸权相关联，认为资本的新形态与深入触及中产的文化空间的大众化媒介，需要“一种新的神话（迷思）”以影响人们的“思想与观念”。至此，迷思成为媒介文化史中一种具有批判意义的幽灵理论，并得到了广泛验证。

随着数字时代的带来，迷思在新媒体研究、网络文化研究中再次浮现。本研究回归到列维-斯特劳斯对于迷思的理解。斯特劳斯认为，迷思是帮助人们应对社会生活的矛盾冲突的故事。而本研究涉及的智能迷思，正是人们自己所构建的，帮助人们应对人工智能（本研究指算法推荐）所带来的社会生活的矛盾冲突的故事。这种故事，是人们对待人工智能的所思所想，并通过行为表现出来。

因此，本研究依托于网易云音乐个性化推荐功能的用户体验，以质性研究为取向，采用最大差异的信息饱和法的抽样方法，以 40 位网易云音乐用户为研究对象进行总时长超过 40 小时的深度访谈。“最大差异信息饱和法”设计如下：按照研究者自己的调查主题，确立对象选择的起点，选定第一人进行访谈；应用持续对比分析法（CCM）梳理从第一人得到的信息的指向与信息的充分程度；根据梳理结果，衡量信息饱和程度，确立新的“理论抽样”标准，选择最可能（最大差异法）提供不同指向或者更加充分信息的第二人；从第二人起，反复进行上述的梳理。如果信息仍未饱和，则继续调查第三人、第四人，依此类推；在任何一个被访者那里，如果不再有新的信息，则理论上调查到此为止。为了保险起见，研究者可再多访谈一个或者多个对象，如果确信再无新信息,即可终止调查;否则就继续调查下去。在本研究中,我们也辅以参与式观察,理解和解读云音乐的消费行为与日常场景中智能迷思的形成与主体对抗,以及在面对强大的算法推荐的冲击下,云音乐的消费主体如何成为技术文化的使用者、迷恋者与批判者。

一、算法推荐冲击下的多重抵抗

面对算法推荐这一宛如神迹的技术变革,部分用户采取了拒绝的姿态,以自己过去的经验建构了智能迷思,从而遏制了算法推荐技术对于自身生活的震荡。具体来说,这种智能迷思,是指面对强大的算法推荐,人们不承认其必要性,而是选择替代性方法,避免对算法推荐的使用,并且认为自己有能力抵制算法推荐的影响。

(一)作为武器的搜索引擎

技术的变化,往往远超人自身的变化。某种程度上,人的行为模式一旦形成,就难以改变。对于经历了"人找信息"时代的80后、90后而言,搜索引擎的长期使用,已经内化为网络行为的固有模式,成为布迪厄所说的"惯习"。"我觉得我以前的方式已经足够了,去自己搜,自己找。"(HH)这种惯习,还会影响到价值判断。同样的歌曲,仅仅因为来源渠道的不同,就会被赋予完全不同的价值。ZSL认为,搜索可以加深对歌曲的印象,并且使自己能更好地消化歌曲。"我可能觉得,嗯,通过搜索得来的歌比推荐得来的歌更珍贵吧。"(ZSL)搜索已经不再仅仅是获得歌曲的手段,而是承载了情感,蕴含了搜索时代音乐还相对匮乏的文化记忆。

这种惯习,还会持续影响思想和行动,特别是对于新歌的需求。习惯于通过搜索引擎获得歌曲的人认为,"我并不是那么需要新歌的人。"(HH)而部分已经习惯算法推荐的用户表示,自己对于新歌的需求增强了,歌单更新的频率较使用推荐功能之前大大提高。"如果没有他,我就懒得去找(新)歌了。"(GT)这体现出算法对肉体的驯服。使用算法推荐的受访者,其听觉对于新鲜音乐的需求被制造出来,并且不断被推荐功能迎合、放大。而固守搜索引擎的受访者,对新歌的需求仍处于一个较低的水平。使用搜索引擎的惯习,成为用户对抗算法推荐的武器。

(二)作为"靶子"的算法

算法作为云音乐个性化推荐的核心,直接影响到用户对于推荐功能的接受和使用。部分用户对于算法，采取漠视态度。“最开始用网易云的推荐功能的时候，并不知道它背后的原理，所以使用过几次之后觉得不好用就不用了。”(ZSL)用户不理解算法推荐功能的原理，并没有意识到算法推荐是需要“养成”的，是需要用户贡献数据的，因此在开始的阶段就早早放弃了。少部分用户对算法的漠视，其根源在于算法教育的缺失，缺乏基本算法推荐的媒介素养，因而没有能力使用算法推荐功能，只能放弃使用。实际上，这是一种媒介素养不足所造成的，对于算法推荐的被动抵抗。

而对于算法的批判，则体现在了解算法推荐原理的用户。大学生 ZKY 平时听歌种类比较杂，希望推荐功能能够推荐多种类型的新歌，但是并没有得到满足，“我曾经做了一个实验，我有几天一直听日语歌。之后，果不其然，他的每日推荐，推了所有的歌都是日语的，而且不少是同一张专辑的。我就觉得他的算法可能比较傻吧”(ZKY)。而重复推荐，也会降低用户对算法的满意程度，从而放弃使用。“比如我刚刚放了网易云今天给我推荐的歌。发现有一首歌，光这个月就给我推了五次了。就是我明明已经听了一会儿，就把这个歌跳过去了，他依然给我推荐。”(XJL)可见，对于算法有基本了解的用户，已经具有了检测算法、观察算法的意识。通过实验和对算法透过表象看本质的“凝视”，用户得出了算法“傻”的结论。本质上来说，用户对于算法推荐的抵抗，并不是排斥算法本身，而是对于目前算法推荐仍然不够完善的不满。

(三)作为抵抗目标的自主选择

云音乐的个性化推荐，是通过记录用户的听歌行为，使用算法进行画像，从而推荐用户可能会喜欢的歌曲，满足音乐需求。根据访谈，用户的音乐需求，可分为功能性需求和娱乐性需求。其中，功能性需求是较好满足的，音乐的节奏只需与场景相匹配即可。更值得探讨的是娱乐性需求，因为这涉及用户感性的、具有私密性的音乐喜好，把握起来更有难度，也面临着用户更为强烈的抵抗。

对于算法推荐功能，部分用户认为功能本身存在固化音乐喜好的倾向，但是人不会受到算法推荐的控制，是能够主动选择的。“我觉得音乐口味还是看个人吧。我听同一个类型听多了会腻，就会主动去探索，发现一个新类型。其实固化这个东西，不是一个听歌的算法，就能够把你的口味固化了。”(DW)这反映出音乐与资讯的不同，信息茧房和回音室效应在音乐的算法推荐中并没有在新闻资讯的算法中那样显著。对于音乐，人具有更强的能动性，而且音乐相较于新闻资讯也更为感性，这使得算法推荐更难把握，用户选择的易变性也大大增强。

另外，还有用户提出，音乐来源的渠道是多样的，因此不会被算法推荐束缚。本研究的 40 名访谈对象的歌曲来源渠道包括偶像专辑、排行榜、微博微信等社交媒体、歌手节目、影视剧,等等,甚至在路上的偶遇,看到评论区的推荐等,都能够成为访谈对象发现歌曲的来源。当然,渠道来源的多样,并不意味着用户的音乐喜好完全脱离了算法的控制。"还有其他的途径去接触,比如说看别人的歌单啊,去看 b 站啊。虽然 b 站也有推荐。"(GH)当接触音乐的渠道都以算法推荐作为主要的音乐输出方式时,用户将别无选择,目力所及,尽是算法。

综上所述,面对算法推荐的冲击,用户从多个层面进行了抵抗。访谈过程中,用户谈及这种抵抗,表情语调、话里话外都透露出一种不随波逐流的自豪感,"为什么别人用我就一定要用呢?"(HH)这提醒我们,这种抵抗算法推荐的智能迷思,可能还蕴含着用户建构自己主体性、独特性的社会心理。这种个人主义的倾向,正是由于互联网的技术赋权所产生的,而现在,个人意识的增强反而成为了个体对抗算法推荐技术扩张的武器。对于技术的抗争,似乎正在成为智能时代建构自身主体性的文化图腾。

二、算法推荐统御下的情感依赖

面对算法推荐如潮水般席卷而来,并非所有用户都如前面所述的那样,采取拒绝的姿态。相反,部分用户对于算法推荐采取接受,甚至欢迎的姿态,并对其产生了微妙的情感。于是,吊诡的事情发生了:在技术理性空前强大的时代,人们却对算法推荐本身,产生了情感大爆发。这成为另一种智能迷思。

(一)孤独笼罩下的替代性满足

比达咨询发布的《2018 年度中国在线音乐产品市场研究报告》显示,2018 年网易云音乐人均日运行时长达 21.1 分钟,日均启动次数 5.3 次,相对腾讯系,用户黏性更高。笔者进行参与式观察的多个网易云 QQ 粉丝群,如网易云音乐官方贴吧群、网易云音乐等,活跃度也非常之高。然而,与线上的热火朝天相反,用户在线下,却可能备感孤独。如陈奕迅《孤独患者》下的一条评论"老板两份炒面打包;一份辣一份不辣……算了两份都辣"(Antonioooo),竟然获得了 11.7 万赞,1,058 条回复,可见网易云音乐的用户,有孤独感的不在少数。

除此之外,网易云音乐本身就具有文艺属性,是一款走情怀路线的音乐 App,营销方式也主打情怀营销,如 2017 年以"在杭州地铁 1 号线上 看见乐评 寻找共鸣"为口号的地铁营销，遍布列车的网易云音乐评论，让很多人泪水打湿了眼眶。评论之所以能够打动人，恰恰是因为现代人在现实生活中的孤独感越来越强，而通过评论，他们找到了共鸣。

孤独的文艺青年们，甚至将算法视为朋友，以此排解内心的孤独。“你开心或者难过，或者碰到什么事情，半夜睡不着觉。你第一个打开的 App 都是他。好像都是一直陪伴着你，有时候真的很理解你。就比如说推荐歌单。”(ZH)这种情感，甚至到遮蔽理智的程度：“他毕竟会考虑你的喜好。”(CY)“理智告诉我，他只是一个算法，但是因为他太周到了，所以我感觉他有一些温度。”(GH)作为硅基智能的算法推荐，仿如海德格尔笔下的“座架”(海德格尔，1996)，对于人这种碳基智能，实现了某种程度的“解蔽”，从而使人能够真正“认识你自己”，不禁发出“真的很理解你”的感叹。而人们对于朋友的定义，恰恰就是能够理解自己的人，算法推荐在这个层面，实现了替代性满足，从而使用户产生了算法推荐是朋友的文化想象。

而朋友本身，也具有拥有共同记忆的含义。“我在用他的 App 的同时，也在上面留下了很多我过去的记忆。当你回去看的时候，你会发现他都帮你保存得很好。他就像老朋友的感觉，了解你的过去也知道你的现在。”(ZH)云音乐的历史记录功能，本来是用于记录用户行为，方便算法推荐的。然而用户却对其进行了浪漫的想象，觉得这是云音乐和用户自身的共同记忆，从而增强了用户将算法推荐视为朋友的感受。

(二)算法“调教”中的角色预演

用户对于算法推荐的情感依赖，远不止视为朋友这么简单。部分 90 后用户将算法视为宠物，甚至孩子。“因为这个东西都是自己调教出来的。相当于自己一把屎一把尿养大的孩子一样，你要为他注入心血，他才给你回报啊。”(FXSN)在 90 后的 FXSN 看来，算法推荐是养出来的，而自己的使用行为，也就是数据，就是喂养这个孩子的食物。诚然，这种感受，与算法推荐自身的发展是完美契合的。算法的完善所依托的，正是海量的数据。数据越多，算法成长得越快，这也是各大公司抢夺用户的一个重要原因。当用户将算法推荐视为一个嗷嗷待哺的孩子的时候，其用户黏性和使用的积极性可想而知。“我从来没想过放弃这个功能。”(FXSN)

对于自己的“孩子”，90 后“家长”具有极高的包容度。“不管多少首错都会使用。”(BMYZ)甚至 90 后“家长”会觉得，“孩子”的这种推荐错误很有趣：“我可以包容个性化推荐功能的差错和不完美，甚至我觉得这是一件有趣的事情。”(WZQ)

但是，访谈对象对单曲的包容度非常低。以每日推荐为例，85%的访谈对象都不会将 20 首歌曲全部听完,而是通过歌手和歌曲名称进行筛选,然后对筛选所得的歌曲进行试听。当歌曲前奏不合心意时,在方便的情况下,用户会立即切歌。部分用户了解个性化推荐原理,担心对之后的推荐造成影响:“一旦听到一个不合口味的,哪怕只是前奏,就不行,立刻切掉。不能多放一会儿,因为多放一会儿,它就会认为你听过了这首歌,之后就会推荐。”(DW)这如同家长对于子女的教育。家长可以包容子女犯错误,但对于错误本身,家长还是不能够接受的,还是会持批判的态度,并且会通过自己的行为,让子女明白这样做是错的,从而减少下一次的失误。

可以看到,在使用算法推荐的过程中,大多还未有子女的 90 后,将算法推荐视为“孩子”,对其错误包容,并进行有意识的纠正,甚至投入了情感。在这一互动过程中,90 后如同小时候“过家家”一般,不知不觉间进行了一场角色扮演,并在“调教”算法的过程中提前感受到教育子女的过程,进行了人生下一个阶段的预演。算法推荐,参与到了人的社会化过程之中。

(三)算法“反驯”下的日常经验

云音乐的算法推荐,确实给用户带来了诸多便利,特别是音乐功能性使用的需求得到了很好的满足。“我是直接用推荐歌单来找 BGM。”(WK)推荐功能对于从事视频剪辑工作的她而言,为她“省了不少力气”(WK)。算法推荐确实给用户的工作生活,带来了实实在在的便利。

然而,在享受技术带来便利的同时,算法推荐也在“反驯”着人类,使人形成对于算法推荐的功能性的情感依赖。依托算法推荐,音乐也大大拓展了空间的穿透性和时间的黏着性。BYD 是一位中文系学生,平时经常会写一些文章。写作时,她会播放推荐歌单的歌曲,“在写文章的时候听会产生灵感吧,怎么说,可能会产生那种氛围”。然而,在使用算法推荐之前,她并不会要求写文章时一定要有音乐。音乐依托算法推荐,越来越多地进入到人们生活的各个场景,曾经抱着借来的收音机和磁带,专心致志听音乐的年代一去不复返了。现在没有音乐的空间,反而是让人诧异且不适的。

除了音乐使用习惯,云音乐的算法推荐,也在重塑着时空结构。推荐与移动终端结合在一起,使得用户每时每刻都听新歌成为可能。超过 60%的受访者表示,使用云音乐个性化推荐后,自己听歌的时间明显高于使用推荐功能之前。受访者朱同学 2018 年网易云个人年度报告显示,他的听歌数量为两万多首,“这还不包括我在虾米和 QQ 音乐上听的歌”。也就是说,他“几乎随时随地都在听音乐”。这使得他的空间感与他人不同,在他的空间里,永远都是有音乐的。云音乐永无止境的推荐,为他打造了一个与他人相分割的、永远充满新鲜感的个人空间。云音乐通过算法推荐，重构了用户的时空结构，实现了对用户的“反驯”。

综上，技术的发展，大大缩短了物理空间，却似乎扩大了心灵的距离。人们的孤独感越来越强，对情感的需求越来越迫切。面对这种矛盾，人们创造了自己的智能迷思，以情感压倒理性，将技术视为朋友、孩子，应对技术理性带来的人与人之间的情感区隔，甚至被技术反向驯化了。而这样做的最终目的，也仅仅是使人类自身能够回归平衡，再次被理性所容纳，减缓技术带来的震荡。

三、超越智能迷思

至此，本研究依据深度访谈资料及参与式观察，发现面对算法推荐带来的冲击，用户形成了两种智能迷思。一种是通过对于算法推荐的抵抗，尽可能减少算法推荐对于自身选择音乐的影响，固守在搜索时代；另一种是接受、欢迎算法推荐，甚至赋予其一种虚拟人格的想象，使之成为一种情感安放，成为一种音乐、传播行为与文化主体之间的文化连接。

无论是消极的对抗，还是积极的拥抱，两种智能迷思，实际都彰显了算法推荐的力量，都是芸芸众生在面对突如其来的、强大的算法推荐，手忙脚乱作出的自我调适。这两种智能迷思，缓和了技术变革带来的行为、心理的双重震荡，也凝聚了社会共识，起到了一定的积极作用。但是，如果我们不能超越智能迷思，人类得到的，只能是安慰剂，最终人类还是会被技术所操控。

(一)不可持续的算法对抗

对于算法推荐的消极对抗，力量只会越来越衰微。

正如用户对于云音乐个性化推荐功能的接受。超过50%的访谈对象表示，是在无目的使用网易云音乐的过程中偶然发现这个功能的。换言之，用户是在无目的，甚至无意识的状态下被推荐功能所限定，打开推荐功能的，由此被卷入对其的使用之中。因此，即使用户拒绝了云音乐的算法推荐，能保证不陷入淘宝、拼多多、今日头条、豆瓣等应用算法推荐的操控吗？算法推荐作为技术配置，实际上重新建构了环境，触动了我们对世界认知的环境框架。个人很难遗世独立，打造自己的“小生境”，摆脱算法的控制。而且，正如访谈所呈现的，“宿舍的人都在用，也就用了”(CY)，“这个功能省下了找歌的时间”(KYF)，拒绝算法推荐的个人，还面临着同侪压力和他人获得技术赋权的恐慌。

此外，随着媒介素养教育的开展，越来越多的用户将对算法理解更为深入，知道如何与算法相处，利用算法推荐为自己服务。与此同时，算法推荐也将因为每天不计其数的数据“喂养”更加完善，带给用户更好的体验和更高的满意度。当使用算法推荐的好处远远超过使用算法推荐的弊端时，用户将在算法推荐面前无所遁逃，正如今天对电的使用一样，未来，算法将是空气。

（二）温情想象背后的冰冷现实

既然抵抗的智能迷思不可持续，对于算法推荐的温情想象，是否能让我们从操控算法与被算法操控的矛盾中抽离出来呢？

令人失望的是，在温情脉脉的表象背后，是冰冷刺骨的资本逻辑。目前，中国阿里、腾讯、百度、字节跳动四大互联网巨头，利用资本力量对各个领域进行渗透，形成了各自的产业矩阵。就音乐领域而言，腾讯坐拥 QQ 音乐、酷狗音乐、酷我音乐等移动时代来临前就大红大紫的老牌音乐应用；百度拥有千千音乐，并于 2018 年 10 月，宣布战略领投移动数字时代成长起来的网易云音乐新一轮融资；阿里巴巴则持有后起之秀虾米音乐。

大量应用集中于少数互联网公司，这使得公司得以集合旗下几个不同种类应用的数据，对于用户进行全方位、立体化画像。很多受访者反映，在其他 App，如 b 站、百度、微博、抖音等搜索过的内容，会立刻在网易云音乐上收到相关歌曲推荐：“这有一种被偷窥一样的感觉。就比如我在 b 站看视频有时候听的歌，不知道是偶然还是和 b 站有某种交易。然后在我的日推的歌里面就有 b 站听过的歌。我干什么都被他监测到了。”（DZ）根据研究结果，这种情况往往出现在用户使用登录网易云音乐的账号，注册登录过其他 App：“因为我是用微博登的网易云嘛，我也是用微博登抖音。自从我刷了抖音之后，私人 FM 老是给我推抖音里面的歌。然后我以为这是个例，后来在那些歌下边的评论看到，有人和我一样。”无疑，这样的算法推荐更为精准，但却令人脊背发凉。每一个用户，实质上都处于全景敞视之中，被生活中用到的各类应用所监控。

（三）超越迷思的算法设计

综上可知，无论是对算法推荐的多重抵抗，还是对算法推荐的情感依附，两种智能迷思，只能是作用有限的安慰剂，并不能够缓和操控技术与被技术操控的根本矛盾。那么，面对技术的压倒性力量，人类真的只能依赖智能迷思，获得心理安慰，而无所作为吗？技术真的能够决定一切吗？

算法对人的操控，并非无法避免。算法推荐作为技术，其背后蕴含着意识形态。目前的算法推荐，是资本逻辑的产物。算法推荐通过各种应用软件，将用户强行拖拽到数据库中，成为生产数据的“数字劳工”。通过技术的反向驯化，算法推荐限定、制造人的需求。如同福柯在《疯癫与文明》中所指出的，以理性秩序的名义压制一切非理性行为一样，智能时代也将以算法秩序的名义压制一切不适合算法计算的行为，使得人的行为更适合被算法计算，实现对人的全面操控，最终服务于资本增值。因此，要想削弱技术对人的控制，就要意识到操控技术与被技术操控的根本矛盾，以及与之相伴的种种智能迷思，并非理所当然，不可撼动的，是不应被合理化、自然化的。

“技术引发的迷思，最终总得要达到某种平衡，这种反向的动力源于具有政治性质的文化实践和社会实践。”应对资本扩张带来的智能迷思，是否需要国家、民间团体等社会力量和文化力量对资本逻辑进行制约值得深思。算法设计应当如何运行，寻找市场、文化政策和民间共同体之间的平衡更是值得深思。

正如文森特·莫斯可所言，新技术的真正力量并不出现在它们的迷思性阶段，而是出现在我们将其视之为对其他所有社会力量的补充的时候。只有当算法成为其他所有社会力量的补充，而非仅仅是资本扩张的工具时，算法真正的力量才能够得到彰显。也只有如此，智能迷思才能够被超越，实现技术的祛魅，绽放人性的光辉。

〔吴炜华，中国传媒大学电视学院教授；梁轩，中国传媒大学电视学院硕士研究生〕

人性化与自主性:媒介智能化进化的内在机制与双重结构*

Humanization and Autonomy: The Intrinsic Mechanism and Dual Structure of Media Intelligent Evolution

◎ 单小曦　别君华

Shan Xiaoxi　Bie Junhua

摘要:在媒介技术变革日新月异的今天,媒介智能化的进化问题理应成为传播学研究的一个重要议题,但却还未得到足够多的关注。本文以人工智能这一典型的智能媒介为研究切入点,并通过发掘技术哲学的相关思想资源,细致而深入地探究了媒介智能化进化的内在机制,勾勒出了人性化与自主性的双重结构。一方面,人性化阐明了媒介技术在本质上与人相互依存,其智能化进化路径服从于人的理性。另一方面,自主性则诠释了媒介技术的智能化进化亦有其自身规则与倾向。正是这种辩证的双重结构,使得媒介智能化的进化问题具有深远的研究意义。

关键词:智能媒介,技术,人性化,自主性,进化

Abstract: With the rapid changes in media technology, the evolution of media intelligence should be an important issue in the study of communication, but it has not received enough attention. Taking artificial intelligence, a typical intelligent medium, as the research starting point, this paper exploits deeply and thoroughly the intrinsic mechanism of media intelligence evolution by exploring the relevant ideological resources of technical philosophy, and outlines the dual structure of humanization and autonomy. On the one hand, humanization clarifies that media technology is interdependent with people in essence, and its intelligent evolutionary path is subordinate to human reason.

* 本文系国家社科重大基金项目"中国新媒介文艺研究"(18ZDA282)研究成果;杭州师范大学科研启动基金项目"智媒时代网络社会的智能化研究"(4075C50218204079)研究成果。

On the other hand, autonomy explains that the intelligent evolution of media technology also has its own rules and tendencies. It is this dialectical dual structure that makes the evolution of media intelligence a far-reaching research.

Keywords: intelligent media, technology, humanization, autonomy, evolution

一、智能媒介:媒介进化的新阶段

新一轮技术变革在当下已呈蓬勃兴起之势。包含支撑人工智能技术的移动互联网、大数据与云计算、物联网这一智能基础技术链的成熟,深度学习多层神经网络运算模式的流行,与商业资本驱动、政府政策支持和全球科技竞争在内的人类需求要素一道,共同推动着人工智能进入新一轮的高速发展阶段。目前,智能媒介技术作为信息技术的升级版,正以极大的能动性渗透进多元化的社会场景,并与社会生活深度结合,形成一个在传播上不同以往的物质环境与文化环境。

从传播学视角看,人工智能不仅应该被视为一项跨领域的新兴技术,同时更应被视作一种特殊的媒介。这主要是因为它能够改变信息的清晰度和结构方式,通过其"数据化"特质,介入并促进人与人、人与物、物与物之间的主体交往、数据交互和信息交换。回顾媒介历史长河,媒介技术在完成对人类外在官能(视觉、听觉等)的延伸后,终于进入到了对人体延伸的最后阶段——意识的技术模拟阶段。而"媒介对意识的延伸"这一命题,实际上意味着媒介技术对包括感觉器官、传导神经网络、思维器官及效应器官在内的人类主要信息器官的碰撞与延伸。这四个单元的器官与信息处理能力的有机关联"使它能够执行一种整体性的高级功能,即认识世界和改造世界过程中的智力功能"[①]。换言之,"媒介对意识的延伸"意味着媒介对人类信息处理能力(如记录、交互、生产等)和智性能力(如批判、思考等)的拓展与提升。由此可见,信息网络以及在其基础上发展起来的能够延伸人类智能的媒介均可称为"智能媒介"。在现阶段,可以通过算法直接模拟人类智能的人工智能是最为典型的"智能媒介",而这种媒介延伸人类智力的显在趋向则可概括为"媒介的智能化"。

作为智能媒介最典型的代表,人工智能在当下盛行。但其实,人工智能从诞生至今短短 60 年间已经三历沉浮。第一次高潮从 1956 年达特茅斯会议开始,到 20 世纪 70 年代末人工智能因不能达到明确目标遭到批评而停滞;第二次高潮始于

① 钟义信.信息技术[M].上海:上海科技出版社,1994:60-61.

1980 年,在日本政府投资野心的激励下,发达国家进入人工智能竞争状态,但还是由于不能投入大规模的商业应用无法达到预期效果,到 20 世纪 80 年代末再次陷入低谷;第三次高潮从 1993 年开始到今天,在技术层面随着个人计算机和网络的普及、大数据和云计算技术的成熟,新的信息环境和数据基础构成了驱动人工智能在新阶段高速发展的外在动力。与此同时,人工智能的目标和理念出现重要调整,"科学基础和实现载体取得新的突破,类脑计算、深度学习、强化学习等一系列的技术萌芽也预示着内在动力的成长"[①]。并且,社会层面政策与资本积极介入,推进人工智能赋能社会。作为媒介进化的最新阶段和最新成果,在内外动力、社会要素与技术要素的联合助推下,人工智能已经进入一个新的发展阶段,并与人类生存紧密关联。"由智能技术、人工智能、机器人技术和算法所构成的智能媒介与信息传播技术应用给人类生活的各个层面都带来了前所未有的改变。"[②]赋能教育、医疗、金融、交通、城市管理等诸多领域,提升了公共信息传播与服务的能力,越来越紧密地促进了人类社会诸领域的"破壁"与"流通"。

在信息传播领域,机器学习、自然语言、语音处理、视觉信息、智能机器人等智能媒介的加入更是革新了传播的各个环节,智能媒介与人类智能从初步结合走向深度融合,促进了新闻数据的获得(例如社交网站用于获取新闻线索的聊天机器人、传感器新闻、无人机非常规拍摄角度获取等)、机器人写作(例如美联社写作机器人 Wordsmith、腾讯 Dreamwriter 等)、辅助编辑(例如路透社的智能编辑 Open Calais、《纽约时报》的 Blossom 等)、新闻分发(例如今日头条的用户偏好推荐、协同过滤算法等)、新闻展示(例如 AR、VR 新闻)、交互反馈(例如数字商业新闻网站 Quartz 的人机对话功能等)以及新闻组织结构的智能化再造(例如新华社的 MAGIC"媒体大脑"、浙报集团"媒立方"等)。虽然,信息传播的智能化一定程度上带来或加深了"信息茧房""过滤泡""回声室效应""虚假新闻""用户隐私侵犯""智能知识沟"等问题,带来了人们对于工具理性逾越价值理性的种种忧虑;但是,新阶段人类智能与媒介智能的结合确实导致了传播生态的变革,促进信息在更广范围和更多触点的有效传播。换言之,智能媒介的勃兴及媒介的智能化促进了信息传播的进化。

那么,智能媒介为什么会出现,媒介为何发生智能化进化?在智能媒介兴起并参与甚至变革传播生态的社会背景下,传播研究不仅仅需要在应用层面关注种种新传播

---

① 中国电子学会.新一代人工智能发展白皮书(2017)[EB/OL].(2017)[2019-10-12].http://www.199it.com/archives/694966.html.

② 陈昌凤,陈晓静.改革开放以来信息价值观研究及智能时代的新课题[J].中国编辑,2019(8):27-31.

现象，还应当由表及里透过媒介后视镜反思智能媒介进化的基础性问题，并对智能技术的本质是什么，智能媒介演化的内在机制和外显路径如何，智能媒介正沿着什么样的路径进行媒介进化及其未来方向如何等问题作出系统化的梳理与回答。本文试图以以上问题为起点，对智能媒介进行深度反思性研究，深入探讨媒介智能化与传播智能化的进化逻辑。

二、人性化：媒介智能化进化的逻辑起点

在《论历史的起源与目标》中，哲学家雅斯贝尔斯论述人与技术关系时明确提出，技术的“终极目的是人”，“技术应服务于人，而不是人服务于技术”①。无独有偶，保罗·莱文森受麦克卢汉人本主义媒介观的影响和达尔文生物进化论启发，通过回顾媒介进化史探寻媒介的演变规律，提出了“媒介进化人性化趋势理论”②。

人性化作为媒介进化的核心，启发人们认识到在媒介进化过程中人类需求的第一性，即在人与技术的关系中，人始终具有选择的主动权并具备选择理性。在技术哲学视角下，人是界定技术本质的基础，人性化是媒介进化的前提，人并不能离开技术孤立地存在。技术的存在是为了延伸人、发展人，使人借助技术进行一种与自身生物进化所不同的体外进化。所以，当谈论“人性化”作为媒介智能进化的逻辑起点时，实际上涉及了两个重要议题：技术的本质和智能进化。

(一)技术的本质

技术哲学的逻辑前提是：“人类先天本能的缺失，是我们技术的真正起源。”③在一定程度上，技术可以被视为人的体外器官，体外技术的进化也相应地激发了人类的进化。技术哲学家波普尔认为：“动物的进化大部分通过器官的改变或新器官的出现来进行。人类的进化大部分通过发展人身之外的新器官来进行，生物学家称为‘体外的’或‘人身外的’进行，这些新器官是工具、武器、机器或房子。”④由此，“工具和更大的大脑标志着独特的人类进化线的开始”⑤，工具的进化成为理解主体进化程度的标志。媒介的人性化进化服务于人类自身进化的目标，这是人类独有的进化方式，也是人与

---

① 雅斯贝尔斯.历史的起源和目标[M].魏楚雄，俞新天，译.北京：华夏出版社，1989：89.

② 莱文森.人类历程回放——媒介进化论[M].邬建中，译.重庆：西南师范大学出版社，2017：2.

③ 吴国盛.技术哲学演讲录[M].北京：中国人民大学出版社，2016：4.

④ 波普尔.客观知识[M].舒伟光，等译.上海：上海译文出版社，1987：274.

⑤ 凯利.科技想要什么[M].严丽娟，译.北京：电子工业出版社，2016：30.

动物的根本区别。

正因为如此，一方面，技术是自我构造的中介，是人的存在方式，“是人身上最富有人性的东西”[①]；另一方面，正如斯蒂格勒声称的那样，“代具本身没有生命，但是它决定了生命的存在之一的人的特征并构成人类进化的现实”[②]。技术也在延伸人体的过程中获得了其自身存在的可能，技术与人在互动中确立了各自的存在和本质，获得了各自的内在规定性。

麦克卢汉正是在此层面上提出了“媒介即人的延伸”，即媒介技术对人的本质的建构作用。这一论断几乎是一切媒介延伸论的奠基性原理，也是影响力最大的关于媒介延伸人体器官的理论。但其实麦克卢汉的这个命题一定程度上又可以被视作对媒介技术哲学家卡普的“器官投影论”的继承。早在1877年，德国技术哲学家恩斯特·卡普就在其《技术哲学纲要——从新观点考察文化发生史》中正式提出“器官投影说”，他认为所有技术工具的原型都来源于人体器官，工具是人体的“投影”，因此所有能够模拟人体和“投影”人体器官的技术都旨在强化人体器官功能。马克思在探讨人与工具关系命题时同样指出：“自然界没有制造出任何机器，没有制造出机车、铁路、电报、走定精纺机等等。它们是人类劳动的产物，是变成了人类意志驾驭自然的器官或人类在自然界活动的器官的自然物质。它们是人类的手创造出来的人类头脑的器官，是物化的知识力量。”[③]在这个意义上，工具、技术、媒介均可视作人体器官的延伸，这就是它们的本质规定性。而如果离开了对人体强化的这项功能，它们就不能被称为技术，只是一堆质料。人类在劳动和实践的过程中创造了技术，同时也创造了能够使用技术、研究技术的真正的“人”。在自身的发展过程中，人类不断模仿身体器官创造出无数延伸人体、增强人体的“新器官”，它们是“人和世界产生关联的中介性力量”[④]。人类通过技术手段模仿一种又一种的有机体功能，使自身从这些相应的活动中解脱出来。

---

① 麦克卢汉.麦克卢汉如是说：理解我[M].何道宽，译.北京：中国人民大学出版社，2006：277.

② 斯蒂格勒.技术与时间：《爱比米修斯的过失》[M].裴程，译.南京：译林出版社，2000：67.

③ 马克思.马克思恩格斯全集：第46卷：下[M].中共中央马克思恩格斯列宁斯大林著作编译局，译.北京：人民出版社，1980：219.

④ 黄华.技术、组织与“传递”：麦克卢汉与德布雷的媒介思想和时空观念[J].新闻与传播研究，2017，24(12)：36-50，126-127.

(二)智能进化

技术"新器官"的进化,遵循从"身体外部"到"身体内部",从单个的、部分的"官能"向综合的、整体的"智能"循序渐进的路径。当人的外部身体感官之旅完成后,人类便进入了借助技术延伸内部信息系统的进化之路。

媒介技术的延伸理路决定了人类体外进化的方向、顺序和内容。每一种媒介都能够刺激、强化原有身体器官的力量、功能,进而加快交往过程、增强交往能力。比如电力技术发明以前的所有媒介,包括道路、衣服、时钟、印刷术和轮子等,都延伸了人的感官和官能。哈贝马斯曾指出,"首先是人的活动器官(手和脚)得到加强和被代替,然后是(人体的)能量产生,再后是人的感官(眼睛、耳朵和皮肤)功能,最后是人的指挥中心(大脑)功能得到加强和被代替"①。技术在经历机械化阶段后会迎来自动化的质变,它打破了人与技术的机械性连接,为人"打开自由的时间向度,即人的私人生活和社会生活形成的向度"②,马尔库塞将其视为朝向一种新文明的历史的超越。

媒介进化的目标,一方面服务于人类在更广阔的时空中获取有效信息的便利性诉求,总体上看,媒介的进化是为了使信息最大程度上突破阻隔与限制,在时空中无障碍流通,以创造更多有用的知识;另一方面,媒介的进化更服务于人类在更大范围和更快速度中互动的可能性。因此,当媒介对身体外部器官的进化式延伸基本完成后,人类对提高保存信息、传递信息的能力的需求和自身智能进化的渴望便显现出来。换言之,人类需要借助媒介进行智能延伸,于是电力媒介就被发明了出来。依照芒福德的看法,电力媒介这一能够提高人类信息交互速度,拓宽信息传播范围的媒介已经属于智能媒介。在这一传播阶段,人能够脱离肉身限制,被电报、电视、广播"发送"到远方。但是,电力媒介对智能的延伸显然还只停留在初级阶段,更广泛的连接尚待形成。因此芒福德才继续评价道:"它们要求更深切的感知和更高的智能。"③

网络媒介的关键性在于,它是媒介从对身体外部器官到内在意识的延伸,它在电力媒介延伸意识的基础上几乎形成了地球上全人类(接入互联网的人)意识的延伸。因此可以说,网络媒介在全面延伸人类总体意识的基础上,辅助人从最初的"官能"过

① 哈贝马斯.作为"意识形态"的技术与科学[M].李黎,等译.北京:学林出版社,1999:44.

② 马尔库塞.单向度的人——发达工业社会意识形态研究[M].刘继,译.上海:译文出版社,1989:34-35.

③ 芒福德.技术与文明[M].陈允明,等译.北京:中国建筑工业出版社,2014:214.

渡、进化到“智能”层面，通过建立意识与网络的连接来促进人类整体智慧的延伸。计算机科学家雷·库兹韦尔在20世纪90年代提出，计算机从一开始就被当作我们大脑的延伸而存在，它们就相当于我们的大脑的延伸。① 从进化的意义上来说，这是比我们整个生物机体的进化巨大得多的进化。但这也只是一个开始，虽然网络媒介很大程度上提升了媒介的信息处理能力，但由于网络媒介的自动学习和自进化能力无法应对海量信息数据运算的需求，无法解决运算量和运算能力之间的矛盾，因此当人工智能这一智能媒介出现，人类主体智力进化的任务便交由以人工智能为代表的智能媒介来实现。学者石妍凤、王树恩就提出，人工智能是主体思维结构的外化，也是主体结构分解和外化的最后部分。② 因此媒介的进化不断向着更人性化的方向趋近，人工智能这类更直接延伸人类智能的媒介就此出现。

人类主体智能的进化借助于人工智能的体外进化，这是人与智能媒介不可分割、不能忽视的内在关联。以深度学习为基础的联结主义，就是通过对人类神经网络信息处理机制的模仿，来延伸人类储存信息、处理信息和提取信息的能力。“这种范式在观念上把计算机看成是类人脑，在方法上不再求助于形式化的知识推理，不再通过求解问题来体现智能，而是求助于统计学，通过模拟神经网络的联结机制，赋予计算机能够基于大样本数据进行自主学习的能力，来体现智能。”③在此基础上，智能媒介技术能部分地替代和延伸人类的感知力、认知力、行动力甚至创造力。这一方面弥补了人类大脑的结构性和功能性不足；另一方面又进一步解放了人的大脑，“并且智能机的使用本身也强化和扩展了主体的智力功能，导致主体智力结构及思维方式的变革”④。

因此，媒介的智能化是被人类需要突破自身信息处理能力局限性的目标所规定的。人类借助智能技术开创了有限之外的无限进化前景，通过不断创造新的智能技术，人们在一个更高层次上进行人体外的生物进化。智能技术这种“新器官”的进化构成了现阶段人类进化的主要内容，人借助智能媒介以进入更高的智能阶段。

① 库兹韦尔.灵魂机器的时代[M].沈志彦，等译.上海：上海译文出版社，2005：167.
② 石凤妍，王树恩.人工智能与主体进化[J].自然辩证法研究，1996(5)：29-33，71.
③ 成素梅.智能化社会的十大哲学挑战[J].探索与争鸣，2017(10)：41-48.
④ 石凤妍，王树恩.人工智能与主体进化[J].自然辩证法研究，1996(5)：29-33，71.

三、自主性:媒介智能化进化的相对独立性

人性化既是技术进化的逻辑起点,又是技术进化的标尺,但技术自身的逻辑难道丝毫不影响自身的进化方向、进化效果吗?本文认为影响智能技术进化的要素不仅仅包括资本力量、政治因素和文化选择在内的人类社会需求因素,技术系统还部分地依赖自身固有规律而自主进化。也就是说,智能技术在进化过程中又呈现出一定的自主性倾向。因此,在充分审视技术的进化逻辑时,有必要将技术的自主性进化纳入对智能媒介进化机制的考察。

什么是技术的自主性?所谓自主性首先是人的自主性,是对道德行为者不为外部法则所干预、控制,能够依据理性应用法则于自身这一性质的概括。若将自主性用于技术这类无生命的存在物时,它就更加偏向于表示一种逻辑上的独立性而不再仅仅与"自由意志"相关联。[①] 如此看来,技术自主论的核心观点在于提醒人们注意技术具有某种程度的独立性,即技术相对于人的自主。[②] 虽然自主论者的主张并不完全相同,关于技术自主性的价值偏向和态度又各不一致,但在总体上作为技术中性论的对立面,其基本观点包括:第一,技术自身及其发展具备不受其他因素支配的内在逻辑、规则,诸如自我衍生、自我强化、自我复制、自我组装和自我修复等特性;第二,人的技术化生存,包括技术对人的思维方式、思想观念和感知偏向的影响;第三,社会的技术化,即技术对社会各个领域的全面渗透。

作为技术哲学的重要理论分支,技术自主论大致可以分为前自主论、强自主论和弱自主论。从启蒙运动开始,卢梭等人文主义者之所以对现代技术进行批判就是因为他们认为技术有自主性,有可能摆脱人的控制自主发展。[③] 在人文主义对技术批判的基础上,法国技术哲学家埃吕尔通过《技术社会》《技术系统》两部著作正式提出了技术自主论。埃吕尔是强自主论的典型代表,他通过技术的自增性、技术前进的自动性和技术发展的无目标性三个相互交织的方面,来说明技术自身增长、衍生、进化的路线是由技术系统内部结构所决定的。技术作为一个系统能够"制定其适应、补偿和发展过

---

① 梅其君,卢劲松.从自主的技术到自由的伦理——埃吕尔的技术伦理思想初探[J].科学技术与辩证法,2008(1):71-75.

② 梅其君,卢劲松.从自主的技术到自由的伦理——埃吕尔的技术伦理思想初探[J].科学技术与辩证法,2008(1):71-75.

③ 黄欣荣.现代西方技术哲学[M].南昌:江西人民出版社,2011:75-76.

程的规则"[①],甚至"它必须被当作一个有机体,趋于封闭和自我决定,它本身就是目的"[②],人的"决定、选择、希望和恐惧几乎不对这种发展起作用"[③]。强自主论认为在人与技术的关系中,技术逻辑是第一位的,它对人和社会结构提出挑战并反逼人与社会循着技术发展逻辑作出调整,人最终受制于技术。可以看到,强自主论整体观点较为激进,因此受到的批评也最多。

而弱自主论则相对温和,兰登·温纳是这一派的典型代表,他通过技术漂迁、技术律令、反向适应等观点首先确认了技术优先性。在讨论人与网络(智能技术)的关系时,温纳指出:"我们的技术远非中立……我们的技术工具不时呈现出自我持存和自我生成的一面。人类在网络中仍然具有一种名义上的存在,但是他们已经失去了主动指挥者的角色。"[④]总体上,温和的弱决定论又为人对技术的控制预留了一定的理论空间。安德鲁·芬伯格同样是弱技术决定论者,他以"技术是否自主"为依据将技术哲学理论划分为技术工具论、技术决定论、技术实体论和技术批判论四个类型。芬伯格所持的技术批判论较为中性,虽然承认技术具有一定的自主性,但这与技术的控制权最终还是决定在人类手中并不矛盾。[⑤] 并且,芬伯格认为不仅技术体系的使用中含有社会价值,并且技术体系的设计中也含有社会价值[⑥],因此应该通过公众参与来发展民主的、可有效控制的技术。

显然,即使是技术自主论者,对技术在多大程度上是自主的也并未形成统一意见。但通常的情况是,主流传播学界在尚未厘清何为技术自主论的前提下,便开始对"非中立"的技术观进行批判,其实对技术"自主性"存在一定的误读。首先,学者们倾向于将"技术自主论"理解为"技术决定论",这很大程度上是由主流传播学盛行的"技术中性论"导致的。但其实并非持有技术自主性的观念就都是技术决定论式的,即便是强自主论者的代表埃吕尔也"并不否认技术的发展必然受到从事技术的人的有意识的价值观念的支配"[⑦]。其次,学界的另一种主流观点认为承认技术的自主性就等于承认了"失控"的必然性。技术在一定程度上确实能够脱离人而自主运行、自主进化,但技术

---

① ELLUL J. The technological system[M]. NEUGROSCHEL J, Trans. New York:Continuum,1980:108-111.

② ELLUL J. The technology system[M]. NEUGROSCHEL J, Trans. New York:Continuum,1980:185.

③ ELUL J. The present and future[M]//HICKMAN L A. Technology as a human affair.New York: McGraw-hil Publishing Company,1990:346.

④ 温纳.自主性技术——作为政治思想主题的失控技术[M].杨海燕,译.北京:北京大学出版社,2014:24.

⑤ 赵乐静.可选择的技术:关于技术的解释学研究[D].太原:山西大学,2004.

⑥ 芬伯格.技术批判理论[M].韩连庆,曹观法,译.北京:北京大学出版社,2005:16.

⑦ 梅其君.技术何以自主——技术自主论之批判[J].东岳论丛,2009,30(5):181-184.

自主论者并不认为技术自主必然导致"失控"[①],人类仍然保有历史的选择权。归根到底,技术自主论真正的理论价值并不仅仅限于技术发展的内在理性规则,更在于它揭示了人的技术化生存的现状以及技术对社会的塑造性力量。

进一步讲,智能媒介自主性及其在当下社会中的散播效应,最显著地体现为能够与人类结合,重新塑造人的主体性、身体,以及通过创造新的传播方式与社会联结,智能技术正创造新的智能化社会。也正是在这个意义上,技术自主论在当下才具有重要的理论价值和解释力。具体而言,智能媒介技术的自主性特质在三个方面得到了显著的呈现。

其一,智能媒介技术的自主性首先体现为智能技术的自我创生性。学者布莱恩·阿瑟提出技术是"自我创生"的,这就是说所有技术的产生都源于过去已存在的技术或原理的组合,新技术的出现皆是在旧技术体基础上诞生的,"任何具体技术都是由当下的部件、集成件或系统组件构建或组合而成的"[②],旧技术体的结构决定了新技术的性质,新技术能够从自身的历史路径之中创生自我。美国技术哲学家兰登·温纳也认为:"我们的技术工具不时呈现出自我持存和自我生成的一面。"[③]这点从技术的进化的补偿性机制中就可以发现,智能媒介进化遵循"补偿性"机制,"任何一种后继媒介,都是一种补救措施,都是对过去的某一种媒介或某一种先天不足的功能的补救或补偿"[④]。智能媒介的进化总是在解决旧媒介留下的问题,"工具形式变化的方向,是根据工具原来形式带来的特殊困难中得出的经验决定的"[⑤]。类似于生物进化论,作为人工物的媒介技术的进化也是由简单到复杂、低级到高级不断演化的过程,"特别是当今的智能技术,也必将遵循从无到有,从简单到复杂的生成演化规律,最终将成为独立自主的技术生态系统"[⑥]。

其二,智能技术的自主性也体现在人的智能化生存上。在当下的智能传播阶段,人的实践活动几乎全部以智能技术为中介完成。首先,人类普遍地与智能手机、智能手表、运动手环等智能设备连接,未来人体上将有越来越多的可穿戴设备、传感器和芯片,人与机器的距离也从"外在"转变为"内嵌",移动智能设备的普及使人与媒介结合构成新的"人体"系统。此时,"媒介是人的延伸"就逆转为"人是媒介的延伸",人成为

---

① 凯利.失控[M].东西文库,译.北京:新星出版社,2010:32.
② 阿瑟.技术的本质[M].曹东溟,王健,译.杭州:浙江人民出版社,2018.
③ 温纳.自主性技术——作为政治思想主题的失控技术[M].杨海燕,译.北京:北京大学出版社,2014.
④ 莱文森.手机:挡不住的呼唤[M].何道宽,译.北京:中国人民大学出版社,2004.
⑤ 马克思.资本论:第一卷[M].北京:人民出版社,1975.
⑥ 王英.凯文凯利的技术自主论及其比较研究[J].自然辩证法研究,2017,33(10):22-27.

技术的规定物，直到人的技术性达到了一定程度，使得人与技术跨越人与物的二元对立，技术能动地“吸纳”人与自身结合为新的组织。甚至人似乎受技术所驱使，并被其征服，例如现在人们就已经逐渐习惯于采纳智能媒介（如手机 App、智能手环、机器人等）所提供的建议，并一定程度上陷入“信息茧房”和“信息孤岛”。其次，智能媒介的散布和渗透不仅作用于人们的感官知觉，而且使人与人的社会交往的范围、方式都发生了变化，从而使人际关系、社会关系产生新的形式和内容。可以说，今天的人们始终处在智能技术系统中，并被技术因素所塑造。

其三，智能技术的自主性还集中体现为其对社会的渗透效应，即社会的智能化。用海德格尔的话说，技术作为现代社会的“座驾”，具有一定的强制作用，改变了社会的环境、结构和组织运作方式，从而改变了整个经验世界。从社会环境角度来看，微型智能传感系统的逐步普及使万物皆媒的环境成为一大趋势，遍布环境中的传感器持续为系统汇集即时数据，涵盖城市环境的光线、湿度、人流、物流、噪音、路面损坏情况、自来水渗透情况、用电情况、医疗等全方位、全层次的信息。我们生存其中的“媒介之水”已从单向的、被动的、静态的“媒介环境”逐步转换为双向互动的、主动发送信息的“信息环境交感系统”。总体而言，人与人的交往方式、人与物的交互方式、物与物的交互方式都因智能技术的普及而变化，智能技术自主性进化裹挟着人与社会共同演化。用马丁·李斯特的话来说，“技术不单单成为自己的统治者，而且还开始建立整体上的技术化和文化活动的物质框架，使得不仅是新的科技形式变得可能和必要，而且同时使得新的文化形式变得可能和必要”。[①] 智能媒介技术通过与其他事物相互作用的反馈关系，使整个社会文化发生质变。事实上，互联网在中国经历了 25 年(1994—2019)的发展后正在进入下半场，媒介融合的进程已来到了新技术元素驱动下的跨界融合与智能媒介传播时代。智能媒介正在以前所未有的广度和深度散布、融透在社会肌体的每一寸，并创造出一个从人与人的连接到万物互联、万物智能的全球化信息生产与流通的智能传播景观。

但人们也不能过分夸大智能技术的自主性，新技术总是能够“将特定的需求与可开发的现象链接起来”[②]，它需要为人的需求服务，不能脱离于服务人的目标而进化。技术自我增强的目的是使自身越来越人性化、友好化，协助人的官能、智能不断提升，一旦脱离此目的，技术就不能称之为技术，因为服务于人是技术的本质规定。也就是说，只有在人的技术化生存与社会的技术化运作的意义上，技术才是真正自主的。因

---

① 李斯特.新媒体批判导论[M].吴炜华，等译.上海：复旦大学出版社，2016：126.

② 阿瑟.技术的本质[M].曹东溟，王健，译.杭州：浙江人民出版社，2018：89.

此，既没有脱离人而存在的技术，也没有脱离技术而生存的人。同样，在考察媒介的智能化进化机制时，既不能脱离人性化这一根本前提，又不能无视技术的自主性运行规律。

只有如此，我们才能够理解媒介技术为何走过了印刷、电力、网络阶段，而正式走入当前的智能化阶段。也正因如此，我们能够明确伴随媒介技术的智能化，"个体主体和社会主体都向高智能化方向进化"①。综上所述，人性化与自主化构成了技术智能化进化的双螺旋系统，在互动中共同推进媒介技术的智能化进程。

结　语

我们身处技术的时代，技术就是这个时代人类的命运所在。面对这个技术时代，海德格尔曾告诫，真正莫测高深的不是世界变成彻头彻尾的技术世界，更为可怕的是人对这场世界变化毫无准备，无法辨析在这个时代中真正到来的是什么。

正是抱着对上述议题的重视，本研究从媒介技术哲学出发，以智能媒介为研究对象，以媒介智能化进化为中心搭建起媒介人性化进化与媒介自主性进化的互动关系框架。对照本文开篇所提出的问题，可以得出下述结论：首先，在媒介技术哲学视域下，人的本质的缺失作为媒介技术诞生前提，不断向媒介发出进化邀请，所以媒介技术的进化是因人而起、为人选择、服务于人的进化；其次，智能媒介的兴起与普及遵循媒介进化人性化机制，人的理性选择主导了媒介进化路径，媒介在完成对人的部分官能的延伸后走向了对智能延伸的阶段，因此媒介智能化的进化为人的智能进化而服务；再次，智能技术在进化过程中又呈现出一定的自主性倾向，它不仅具有自我创生性，还促生了人的智能化生存和社会的智能化。由是，智能化进化机制中的人性化与自主化的双重结构，不仅决定了今天的媒介智能化程度，而且规定了智能媒介技术继续朝着延伸人类智能、突破人类生理局限的方向进化。

媒介智能化的进化机制的根本启发作用在于提示我们，人与媒介互融共生，而不是非此即彼。人性化这一根本前提意味着，不论技术进化到哪一智能层级，都以服务于人，辅助人更好地生活为目标。对于媒介进化的方式、方向，人们可以做出理性选择，并创造性地加以把握。因此，随着技术智能化程度的增强，人类社会并非必然会陷入"失控"的境地，面对愈加智能的媒介技术人类无须过度恐慌。

当前，技术的自主性进化与人类的理性选择，已经带我们进入了一个人机融合共

① 石凤妍，王树恩.人工智能与主体进化[J].自然辩证法研究，1996(5):29-33.

生的智能社会,人的进化前景与技术越来越紧密地关联了起来。下一步,人类还能够更精准地借助技术控制自身进化的方向。比如一种合并了遗传学、合成生物学、神经科学等领域的系统性工作,正尝试打破基因-行为关系的遗传密码,加快人类对自身能力的设计和强化。由于媒介的进化是以增强人把握环境、把握自身的能力为目标,因此媒介的命运决定于人类根据自身的欲望、需求和信仰所赋予它的用途。

〔单小曦,杭州师范大学人文学院教授;别君华,杭州师范大学外国语学院当代中国话语研究院讲师〕

网络传播

网络学习途径的创新:基于网红对未成年人影响的调查*

The Innovation of Network Learning Approaches:A Research Based on the Influence of Internet Celebrities on Minors

◎刘 宏 靳一然

Liu Hong Jin Yiran

摘要:互联网无疑是一种全球化的产品,在文化全球化受到很多国家质疑的同时,网络全球化早已成为一种社会现实。网红作为互联网的伴生产品,对未成年人的心理和行为有一定的影响。本文从网络学习的角度,结合培养理论的思路,探究中国的网红在构建自身形象与输出名声的同时,也成为未成年人的一种社会学习途径。这种独特的网络学习并不仅仅表现在未成年人模仿网红的行为层面,还发生在未成年人获取信息和建立认知的学习层面。

关键词:网红,未成年人,培养理论,学习途径

Abstract:Doubtlessly, Internet is a product of globalization. While the culture globalization is queried by many countries, network globalization has been a social reality. As a companion product of the Internet, Internet celebrities have a certain influence on the psychology and behavior of minors. From the perspective of network learning, combined with the cultivation theory, this paper explores that Internet celebrities in China have become a social learning approach for minors while constructing their own image and exporting reputation. This unique online learning is not only manifested in the behavior level of minors imitating Internet celebrities, but also occurs in the level of minors acquiring information and establishing cognition.

Keywords: Internet celebrities, minors, cultivation theory, learning approaches

* 本文是2018年度中国传媒大学高精尖培育项目“社交媒体与社会认同的关系研究”的阶段性成果,项目编号:CUC18A013,项目受中国传媒大学中央高校基本科研业务费专项资金资助。

一、作为一种学习途径的网红

“网红”这个概念在二十年前就已经有了雏形。1998年,“痞子蔡”以小说《第一次亲密接触》轰动网络文学界。同一时期的安妮宝贝等也因出众的文学作品在网络中成名。随着网络的普及,网民的规模也不断壮大,网络平台开始商业化,网络炒作成为一种职业行为。

“网络红人”这个概念在2005年左右就已经被新闻界、学术界所议论。[①] 从图1中可以看出,国内学术网站知网和万方在2005年各有了5篇关于“网络红人”的学术文章。伴随着“凤姐”“犀利哥”等话题度极高的网络红人的出现,2010年至2012年,关于网络红人的研究文献更加丰富。在传播技术的驱动下,网络直播、短视频等多样化的表达形式在互联网平台开始霸屏。2015年,“网红”成为一个被众人口耳相传的现象级热词。2016年更是被许多学者公认为“网红元年”。在这一年,关于网络红人的学术文章在万方数据库中飙升至180篇,在知网中也有126篇相关的学术文献。早期的“网红”还是打引号的,因为在中文里“红”的概念通常是与民国时期的戏曲有关。新中国成立以后,政府提出的口号是培养又红又专的人才,这个时候“红”的概念发生了很大的变化,“红”代表了一种政治进步。到了网络时代,网红概念的流行相当于对“红”字做了去政治化的语言处理。

根据时间发展的脉络,有学者将网红的历史沿革分为网红现象的显现阶段、发展阶段、奇观阶段这三个阶段。[②] 有学者按照网红内容的承载形式,将网红的演进过程分为“文字网红”时代、“图文网红”时代、“播客网红”时代。[③] “网红”是互联网时代的产物,亦是媒体、商业与网民的一场文化共谋。敖鹏认为,受众在以狂欢性为主导消费网红文化盛宴之时,也应看清网红背后的本质。[④]

至今为止,很多人对网红仍然存在刻板印象,这在一定程度上与网红污名化有关。随着官方和主流媒体对网红态度的改变,网红的名声也有了很大的转变,网红甚至正在成为新一代青年人羡慕的职业。除此之外,网红所带来的巨大商业价值,也刺激了孵化网红的专业机构——MCN(Multi Channel Network)的涌现。MCN模式起源于国外成熟的网红经济运作模式,主要是将机构生成的专业内容,即PGC聚合起来,在

---

① 孙博逊,初明利.“网红”的发展脉络及其对青少年的榜样效应[J].中国青年研究,2016(11):24.

② 张跣.重建主体性:对“网红”奇观的审视与反思[J].中国青年社会科学,2016,35(6):2-3.

③ 孙博逊,初明利.“网红”的发展脉络及其对青少年的榜样效应[J].中国青年研究,2016(11):25-26.

④ 敖鹏.网红为什么这样红?——基于网红现象的解读和思考[J].当代传播,2016(4):40.

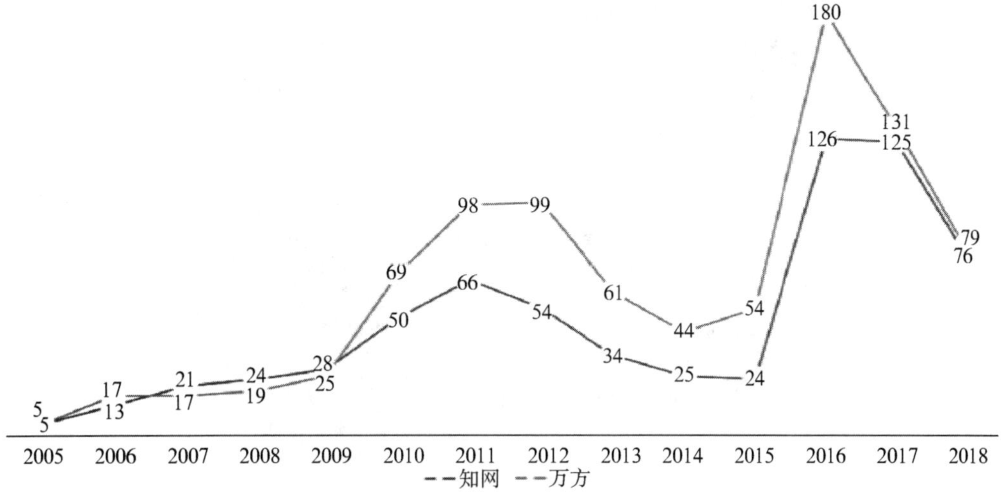

图1 以"网络红人"为研究对象的文献数量变化折线图

资本的加持下,保障内容的连续输出,不断扩大受众群体,最终实现商业的可持续变现。随着网红经济的飞速发展,以及 MCN 机构产业链条的发展完善,个体网红签约 MCN 机构成为通往职业化网红的一种新趋势。职业网红的数量也因此在不断增长。

通过第 44 次《中国互联网络发展状况统计报告》可知,在中国网民中,10 岁至 19 岁年龄的网民占比为 16.9%,互联网在未成年群体的渗透范围越来越广。网红群体的扩张使得更多的未成年人注意到了这个正在朝着职业化发展的人群。2017 年新华网发表的《95 后就业观之谜》显示,调查样本中 54%的"95 后"希望未来的职业是主播和网红。①

随着移动通信技术的发展和移动终端使用的低龄化比例不断提高,越来越多的未成年人成为虚拟网络空间的常住民。他们接触互联网的概率越来越高,使用互联网的时间越来越长。在这种情况下,未成年人的行为和习惯受到互联网的影响也越来越大,特别是在网络中异军突起的网络红人,对未成年人的影响逐渐呈现出一种渠道性的倾向。媒体也时常曝光未成年人因网络影响做出的失格事件,包括沉迷抖音等,甚至就连健康传播机构也已经注意到了沉迷网络产生的亚健康问题。未成年人有着强烈的好奇心和强大的学习能力,在网络世界中,网红已经成为未成年人不可回避的话题,而且更多的未成年人开始模仿网红甚至是学习网红,网红成为未成年人成长过程

① 95 后就业观之谜[EB/OL].(2017-05-22)[2019-10-21].http://www.xinhuanet.com//video/sjxw/2017-05/22/c_129612932.htm.

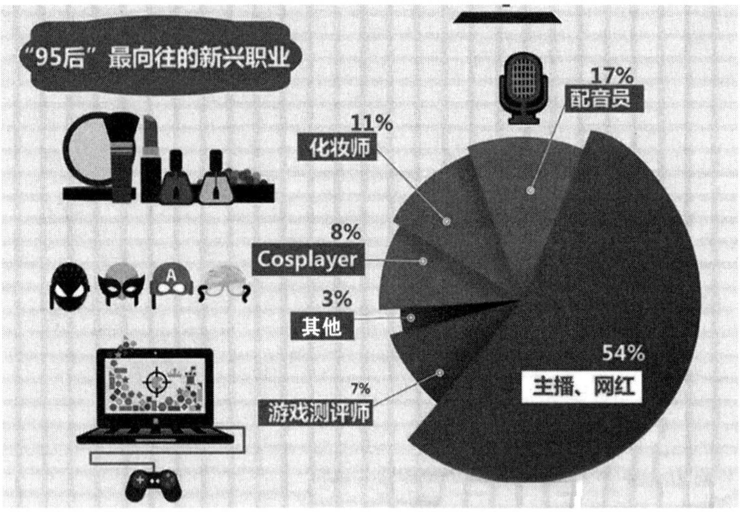

图 2 "95 后"最向往的新兴职业统计图

中重要的学习对象。

目前学术界对于"网红"的概念还没有一个标准化的指向，也就是说，网红既有可能指网络红人，也有可能是在说网红事件。本文研究的网红，主要是指通过社交平台聚集名气，形成个人 IP，并凝聚了大量粉丝的网络红人。

二、从培养理论的角度看网红

"涵化"这一概念最早出自于格伯纳的《转向文化指标：大众媒介信息体系的分析》，涵化理论的提出源于对媒介暴力的思考和控制。在美国，涵化理论的研究焦点集中在电视上，原因就在于电视是这个国家最广泛的文化常态和最明显的文化符号的传播者。[①]

格伯纳强调媒介长期影响的效果，认为涵化过程是在信息、观众与环境三者之间的一种持续的、运动的、发展中的互动过程。[②] 格伯纳将涵化的过程分为两个层次。首先，电视观众从观看的电视节目中"学习""了解"世界，对于现实世界事实的估计逐渐趋向于电视所呈现的世界，产生第一级的影响；其次，电视观众形成与电视呈现相同的态度，产生第二级的影响。大量的实证研究表明，观众观看电视会产生第一个层级的影响，第二层级的影响则在电视和其他因素共同作用下产生。最初，格伯纳关于涵

① 摩根，尚翰.涵化研究的两个十年(上)——一个总体评估和元分析[J].龙耘，译.现代传播，2002(5)：15.
② 格伯纳，戈罗斯，石义彬，等.与电视共同成长：涵化过程[J].新闻与传播评论，2004(1)：88.

化的概念是对大众传媒的社会和文化隐喻的传统论述的一种突破。他的目标是推动大众化传媒从当时占主导地位的劝服和议程设置研究的范式中脱离出来，并且冲破效果研究上的科学主义和实证哲学的传统樊篱。①

在互联网时代，网红是一种区别于传统大众传播的新型传播方式。一方面，网红群体受益于互联网时代的大众传播环境，又通过群体传播在现实生活中不断渗透，通过名声效应获得了一部分话语权；另一方面，未成年人可以说是最庞大的粉丝群体，并且，未成年人同时也是最主要的学习群体，他们和网红之间存在频繁的互动关系，会选择符合自己兴趣偏好的网红来学习知识或技能，也会通过网红来感知社会思想变化。

理论上说，网红在一定程度上也存在"教化"的功能，只不过这种学习不同于学校的授课，也不同于新闻的认知。未成年人学习网红的过程从某种意义上说就是一种共同成长的过程。基于以上思考，本文采用了问卷调查和深度访谈相结合的方法，探究"网红成为未成年人的一种学习方式"这一观点。本文提出以下研究假设：

H1.在网红名声效应的聚集下，未成年人会模仿网红的部分行为；

H2.未成年人已将网红当作一种获取信息的手段；

H3.未成年人将网红视为一种学习的对象；

H4.未成年人将网红纳入自己的职业选择。

三、调查和分析

本研究的调查对象是未成年人。主要选取7岁至18岁之间的未成年人展开调查，并采用滚雪球式的问卷发放方法，最终发放问卷560份，回收518份，有效问卷为446份。本研究将7岁至18岁的未成年人分成四个层次，即7岁至9岁，10岁至12岁，13岁至15岁，16岁至18岁。其中女性为235人，男性为211人。

在调查过程中，笔者围绕名声传播效应，展开数据统计和分析，探究网络红人对未成年群体认知、态度和行为等方面的影响。其中问卷的问题设计主要包括被调查对象的基本信息、对网红及网红名声的认知与态度、模仿网红行为这三个部分。此外，深度访谈也进一步了解被访谈对象对网红的认知和模仿以及学习网红行为等问题。在对所得数据进行分析之前，我们对问卷整体进行了信度和效度的分析，使用克隆巴赫Alpha对调查数据的信度进行检验。在信度分析中，克隆巴赫Alpha系数大于0.7，即可表示问卷的信度较高。通过SPSS软件对数据进行分析，从表1可以看出本调查

① 摩根，尚翰.涵化研究的两个十年(上)——一个总体评估和元分析[J].龙耘，译.现代传播，2002(5)：15.

问卷的克隆巴赫 Alpha 系数为 0.766>0.7,说明问卷整体信度较高。

表 1 可靠性统计

克隆巴赫 Alpha	项数
0.766	8

调查采用探索性因子的分析方法对问卷进行效度分析。在效度分析中,KMO 值保持在 0.5 以上,即表明问卷分析适合做因子分析。在删除部分无载荷或载荷数据难以区分的问项后得出最终结果。从表 2 中可以看出,KMO 检验所得为 0.784>0.7,巴特利特球形度检验显著性为 0.000<0.001,在 0.001 水平上显著有效,可以采用因子分析。利用 SPSS 软件进一步分析,得出问卷所提取的因子累积方差贡献率为 77.446%,即因子解释能力较好,表明该问卷结构效度较好,可以使用问卷所得的数据做进一步的分析。通过信度和效度检验,可以看出整个问卷,信度效度均较高,能够用于进一步的数据分析。

表 2 KMO 和巴特利特检验

KMO 取样适切性量数	0.784	
巴特利特球形度检验	近似卡方	599.016
	自由度	21
	显著性	0.000

本次问卷于 2019 年 2 月 13 日开始发放,陆续发布 560 份问卷。在 2019 年 4 月 11 日最终收回 518 份问卷,其中有效问卷有 446 份,有效率为 86.10%。笔者还在问卷调查样本中选择 8 个未成年人作为深度访谈的采访对象。调查的过程规范,调查结果具有探索性和启发性。问卷调查的样本分布在国内各地,相对广泛,其中以聚居在北京、辽宁的样本为主,还包括陕西、四川、浙江、广东、湖南、新疆等不同省份及自治区。

在调查样本中,笔者按照四个年龄阶段,相对均匀地挑选样本数量,其中 7 岁到 9 岁的样本量为 79 人,占总样本量的 17.71%;10 岁到 12 岁的样本量为 94 人,占总样本量的 21.08%;13 岁至 15 岁的样本量为 114 人,占总样本量的 25.56%,16 岁至 18 岁的样本量为 159 人,占总样本量的 35.65%,见表 3。其中男性样本量为 211 人,占总样本量的 47.31%,女性样本量为 235 人,占总样本量的 52.69%,见表 4。

表 3　调查样本中年龄占比

年龄	人数	百分比
7—9	79	17.71%
10—12	94	21.08%
13—15	114	25.56%
16—18	159	35.65%
合计	446	100%

表 4　调查样本中男女性别占比情况

性别	人数	百分比
男	211	47.31%
女	235	52.69%
合计	446	100%

本次调研的问卷问题中，涉及调查对象对网红的认知与态度的相关问题，以及调查对象对网红所在媒介的认知与态度。在研究调查对象对网红的认知与态度的层面，笔者主要将问题聚焦于调查对象关注网红的类别，对网红的印象，对模仿网红行为的态度以及未来想成为网红的意愿程度。

由问卷填答的结果分析，如图 3 可知，在调查样本中的未成年人里，搞笑博主是受

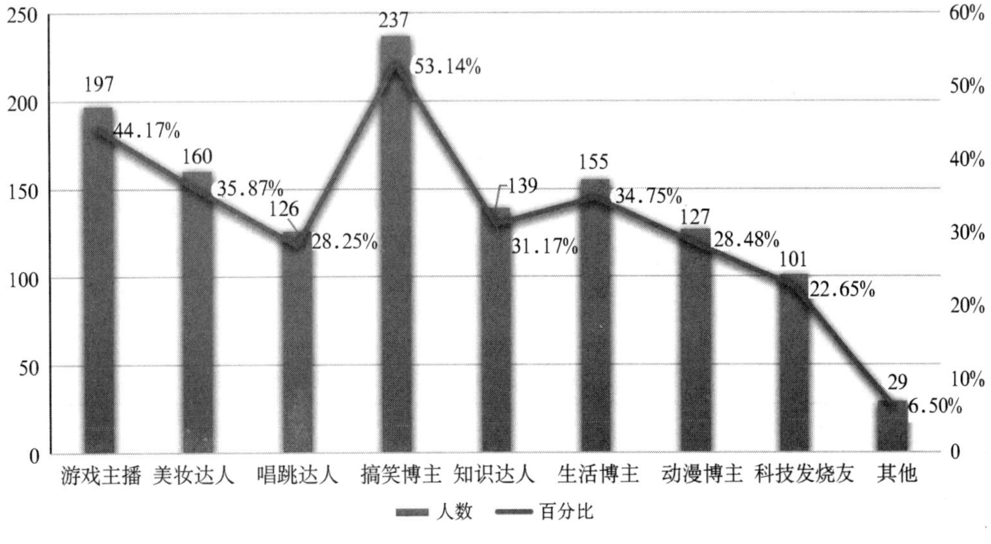

图 3　样本中未成年人关注不同类别网红的情况

关注度最高的网红类别,共有237人关注,占样本总量的53.14%;关注度仅次于搞笑博主的是游戏主播,有197人关注,占比44.17%;再次是美妆达人,有160人关注,占比35.87%。位于第四位和第五位的分别是生活博主、知识达人。这在一定程度上说明,未成年人关注网红的首要目的还是趣味性和娱乐性,除此之外,网红输出的内容对未成年人同样具备实用性和可学习性。

从图4可以分析总结出调查样本中的未成年人对网红的认知。未成年人对网红搞笑幽默的特性认可度最高,有313人认为网红具备搞笑幽默的特点,占比70.18%;其次,样本中有259人认为网红外形靓丽帅气,即“颜值高”,占比57.58%;再次,有214人认为网红收入很高,赚钱轻松,占比47.98%。从样本中的未成年人对网红的认知和态度的角度来分析,未成年人对网红总体上是认可的。网红的“搞笑幽默”“外形靓丽、美丽帅气”“收入很高、赚钱轻松”给未成年人留下比较深刻的印象。

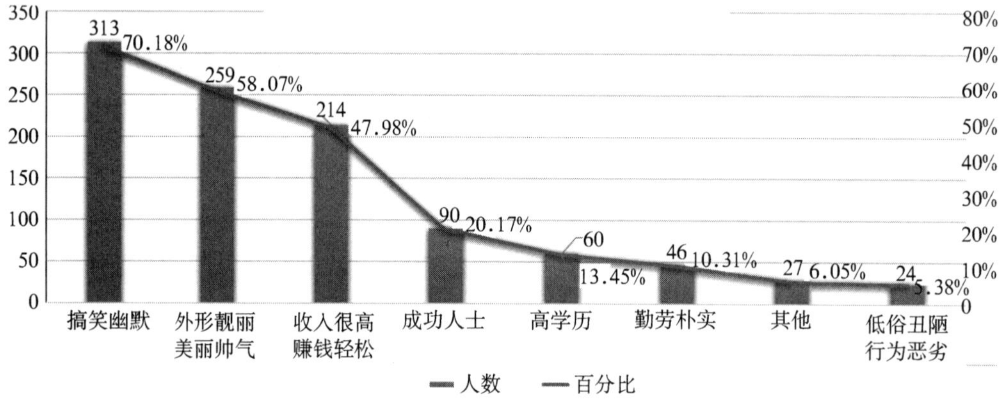

图4 未成年人对网红印象的调查结果

笔者采用深度访谈的方法,以一天为时间单位,对未成年群体户外活动和上网的时长进行了对比。在访谈中发现,现在的中学生,每天上网时间比课外活动时间会高出一个小时左右,特别是在周末和假期,上网的时间会比平时长。大量时间沉浸在网络空间,是未成年人接触和学习网红的前提和基础。

表5 深度访谈对象课外活动时间与上网时间调查结果

调查对象	课外活动时间	上网时间
高同学 鲁迅中学高三学生	一个小时内	三个小时左右
段同学 北京西城职业学校学生	基本没有	五个小时左右

续表

调查对象	课外活动时间	上网时间
陆同学 北京中学初二学生	两个小时以内	非周末四十分钟左右 周末有一个小时以上的娱乐时间
张同学 北京中学初二学生	一个半小时左右	非周末一个小时左右 周末三个小时左右
贺同学 马栏山中学学生	两个小时	非周末一个小时以上 周末三小时以上
马同学 北京理工附中学生	两个小时左右	非周末一个小时以上 周末三个小时以上
吕同学 阜新高中学生	一个半小时	两个小时左右
宋同学 第二职专学生	三个小时	十个小时以上
余同学 陕西初中生	两个小时	三四个小时

由图 5 可知：首先，调查样本中的未成年人通过短视频平台（如抖音、快手等）关注网红的数量最多，有 210 人，占比 47.09%；其次，样本中的未成年人通过视频应用（如腾讯视频、哔哩哔哩等）关注网红的有 188 人，占比 42.15%；再次，有 185 人通过社交平台（如微博、微信等）关注网络红人，占比 41.48%。短视频作为极具视觉冲击力的载体，成为未成年人倾向选择的信息接收方式。同时，在大众传播和群体传播的合力作用下，表现欲望强烈的未成年人也倾向选择短视频平台关注网红。可见，在视觉传播盛行的时代，以视频化的方式输出内容的网红更容易受到未成年人的关注和青睐，视觉性载体也为未成年人模仿和学习网红提供了条件。

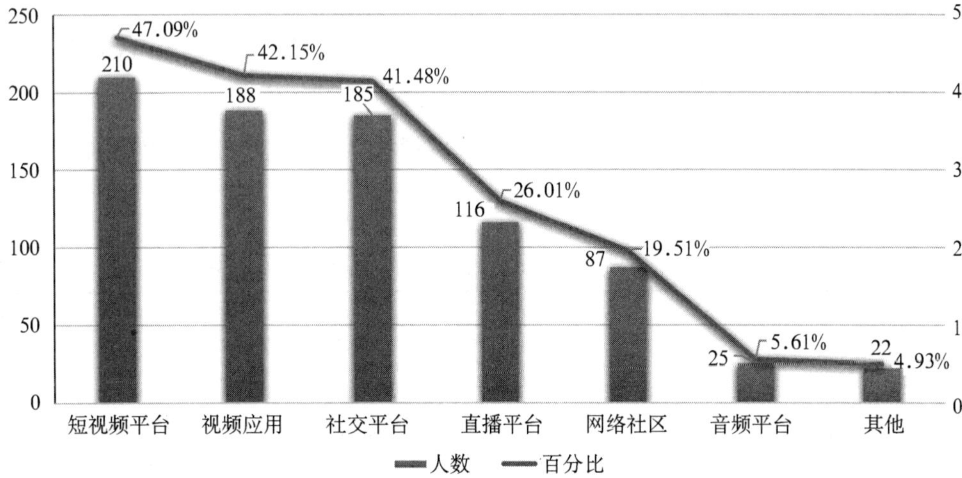

图 5　样本中的未成年人关注网红渠道的调查结果

从图 6 可以发现，调查样本中的未成年人感知到平时关注的网红所在平台展示网红的频度。其中感知到平台每周展示 5 次及以上的人数最多，有 220 人，占 49.33％；其次，感知到平台每天展示 5 次及以上的人数为 117，占 26.23％；感知到平台一个月展示 5 次及以上的人有 67 人，占 15.02％。这在本质上表明，新媒体平台感知到了未成年人的流量偏好，平台也在大数据技术的支持下迎合未成年人的关注动向，扶持和推广未成年人感兴趣的网红并持续输出优质内容，从而收割未成年人的关注和流量。

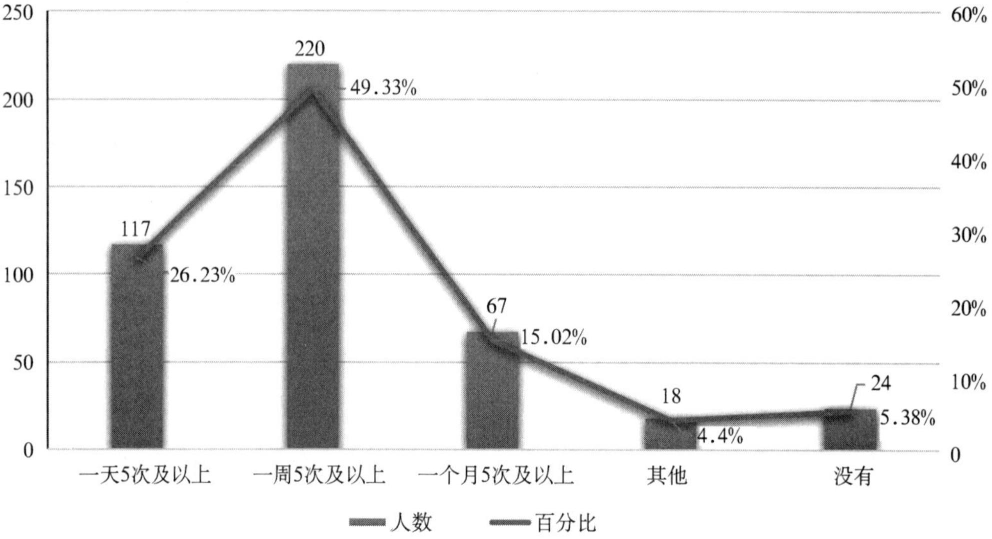

图 6　未成年人感知平台展示网红频度的调查结果

此外，通过表 6 可知，在调查样本中，会主动浏览网红以及相关信息的人数为 267，占整体的 59.87％；会通过客户端 push 介入而浏览网红信息的人数为 132，占比 29.59％。这也在一定程度上说明了媒介平台也在通过议程设置的手段提高未成年人对网红的关注度。

表 6　样本中的未成年人浏览网红信息主动性的调查结果

浏览主动性	人数	百分比
会主动浏览	267	59.87％
会被动接受(客户端推送)	132	29.59％
不关注	47	10.54％
合计	446	100％

由图 7 可以看出，样本中的未成年人在模仿网红行为层面，有 205 人模仿的是网红的搞笑桥段，这与样本中的未成年人关注搞笑博主最多的调查结果相吻合；其次，有 167 人会学习网红所传播的生活窍门；还有 149 人会模仿网红的口头禅。需要关注的是，还有 126 人和 123 人会学习网红教授的专业技能（如 PS）和考试技巧，这也说明网红不只是未成年人娱乐休闲的消费品，也可以成为未成年人的学习对象，网红逐渐开始具备"教养"未成年人的功能。

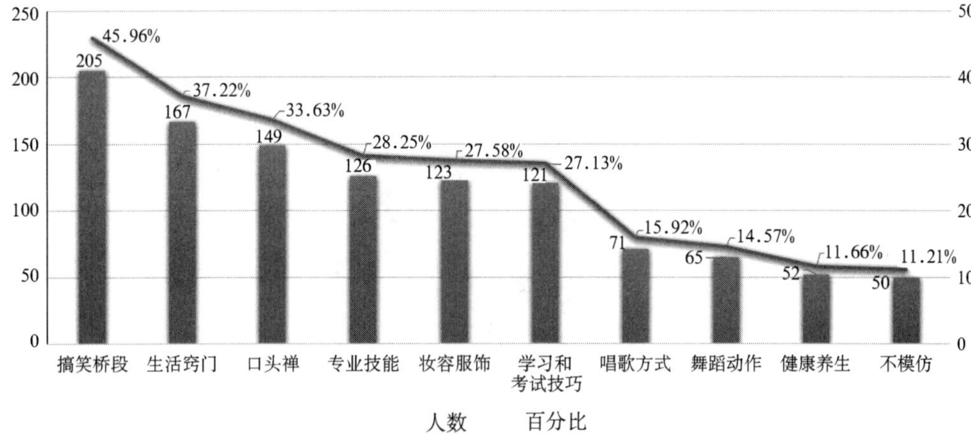

图 7　样本中未成年人模仿网红行为类别调查结果

从图 8 可以观察到，在接受问卷调查的未成年人中，大部分的未成年人会接受网红推荐的产品。首先，接受网红推荐的书籍、影视作品这一选项的人数最多，有 228

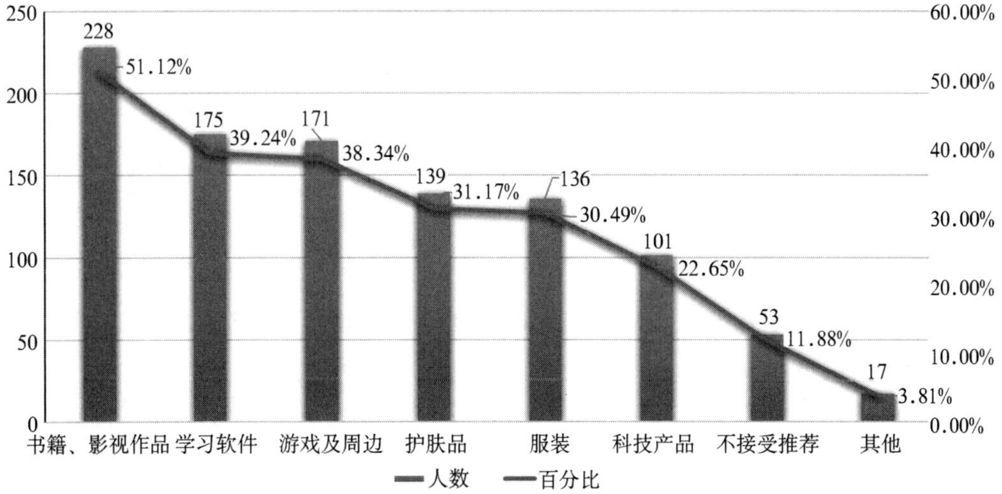

图 8　样本中未成年人接受网红推荐产品类别调查结果

人;其次,还有175人会接受网红推荐的学习软件和工具(如英语学习软件或文具);再次,也有171人会接受网红推荐的游戏及其周边产品。这很直观地反映出网红对未成年人消费偏好和消费行为产生了一定程度的影响。

从图9可以看到,“可能会成为网红”,以及“非常想成为网红”的未成年人占总体的63%,超过了样本量的半数。同时在深度访谈中笔者发现,大多数未成年人都注意到周围的朋友、同学会关注网红,并且会在课间或是放学后关注、讨论网红的相关话题。

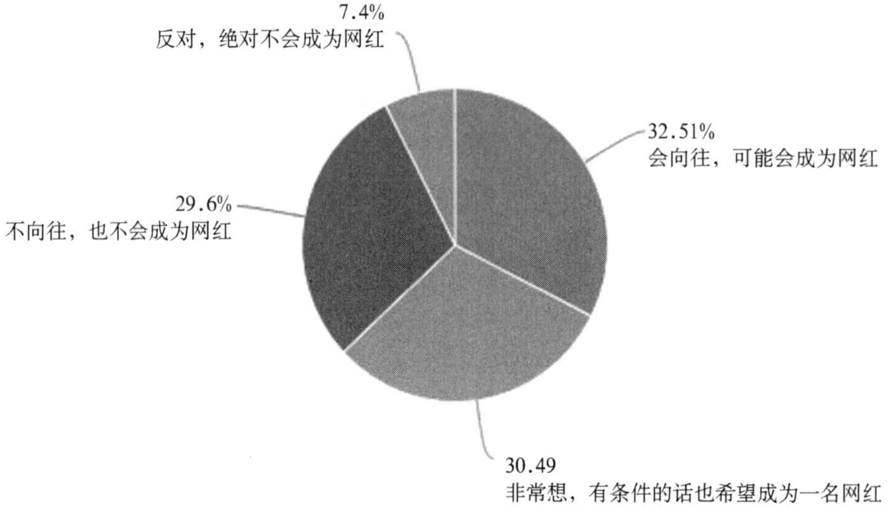

图9　调查对象想成为网红的意愿调查结果

针对这一问题,笔者又从年龄的维度对问卷结果进一步细化研究,观察图10可以发现,样本中不同年龄段的未成年人想成为网红的意愿程度也存在差异。在样本中,7岁至9岁的未成年人中,有58.23%选择“非常想,有条件的话也希望成为一名网红”(以下简称“非常想”),这个年龄段的未成年人想成为网红的意愿最为强烈。样本中,10岁至12岁的未成年人中,选择“非常想”选项的人有41.49%,13岁至15岁的未成年人中,有20.18%的人选择“非常想”,16岁至18岁的未成年人中选择“非常想”选项的占17.61%。这组数据很直观地表现出,随着年龄的增长,未成年人对成为网红的意愿程度降低,也意味着未成年人看待网红的态度逐渐趋于理性。

在接受笔者深度访谈的8位调查对象中,有4位受访者谈到,有过想当网红的想法,并且有2位受访对象表明,已经在抖音短视频平台中持续发布过作品,并且这些作品也收获了不少的关注。

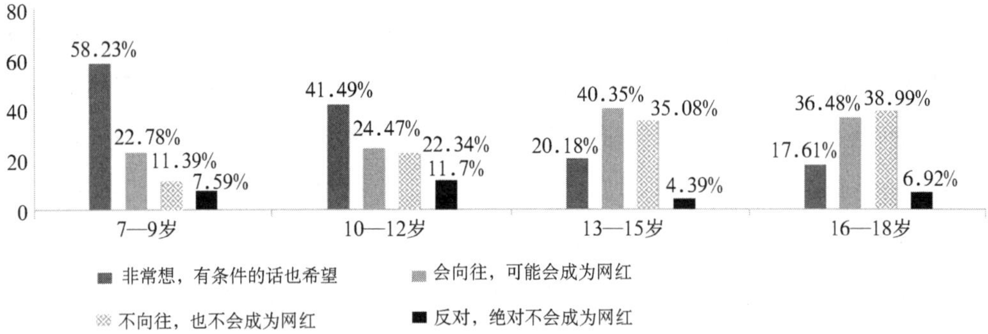

图 10　样本中不同年龄阶段的未成年人想成为网红的意愿调查结果

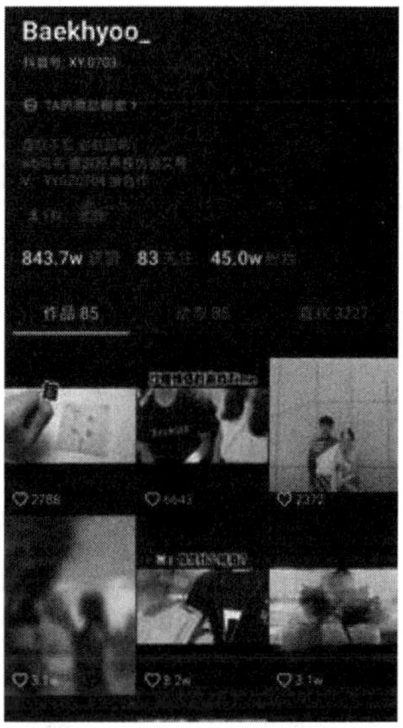

图 11　马同学抖音账号页面

接受访谈的马同学在抖音平台持续发布自己原创的短视频，见图 11，截至 2019 年 5 月 6 日，她的抖音粉丝数量已经累计有 45 万人。马同学也提到自己曾接受过商家的“订单”，为商家推广产品。对于网红的印象，马同学说：“感觉现在的网红都是漂亮的小哥哥小姐姐，也都是年轻人在做，也有很多搞笑类型的。感觉现在很多年轻人也想成为网红。”在模仿网红行为的问题上，马同学提到，她最早发布的视频内容就是模仿了其他网红的，但是在商业平台上发布自己模仿的作品后，马同学会留下原创作者的名字以表示对原作者的尊重。在考上大学之后如果有空余时间，她会选择做一名网红，但是这是为了展现自己的生活，辅助性地赚一些零花钱。这表明未成年人不仅关注网红，而且也加入到职业网红的群体当中，参与了相关的商业活动。

四、观点讨论

首先，媒介赋权在相当程度上改变了未成年人的学习方式。赋权一词是由“empowerment”翻译而来。赋权是一个复杂多样的概念体系，在不同学科领域均有渗透，然而其内涵和适用层面也存有差异。新媒体对社会权力结构形成冲击，新传播形态的兴起在消解传统的传播观念的同时，也重构出一种隐性的社会权力。

在传统的赋权理论中，赋权的对象是“无权”“少权”的群体，在国内通常所指的是草根阶层。与此相对应，传播赋权的对象本应是“信息资源的匮乏者”。但从传播技术与媒介形态的发展趋向来看,未来的传播赋权不再是针对“信息资源缺失者”,而是赋予所有社会成员以表达信息和分享信息的权力。在互联网时代,技术的变革和媒介形态的更新赋予了未成年人更多实质性的信息权力。互联网技术的赋权实际上是一种关系的赋权,未成年人通过移动终端进入互联网,并根据自己的兴趣爱好选择关注的领域,在开阔视野的同时,其认知也趋同于成年人。在笔者深度访谈的调查对象中,北京市中学的陆同学和于同学是抖音的资深用户,特别喜欢关注制作出酷炫感视频的网络红人,还会观看网络红人推出的教学视频,学习短视频拍摄和制作的技巧。出于内心的喜好以及社会对抖音平台趋向负面化的评价,这两个同学在网络平台上主动联系了一位名叫薛老师的抖音红人,希望通过对薛老师的专访来为已经被污名化了的抖音平台正名。此外,于同学也提到自己会学习网络红人的化妆技巧,会关注现在妆容的变化趋势,并且留意网络红人推荐的美妆产品。在互联网时代成长起来的未成年人,已经不再是传统观念中的未成年人了。

其次,在网红经济的版图中,MCN 机构的地位日渐显著。专业的 MCN 机构在孵化出大批量的职业化网红的同时,还会联结商业化的媒体平台,用网红的名声效应聚合更高的人气和更多的粉丝。MCN 机构为签约的网红争取到更好的展示资源,从而聚集更多的人气并实现商业化变现。高人气的网红也成为商业化媒体平台的争夺资源,抖音、微视、快手等短视频平台纷纷推出网红达人的津贴政策,并在运营层面上给予优质网红良好的资源。

笔者从调研数据中观察到,调查样本可以感知到自己关注的网红在不同平台的差异。在平台展示网红的频度方面,样本中 49.33%的人认为关注的平台每周会展出网红 5 次以上,有 26.23%的人认为平台展示网红的频度为一天 5 次以上。这可以直观地表明,网红生态正在介入未成年人的学习和生活环境,并且影响未成年人的消费偏好和行为。

最后,沉浸式体验混淆虚拟与现实。美国心理学家 Mihaly Csikszentmihalyi 于 1975 年首次提出了沉浸理论(Flow Theory)。他认为当人们在进行一些具有挑战性的活动且沉浸其中,以至于忘记了时间的流逝,感知不到自己的存在时,这就是一种沉浸化的体验。此后,沉浸理论不断得以修正和改进。①

未成年人由于阅历尚浅,对网络信息的认知具有一定的从众性。未成年人沉浸在网红文化大量输出的虚拟空间中,对其客观环境的认知必定会有实际上的偏差。抖

① 陈璐璐.移动直播用户付费意愿影响因素研究——基于沉浸理论的视角[J].东南传播,2018(10):98.

音、微视、快手等类型的短视频产品的形态以及所输出的内容很容易让受众沉浸其中，从而产生一种虚拟现实的结果。

笔者通过半结构化的深度访谈整理到以下的结果。笔者调查的未成年人都是在校生，在学校期间，未成年人会在学校的安排下进行适当的户外活动，但是在放学后，未成年人会选择上网来放松身心，即使在家长的管理和看护下，沉浸在网络的时间仍超过户外的活动时间。他们在关注喜爱的网红之余，还会学习和模仿网红的某些行为。接受深度访谈的张同学坦言："平时很喜欢关注游戏主播，在看游戏视频的过程中，也会学习主播的游戏操作技巧，自己曾对游戏主播这一职业有过憧憬，但是因为家长的建议，还是会放弃。"

未成年人更多是通过新媒体平台关注网红，会被网红的颜值、才华、幽默风格吸引，也会向往有些网红展示的生活，然而他们对网红背后的产业链和商业化运作并没有过多的了解。由于缺少在真实世界的现实互动，未成年人因此沉浸在被网红文化和眼球经济包围的虚拟世界中，学习网红也将是他们的一种必然的结果。

结　语

笔者通过调查，得出这样的结论：网红的名声效应对未成年人的行为的确存在不能被忽视的影响。同时，笔者通过对数据的分析，也基本验证了提出的研究假设。

第一，在网红名声效应的影响下，未成年人会主动模仿网红的行为。网红以鲜明的个人风格和夸张的表演重构的表达形式，以从未出现的"网红化"的形式吸引受众的关注。

第二，未成年人也将网红视为获取信息和学习的对象。从调查数据和访谈结果来看，不仅观看网红是未成年人的休闲娱乐方式，网红输出的内容也是未成年人获取信息和学习垂直领域内容的重要渠道。网红为未成年人认识、学习新鲜事物提供了一种寓教于乐的方式，这种方式相对学校课堂上的传统教学方式而言，更容易受到未成年人的青睐。

〔刘宏，中国传媒大学电视学院教授；靳一然，中国传媒大学电视学院硕士研究生〕

论融媒体时代青少年网络意识形态的引导

On the Guidance of Network Ideology of Juvenile in the Era of Convergent Media

◎ 燕道成 张佳明

Yan Daocheng Zhang Jiaming

摘要:随着互联网科技水平的不断进步,我国已经进入了融媒体时代,网络也变成了意识形态斗争的主战场与最前沿。青年群体是对网络和媒体需求最为旺盛、思维最活跃、表达最热烈的群体,相对容易受到不良思潮的影响。注重青少年网络意识形态的引导是关系到青少年自身成长乃至整个中华民族发展的重要一环。因此,舆论生态的变化要求重视对青少年网络意识形态引导,坚持社会主义意识形态领域的引领作用,并不断优化引导观念,创新引导方法,提升引导水平和引导质量,从而促进青少年网络意识形态引导工作的优化发展,确保网络意识形态的长期稳定与安全。

关键词:融媒体,青少年群体,意识形态

Abstract: With the continuous progress of Internet technology, China has entered the era of convergent media, which integrates traditional media and emerging media. As a result, the network has become the main battlefield and forefront of ideological struggle. The youth group is the group with the most exuberant demand for the network and the media, the most active thinking and the most enthusiastic expression, which is relatively vulnerable to the influence of the bad trend of thought. Paying attention to the guidance of teenagers′ network ideology is an important link related to the growth and development of teenagers themselves and even the whole Chinese nation. Therefore, the change of the ecology of public opinion requires that attention be paid to the introduction of network ideology to young people. Guide, adhere to the leading role of socialism in the field of ideology, and constantly optimize the concept of guidance, innovate guidance methods, improve the level and quality of guidance, so as to promote the optimal development of network ideology guidance work for young people, and ensure the long-term stability and security of network ideology.

Keywords: convergent media, juvenile group, ideology

一、研究背景

当今社会,互联网技术日新月异,为媒体的融合提供了技术基础。传统媒体与新兴媒体融合的脚步日渐加快,“融媒体”开始作为一个全新的词语渗入人们的生活。为了进一步推进媒体的融合发展,深入贯彻媒介融合精神,2019 年 1 月 11 日至 13 日在湖北武汉召开“融会贯通”全国融媒体中心建设改革开年峰会,会议要求将融媒体中心建设作为一项政治任务立马实践起来。

根据 2019 年 2 月 28 日中国互联网络信息中心(CNNIC)发布第 43 次《中国互联网络发展状况统计报告》[①],截止到 2018 年 12 月,我国网络用户总体数目达到 8.29 亿人次,相比于 2017 年 12 月网民增加了 5,653 万,网络覆盖率达到了 59.6%。其中,手机移动网用户数达 8.17 亿,通过使用手机加入互联网的比率高达 98.6%,互联网已经从精英阶层“飞入寻常百姓家”,成为人们生产生活交流信息必需的工具。从日常生活到上层建筑,互联网无处不在。报告也对网络使用用户的年龄与学历做出了统计,如图 1 所示,10—39 岁的网民在总体网民数目中占 67.8%,其中 20—29 岁年龄段的网民占比最高,占 26.8%,由此可知青少年网民数量的庞大。习近平总书记在全国宣传思想工作会议上指出:“能否做好意识形态工作,事关党的前途命运,事关国家长治久安,事关民族凝聚力和向心力。”[②]意识形态建设是一个国家和民族的精神纽带。

青少年是承载着祖国希冀的建设者与接班人,如今网络中价值观念多样化与复杂化,这就给青少年意识形态引导工作带来了挑战,提出了更高的质量要求。在融媒体大背景下,针对网络媒体对青少年意识形态影响的新特点,正确引导并积极发挥融媒体对青少年的正向作用,是新闻传播领域高度重视并着力探讨和解决的问题。

---

① 中国互联网络信息中心.第 43 次中国互联网络发展状况统计报告[EB/OL].(2019-02-28)[2019-10-11]. http://www.cac.gov.cn/2019-02/28/c_1124175686.htm.

② 习近平在党的新闻舆论工作座谈会议上的讲话[N].人民日报,2016-02-20.

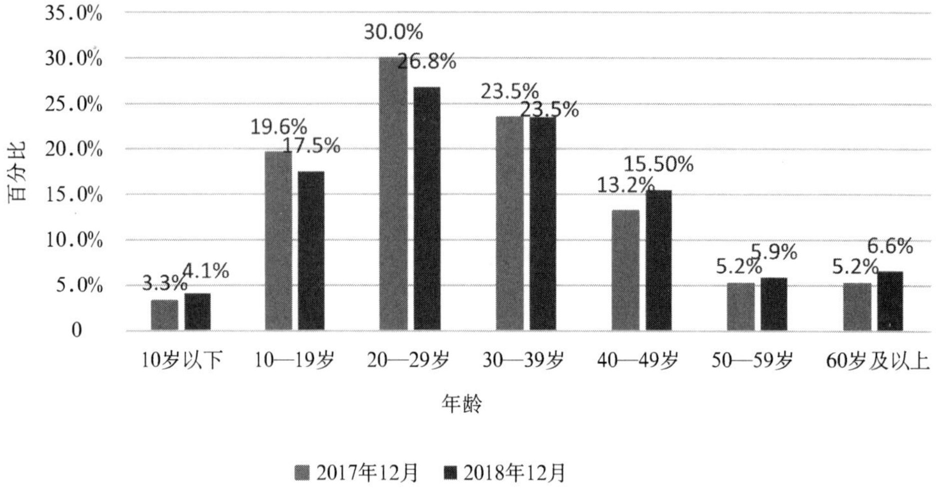

图 1　2017—2018 年中国网民年龄结构

二、融媒体时代的青少年网络意识形态

(一)青少年网络意识形态的内涵

社会意识形态,是指由一定政治与社会关系决定并反映一定社会政治关系与经济关系的一种高水平、高层次的思想体系,表现为价值体系、思想观念、指导理念、宗教信仰和伦理道德等形态,具有稳定性、规范性、自律性的特点。随着时代的发展,形成了一种全新的意识形态——网络意识形态,是居于网络虚拟空间而产生并代表一定社会群体,指导其行动的思想观念体系。青少年网络意识形态指的是青少年在情感、思维、行动上对网络主流意识形态的认同程度。① 根据我国国情,青少年指的是 14 到 28 周岁的公民。马克思中国化理论成果——中国特色社会主义理论体系是我国居于主导地位的意识形态。网络社会是现实社会的延伸,同样必须坚持中国特色理论体系不动摇。

(二)融媒体背景下我国青少年网络意识形态的特点

第一是多元性。网络技术的进步让世界真正变成“地球村”,融媒体的发展将世界展现在我们面前。世界各个民族都通过网络传递自身的价值观念与思想体系,西方发达国家凭借其先进的传播技术在这一点上体现得尤为显著。国内外各种社会思潮、新兴理论的涌现,让互联网平台上出现了一个又一个的新热点,受到大量青

① 夏自军.青少年网络意识形态态度转变及认同教育[J].当代青年研究,2015(5):58-63.

少年的追捧，而青少年的意识形态还未完全成型，容易同时接受多种思想，表现出多元的特点。①

第二是复杂性。青少年正处于意识形态观念的形成期，在网络中形形色色的思潮影响下，他们的意识形态并不是单纯的正确或者错误。比如理论框架认知准确，但是在具体方法论中又出现错误；又比如思维与言行的不统一等。这些复杂情况给意识形态引导工作增加了困难。②

第二是多变性。首先，青少年思想活跃但是不稳定，对社会主义主流意识形态的认识缺乏实践积累，极易受到外部力量的影响，甚至出现情绪化现象。其次，青少年处于人生的过渡期，在与社会生活碰撞的过程中可能出现反叛心理。当前，我国的网络意识形态引导存在着教条化和形式化倾向，极易引起青少年对主流意识形态的反感倾向。

（三）融媒体时代我国青少年网络意识形态存在的问题

进入融媒体时代，政府部门不断加强网络空间治理，坚持正面宣传，以社会主义核心价值体系培育人心，努力为广大民众特别是青少年群体打造一个风清气正的网络空间。但内外部环境多种因素的影响，使得青少年群体仍然存在着少部分不良意识形态的倾向。

首先，部分青少年主流意识淡薄化。中国青少年研究中心在北京、四川、广东等8个省，以3,000多名14—35周岁的青年为样本，开展了关于网络意识形态的问卷调查。根据结果统计出：87.6%的青少年会因为作为中国人而自豪，有59.1%的青少年认为自己是爱国者，81.1%的青少年赞同中国特色社会主义理论体系。③ 但是在融媒体时代，为了争逐更大的商业利益，许多缺乏社会责任感的媒体平台发布众多虚假新闻、娱乐八卦等，泛娱乐化倾向甚嚣尘上，分散了青少年对主流信息的关注。同时，社会化媒体的虚拟化生存属性，使得青少年在人际交往中容易偏向选择能给自身带来高社会报偿的人进行交往，侧重于物质层面评判他人的价值。正是受这种功利思想的影响，少部分青少年群体更多关注个人价值实现，导致主流意识受到多元化融媒体的影响而逐步淡薄化。

其次，形式化认同。青少年网络意识形态引导的重要内容是加强其对主流意识形

① 岳杰勇.西方国家对青少年进行意识形态教育的经验与启示[J].中国青年研究，2013(10)：107-111.

② 万闻华.利用网络新媒体引导青少年的探索与思考[J].群众，2012(5)：37-38.

③ 邓希泉.青年网络意识形态的主要特征[N].中国社会科学报，2017-05-10(6).

态的认同，可划分为接触、学习、内化三个阶段。青少年意识形态形成的教育活动通常以传统的交代式为主，这使得广大青少年对主流意识形态的认同仅仅停留在表面，形成的认同感也只是形式化认同，对主流意识形态的历史来由、发展与价值缺少深刻的理解和思考。[①] 这样，青少年形成的主流意识形态仅仅像一个政治口号，没有运用于实践活动，无法真正地内化于心。例如，在面对网络反动思潮问题时，根据数据统计，76.3％的青少年从未发表过反驳的网络文章或帖子，发表过 1 到 2 篇的只占 16.3％，发表过 3 篇以上的只占 7.2％。如果他们的朋友或亲人在社会化媒体中传播不良言论与思潮，有 58.3％的青少年会采取冷漠的态度，23.7％的青年会进行劝阻，会公开制止和会主动举报的分别只占 7％和 6.3％，还有余下 2.2％的会随手转发。由此看出，大部分青年对于网络负面意识形态只是"沉默的大多数"。他们对主流意识形态的认同只是一种形式化认同，未能向行动力方面转化。因此，还亟须进一步探索青少年正面网络意识形态建设的有效路径，切实加强其对主流意识形态认同的深化。

最后，对立面崇尚。伴随着经济全球化与互联网技术的发展，西方资本主义国家凭借其先进的传播技术与强大的资本力量，将带有西方资本主义生活方式、思想理念和政治制度的商品和文化在全球范围内推行。青少年思想体系尚未完全成熟，政治辨别能力相对较弱，易受到西方思潮的影响。而国内在主流意识形态上的引导工作上又有所欠缺，社会主义意识形态不足够显化，易被西方宣扬的"个性""自由"等资产阶级价值观所迷惑。[②]

三、融媒体时代青少年网络意识形态引导的机遇与挑战

(一)融媒体给青少年意识形态引导带来的机遇

第一，搭建了青少年网络意识形态引导的新平台。互联网技术的进步与融媒体平台的不断发展使网络传播与意识形态引导之间的联系更为紧密。融媒体融合传统媒体与新兴媒体，电视、报纸、广播、社交媒体、自媒体等多种媒介形式互动交融，信息空前丰富。借助融媒体平台，中国特色社会主义主流意识形态可以得到全方位、多角度的传播，强化青少年对主流意识形态的认同。并且，网络融媒体能够打破时间空间的限制，使得覆盖面十分广泛，受众的数目庞大，传播情境具有开放性与多级性。因此，

① 陶利江.青少年主流意识形态认同：问题、影响因素及路径选择[J].青少年学刊，2016(4)：30-34.

② 王娟，秦国良.青少年网络德育教育模式的实效性[J].河南农业，2017(4)：31-32.

一旦社会主义意识形态的内容进入融媒体网络，每一位接收者又都能变为传播者。传播形态不仅能一对一，还能一对多、多对多。这样，社会主义意识形态能够得到最大限度的传播。融媒体强大的传播力为当下青少年网络意识形态引导提供了一个崭新的平台。

第二，提高了网络意识形态引导工作的灵活性、时效性与感染力[①]。首先，传统的思想形态引导工作通常是采用灌输式的教育方法，容易招致青少年的反感与逆反心理，难以真正使社会主义意识形态深入人心。融媒体具有开放性和自主性，常常通过发布视频图片、策划活动等方式进行思想意识形态的引导，由单向向双向转变，增强了引导工作的灵活性。[②] 其次，传统媒体时代信息的传输速度较慢，进行思想意识形态宣传的效果往往不理想。而进入融媒体时代，信息能够快速发布与获取，青少年们能够在网络上快速了解政治、经济、文化各方面的大事，并及时发表意见，从而思想政治工作者能够迅速洞悉青少年的思想状态，并有针对性地进行思想教育与引导。最后，融媒体 AR、VR 技术的运用，给青少年网络意识形态引导工作提供了有利条件。青少年从生动的人物、故事与场景的体验中得到思想启迪，受到良好的思想教育。

第三，有利于培育青少年网络意识形态的自觉性与主动性。首先，融媒体引发了新一轮的传播革命，专业媒体人与受众之间的主客体关系被进一步打破。青少年可以就意识形态问题在网络上进行广泛讨论并发表看法。在这个过程中他们的主体地位凸显，能够更加深刻地认识到社会主义意识形态的真正内涵，有助于增强自主性。其次，融媒体构建了用户虚拟化生存情景。社会主义意识形态宣教工作在虚拟情景中可以拉近与青少年之间的距离，减少他们的心理防范，进行有针对性的引导。青少年也可以用匿名的方式表达思想感情，传播信息，从而有助于增强青少年自主传播与培育网络意识形态的自觉性与主动性。

（二）融媒体给青少年意识形态引导带来的挑战

第一，“多元文化”争抢意识形态阵地，意识形态引导难度加大。融媒体时代信息传播不设“屏障”，不仅存在着大量的正面信息，也存在着很多负面信息。[③] 任何国家和地区的个人、群体都可以冲破时间、空间的限制在互联网上发表、传播信息。各种社会思潮在宽松的融媒体环境下相互碰撞，容易使社会主义意识形态消解。尤其是西方

① 胡艳梅.用融媒体为国企思想政治工作赋能[N].中国矿业报，2019-06-29.

② 郁有凯.论青少年社会主义核心价值观的图像化教育[J].青年探索，2019(3)：64-72.

③ 李涓.网络新媒体对青少年意识形态领域的影响[J].电子商务，2017(1)：13-14.

敌对势力不遗余力地对青少年群体输送含有其特定意识形态的言论、生活方式与价值观念。融媒体时代的文化渗透更为频繁,方式也更加隐蔽。在“多元文化”下引导青少年正确思考、理智判断,深刻认同社会主义主流意识形态,给意识形态引导工作增加了难度。

第二,“后喻时代”对宣教者的媒介素养提出更高的要求。“后喻时代”是指随着科技的发展,后一代人掌握新知识与新技能的速度更快、能力更强,而具备了给前一代人传授知识与培养能力的时代,其最根本的特征就是“文化反哺”。① 随着融媒体时代的到来,孩子可能知道得比家长多,素人可能比职业媒体人知道得多,而青少年也可能比社会思想政治工作者知道得多。青少年群体好奇心重,思维活跃,一旦网络意识形态引导工作的内容与他们自身的认知结构相矛盾时,他们就会立马在融媒体平台上提出质疑与批判。这就对社会主义意识形态工作者提出了更高的媒介素养要求,不仅要在多样的媒体上迅速获取信息、解读信息,还要利用媒介为青少年意识形态引导工作拓展思路。

第三,“人人发声”改变信息交互方式,挑战传统意识形态引导模式。融媒体时代最为显著的特征之一就是“人人都有麦克风”。这一现状就彻底改变了传统青少年意识形态引导“我讲你听”的单向灌输模式。传统模式的面面交流和单向模式在一定程度上确保了引导教育者的主导地位,从而加强青少年对社会主流意识形态的认同程度,增强爱国情感,树立社会责任感。同时传统模式下,施教者能够良好地控制秩序,安排引导任务,实现引导目标。融媒体的“人人发声”虽然丰富了信息互动与反馈,但是削弱了传统思想政治引导者对一些不良信息与思潮的掌控力,如果众多繁杂的思想言论得不到良好的管控,便极有可能对青少年意识形态产生严重的负面影响。

第四,“碎片化阅读”引发意识形态认同危机。融媒体时代的碎片化阅读对青少年网络意识形态引导提出了挑战。进入移动互联网时代,生活节奏加快,人们习惯于在闲暇时间通过微信、微博、短视频等网络平台获取信息,由于时间、场景以及手机屏幕的限制,获取的总是零碎、片段式信息,即“碎片化阅读”。“碎片化”以易获取性使青少年形成知识获取依赖,从而无法静下心来系统学习社会化主流意识形态知识。同时,碎片的非系统知识会干扰青少年网络意识形态引导的逻辑体系,弱化青少年网络意识形态引导的实效性。

---

① 杨木,佟西原.融媒体环境下高校宣传思想工作探究[J].科教文汇,2019(6):28-29.

四、融媒体时代青少年网络意识形态引导的理论渊源与原则

费斯汀格的认知失调理论与凯尔曼的态度转变三阶段假说为融媒体时代我国青少年网络意识形态的引导提供了理论渊源。

我们先来看看费斯汀格的认知失调理论。20 世纪 50 年代,美国著名的社会学家费斯汀格提出了引起个人意识转变的认知失调理论。该理论认为一个人的认知结构是由许多彼此独立的认知元素组成的,当多个认知元素之间出现对抗、矛盾的失调状态时,心理便会产生不安、焦躁等负面情绪,然而这也会成为一种让人想方设法减轻或消除这种负面情绪的动力,最终使认知系统重新恢复平衡。在整个过程中,个人的意识态度就会发生改变,且失调程度、转变动机越强,意识改变可能性越大。

认知失调理论给我们引导青少年网络意识形态提供了启示:在融媒体时代,当青少年群体在接触社会主义主流意识形态和西方国家意识形态这两种对立的思想体系时,他们的认知结构就会产生失调,也会产生迫切改变这种失调状态的愿望。因此,我们在进行青少年意识形态引导时,必须从他们特定的情绪与思想状态出发,加强社会主流意识形态宣传,尽可能规避资本主义意识形态所带来的负面影响,促使青少年意识形态认知态度转变,趋于平衡、和谐、稳定状态。

我们再分析凯尔曼的态度转变三阶段假说。美国学者凯尔曼在 1961 年提出了态度转变的三阶段假说,即服从、同化、内化三个阶段。服从是指个人在外界压力之下会被迫转变自己的认知、观念、思想和行动,这只是一种表面上态度的转变;同化阶段是个人主动地改变自己的态度与思想观念,使之与社会大众相一致,但是只是转变部分的思想形态,并未将整个态度体系相融合;内化阶段是指一个人真正地从内心深处接受他人或社会的意见、思想,并将其作为一个有机组成部分融入自身思想形态体系之内。只有达到内化阶段,人的意识形态才会发生质的变化,并固化下来,到达一种稳定而持久的状态。

融媒体背景下青少年网络意识形态转变也要经历服从、同化、内化的三个阶段,因此要始终对意识形态引导持积极态度,循序渐进而不是一蹴而就。首先,相关部门可以充分利用网络融媒体平台进行主流意识形态与思想政治教育工作。由于青少年群体政治辨别能力弱,好奇求知欲强,特别容易受到资本主义不良思潮的影响,所以对青少年进行社会主义核心价值体系教育很有必要。其次,经过较长一段时间的被动学习,青少年将会主动地接受社会主义核心价值观,产生认同感。最终,青少年将从内心

深处认同中国共产党的领导，坚信马克思主义的正确性，并主动传播社会主义意识形态，弘扬正能量。总之，只有每个个体对社会主义网络意识形态进入“内化”阶段，思想引导工作才是真正的成功。

随着融媒体与互联网的不断向前发展，新时代的青少年网络意识形态引导工作的内涵不断在发生变化。切实加强青少年群体的网络意识形态引导是我国意识形态建设工作的重中之重，须遵循的原则如下。

第一，坚持“以人为本”的意识形态引导理念。不论是家庭、学校还是社会，在对青少年进行网络意识形态引导时一定要树立“以人为本”的理念。这主要是由青少年本身的特点所决定的。首先，青少年是引导的主要对象，他们是有知识、会思考、有个性差异和情感的人，不能仅仅把他们当做灌输教育的“容器”，要注重培育他们辩证思考与主动求知的精神。其次，网络的无边界性、无序性、海量性使得各类思潮广泛传播。青少年正处在人生价值观的建构时期，对众多外部事物的认知还没有完全成熟，易受到其他不良思想的干扰。这要求在进行青少年思想引导工作时根据他们特定的心理特征与意识基础，制订可行的方案。最后，青少年群体内部涉及的地域、年龄、职业、教育状况、党派宗教等社会分类因素也千差万别。所以一定要以“以人为本”的理念进行青少年网络意识形态的引导，只有这样才能真正做到“一切为了青少年”，提高引导教育的实效性。

第二，关注并满足青少年群体合理利益诉求。当今青少年在意识形态领域存在诸多问题的重要原因是未能把自身命运与国家发展联系起来，未能将自身发展与国家主流意识形态联系起来。他们对社会主义主流意识形态的认知大部分都只是通过被动的灌输教育获得，没有将其内化于自身思想体系之中。为了让广大青少年意识到社会主义意识形态对个人和国家的重要性，党和政府在进行网络意识形态引导时必须要积极关注青少年的利益需求，如进入融媒体时代，青少年都会将自身所遇到的一些关于就业、升学等成长中的问题分享在网络上，并寻求解决方案。政府相关部门应给予密切关注与支持。只有这样，青少年才能将主流意识形态与自身发展联系起来，并形成深刻的认同感与归属感。

五、融媒体时代青少年网络意识形态引导的优化路径

（一）顺应融媒体发展，构建青少年网络意识形态引导新平台

融媒体以大数据、云计算、移动互联网技术为基础，其发展为青少年网络意识形态

引导带来了更多的可能性。利用新型的技术手段拓展思想意识形态引导工作领域，解决青少年思想意识上相应的问题，实现立德树人的目标就必须做到以下两方面。一是完善机构设置，建立青少年网络意识形态引导中心。例如，针对当前融媒体教育引导平台不足的现状，积极建设青少年网络意识形态安全引导的虚拟试验站、新闻网站、文化教育网站、政务网站等，打破传统的生硬引导模式，积极布局新型平台下的引导新方式。二是充分利用现有融媒体平台，借用文字、图像、视频等多种传播形式，强化社会主义网络主流意识形态的辐射面与影响力。如可以通过官方政务账号入驻抖音、微博等平台，充分进行社会主义正能量传播，从而使社会主义意识形态引导于“润物细无声”之中。

（二）解放思想，更新青少年网络意识形态引导理念与引导方式

进入融媒体时代，思想意识形态引导领域的主客体关系改变，青少年不再仅仅是受教育者，同时也是信息生产与传播的主体。这就要求意识形态引导工作要切实更新引导理念与引导方式。首先，要充分尊重青少年社会主义意识形态构建中的主体性，发挥其学习的主动性。了解青少年群体的心理特点，针对不同的个体选择不同的引导方法，切实满足他们的思想需求，只有这样才能增强青少年主动性，达到理想的引导效果。其次，要不断与时俱进，创新意识形态引导方式。融媒体时代青少年网络意识形态引导要以他们关心的内容和感兴趣的方式为切入点，寓思想性于知识性之中，寓教育性于服务性之中。做到引导方式生动多样，拉近与青少年群体之间的距离，从而增强说服力，引发共鸣。最后，要提升引导内容的精品化程度。融媒体时代信息繁杂，阻碍青少年对正确思想内容的吸收，所以引导者要在思想引导过程中筛选有价值的信息，打造精品内容，提升思想引导的实效性。

（三）强化社会主义意识形态的主导地位，提升吸引力与认同度

青少年网络意识形态引导是融媒体时代一项极端重要的任务，要始终牢牢把握社会主义主流意识形态在思想政治领域的主导地位。融媒体时代，互联网空间已经成为各类思潮斗争的主战场。网络意识形态建设必须要加强党的领导，不断提升党在青少年意识形态引导工作中的话语权。各级政务网站、政务账号都要主动传递社会主义的声音和主张，任何组织和个人开设的媒体终端都必须自觉接受党的领导，在舆论方向与价值取向上始终与主流意识形态保持一致。同时，要以青少年为本，增强马克思主义理论、中国特色社会主义理论体系传播的网络针对性。青少年网络意识形态引导工

作，要“因人制宜”，要符合青少年群体的特性，调动其主动性与创造性，从而充分实现对社会主义意识形态的认同。

（四）强化意见领袖“引路人”作用

“意见领袖”是传播学经典概念之一，意见领袖在传播中能对信息流和意见流都产生重要的影响。[①] 融媒体时代同样，新意见领袖分布于社会各阶层，具有强大信息传播与舆论引导能力。在这样的背景下，充分意识到意见领袖的辐射能力，有目的地培育意见领袖对青少年意识形态的引导能力，是对融媒体环境下青少年网络意识形态引导手段的补充。首先，找准青少年情绪释放的切入点，施加影响。当前的青少年是面对网络跨文化传播成长起来的一代，他们在人际关系和意见交流的过程中，特别重视平等性和主体性。所以说，利用意见领袖在加强青少年意识形态引导的过程中，任何企图强权压制言论、逃避问题的方法都可能招致青少年的反感。尤其是面对一些热点问题时，意见领袖需要深入分析青少年观点后的隐藏倾向，以一种“顺应”思维，以一种平等交流互动的姿态，有针对性地开展青少年意识形态引导工作，促进其思想行动朝着正确的方向发展。其次，意见领袖要提升自身引导能力，充分发挥典型示范作用。[②] 意见领袖不是预设的，而是青少年自身主动选择的，所以说，意见领袖需要不断提高自身的知识素养，提升社会信息敏感程度，从而增强吸引力，促进青少年网络主流意识形态的建立。

（五）完善法律体系，构筑清朗网络空间

法律是社会生活的准绳，是确保党和政府各项政策得以长期健康有序进行的保障。融媒体时代网络的虚拟性特征显著，导致了众多网络暴力、网络谣言、不实信息、不良信息泛滥等问题的出现。其中一个重要的原因就是社会大众将网络视为法外之地，缺乏外在约束机制。殊不知，网络实质上本就是现实社会生活的延伸，同样需要建设一套完善的法律法规体系。只有有了一套行之有效的法律法规，才能够减少和防范各类网络失范行为的发生，清除负面言行衍生的土壤，提高网民文化素质[③]；才能够为社会主义网络意识形态引导工作扫清障碍，使马克思主义、中国特色

---

① 孙晓雪，张辉哲，包阿茹娜．“意见领袖”：网络环境下青少年德育的引路人[J]．教育导刊，2016(4)：48-52．

② 袁永军，杜磊．先进典型在思想政治教育中的作用[J]．中学政治教学参考，2014(1)：51-52．

③ 卜建华，高菲菲，张宗伟．新媒体时代我国网络意识形态安全所面临的挑战及应对措施[J]．党史博采（理论），2018(2)：64-66．

社会主义理论成果深入人心；才能够构筑清朗的网络空间，培育有理想、有信念的社会主义好青年。[①]

(六)提升意识形态工作者媒介素养，打造专业人才队伍

一方面，融媒体环境下，信息含量空前丰富并且传播速度极快，要加强青少年社会主义意识形态引导工作者的媒介素养教育，提高他们信息鉴别、判断能力，充分利用各种传媒资源的能力，打造一支适应时代前进发展、符合社会主义要求规范的宣教专家队伍；另一方面，融媒体时代的青少年网络意识形态建设工作是一项技术密集型工作，需要具备专业技术的人员来承担，这就要求必须聚拢一批能力突出、技能成熟的高素质人才。[②]

结　语

综上所述，融媒体时代大背景下，青少年网络意识形态养成的环境发生巨大变化，这给党和政府开展意识形态引导工作带来了新机遇和新挑战。融媒体时代青少年网络意识形态引导不仅是思想政治领域的宣传教育工作，更需要联合各相关机构、部门充分发挥各融媒体平台的传播优势，积极创新青少年网络意识形态引导模式，打造出新兴培育平台，为广大青少年提供多元化的信息服务功能，实现社会主义主流意识形态内化目标。总之，加强青少年网络意识形态引导是一个系统工程，需要从各个层面着力，进而促使互联网这个“最大变量”成为“最大增量”。

〔燕道成，湖南师范大学新闻与传播学院教授、博士生导师；张佳明，湖南师范大学新闻与传播学院新闻传播学硕士研究生〕

① 杜鹃.大数据时代的网络意识形态话语权构建[J].中共云南省委党校学报，2019(2)：143-147.

② 黄高峰.融媒体视域下高校学生社会主义意识形态认同研究[J].新媒体研究，2018(23)：89-90.

网络电影榜单的粉丝刷分与“反电影史”的“算法秩序”*

The Movie Fans Brush the Online Movie List and the“Algorithm Order” of “Anti-film-history”

◎王 伟 董 斌

Wang Wei Dong Bin

摘要:本文以网络电影榜单的公正性及其影响为问题意识,以全球用户最多的电影网站 IMDb Top 250 电影榜单为研究文本,以其史上影响力最大的《蝙蝠侠:黑暗骑士》的粉丝刷分事件为研究对象,试图探索网络电影榜单的算法公正性及其影响,着重挖掘其作为当代最重要的电影事件和网络文化事件之一,背后的文化逻辑和媒介意涵。

关键词:电影网站,视听媒体,榜单,粉丝,算法

Abstract: This article takes the fairness and influence of the online movie list as the problem consciousness, and uses the IMDb Top 250 movie list as the research text, with the movie fans brushing event of *Batman*: *Dark Knight* as the research object, trying to explore the fairness of the algorithm and influence of the online movie list, focusing on its cultural logic and media meaning behind it.

Keywords: movie website, audiovisual media, list, fans, algorithms

2019 年 8 月 31 日,托德·菲利普斯(Todd Phillips)执导的《小丑》(*Joker*,2019)在威尼斯电影节主竞赛单元举行全球首映。这部取材于 DC 超级英雄漫画的影片故事,基本为原创,跳脱了衍生电影长期以来作为衍生品的带有某种悲剧性色彩的宿命。影片讲述了 20 世纪 80 年代一位生活窘迫的脱口秀喜剧演员,逐步走向精神崩溃并肆意作恶、违法犯罪的故事。影片一经上映便引来好评无数,不仅获得威尼斯电影节场刊评分 4 分(总分 5 分)、专业影评人评分网站烂番茄(Rotten Tomatoes)88%的新鲜

* 项目基金:本文系 2019 年度国家社科基金重大项目“大数据时代计算传播学的理论、方法与应用研究”(项目号:19ZDA324)课题成果。

度(总分 100%),更在大众评分网站获得 9.7 分的高分(总分 10 分),有媒体甚至认为这是目前最好的一部小丑影片。

小丑可以说是近几年最受欢迎的电影形象了,如 2016 年《自杀小队》(*Suicide Squad*)中杰拉德·莱托(Jared Leto)饰演的小丑、2017 年的《小丑回魂》(*It*)及 2019 年 9 月 6 日刚刚上映的《小丑回魂 2》(*It: Chapter Two*,2019)中比尔·斯卡斯加德(Bill Skarsgard)扮演的小丑等。而这离不开 2008 年《蝙蝠侠:黑暗骑士》(*The Dark Knight*)中希斯·莱杰(Heath Ledger)对小丑形象的颠覆性塑造,这位英年早逝的天才演员塑造的小丑甚至让人忘记了他在成名作《断背山》中的帅气和英俊;同时也离不开导演克里斯托弗·诺兰(Christopher Nolan)为小丑这个角色所赋予的使命,即小丑作为反面角色对正面角色蝙蝠侠伸张正义的权力和合法性的质疑的哲学命题。与小丑角色和影片主题同样引起关注的是,在影片上映的几周时间里,导演诺兰和《蝙蝠侠》系列的粉丝在 IMDb Top 250 电影榜单的集体刷分事件。这次事件彻底改变了 IMDb 电影榜单前 4 位影片的排序,成为一次电影事件;而这些刷分的粉丝也掀起了一次网络话语权的争夺战,成为一次网络文化事件。

一、粉丝刷分打响了网络电影榜单之战

延续以往超级英雄电影中双主角所呈现的二元对立的情境设置,《黑暗骑士》在塑造一位帅气、多金、为正义而活的蝙蝠侠的同时,也刻画了一个满面伤疤、神经质、为邪恶而活的小丑。不同的是,影片在打造一个完美的超级英雄的同时,也锻造了一个更加完美的"反超级英雄"。二人开战的理由竟然惊人的一致,那就是捍卫各自的理想和价值观:正义的一方只为捍卫正义而战,而邪恶的一方只为挑战正义而活。在这场争斗里,没有捍卫民族国家、拯救全人类的宏大主题,没有复仇、重生的个人成长,没有私人利益和经济效益的现实生活,有的是对各自理想和价值观的生死捍卫。这不再是存在超级英雄的现实世界,而是一个带有理想主义的乌托邦。

影片一经上映便轰动全美乃至全球,首周票房突破 1.58 亿美元,上映三周突破 4 亿美元,更夺得 2008 年度首周票房冠军和年度票房冠军。[①] 在艺术成就上,影片获得次年奥斯卡金像奖的 8 项提名和 2 项获奖,其中一个奖项就是为小丑的扮演者希斯·莱杰所颁发的最佳男配角。在政治正确的奥斯卡面前,奖项没有颁给代表正义的蝙蝠侠,而授予了象征邪恶的小丑,即使二者的奖项最佳男主角和最佳男配角并不冲突,这

① 参见 https://www.boxofficemojo.com/movies/? id=darkknight.htm.

与影片的主题似乎存在某种程度的契合：蝙蝠侠何以具有权力来伸张正义？倘若真的存在这种超越强制性国家机器/警察和法律的权力，为什么赋予给蝙蝠侠？同样地，这为因其所掀起的IMDb电影榜单的粉丝刷分事件带来了同样的问题：粉丝刷分是否正义？谁赋予了这种“正义”？如此，反粉丝刷分是否合理？谁赋予其合理性？其中存在着怎样的秩序？这种秩序的结果是什么？

关于此次IMDb电影榜单的《黑暗骑士》粉丝刷分事件，我们看到更多的是关于影片评分人数或分数的单独数据，而从统计学出发的关联性统计和探讨鲜有发现。为此，我们统计了《黑暗骑士》自上映前至下映后共计两个月内的每日评分人数增量与评分人数增长率，评分人数与榜单排名、榜单评分等方面的相关情况。[①] 从图1可以看出，二者呈正相关，且与影片上映时间密切相关。影片的评分人数在14日纽约首映时没有明显反映，到首映2天后出现少量评分，直至18日全美公映首日一跃至23,000多条(共23,611)，其增量达到最高峰；评分人数增长率在次日以日增近4.7万个评分达到最高(共46,915)，增长率近乎一倍(达98%)；评分人数增量和评分人数增长率在上映前三周较为密集，呈现抛物线状、稳定增长，足见此次粉丝刷分事件贯穿了影片公映的始终。从图2可以看出，在纽约首映到全美公映首日，榜单排名从第四一路攀升至第一，在公映的前三周一直保持着榜首位置；而在公映结束后，则迅速跌落回第四，且其后一直维持该排名。从图3可以看出，《黑暗骑士》的评分从16日的9.0到公映首日一路攀升至9.5，与荣升至榜单榜首的路径一致；[②]而影片上映不足一周，自7月20日起，评分便出现了梯度渐进式下滑趋势，这与其榜单位置在上映三周后才骤然下落的时间并不对应，可见其榜单排名和评分并不对应，足见这场粉丝刷分战争的激烈和复杂。在引发这种不对应的诸多因素中，很大程度上源于《黑暗骑士》的粉丝在给自己“效忠”的影片刷高分和满分的同时，也在给当时处于榜单榜首的《教父》刷低分。[③]

这次由《黑暗骑士》的粉丝所打响的网络榜单刷分事件，将当时并不“入流”的网络电影榜单第一次推向如此重要的位置，以至于最近上映的影片的粉丝希望通过刷分的

---

① 我们统计了《黑暗骑士》自2008年7月1日起至2008年8月30日的每日票数增量与票数增长率、评分人数与榜单排名、榜单评分，且以日为单位。之所以将《黑暗骑士》上映之前的数据也进行统计，是为了排除在上映之前存在未看影片便刷分的特殊情况。

② 从数据中我们发现，《黑暗骑士》第一次的入榜时间为7月16日，共获得投票4,591张，榜单评分为9.0，排名第四位。2016年2月24日。检索于http://250.took.nl/history/2008/7/16。

③ 事实上，在《黑暗骑士》的粉丝在为《教父》刷低分的同时，也给当时处于榜单第二位的《肖申克的救赎》刷低分。笔者以相同的方式对其进行了统计，但鉴于与本文重点讨论的问题关联不大，就此删减，以后有机会会单独就此片进行论述。

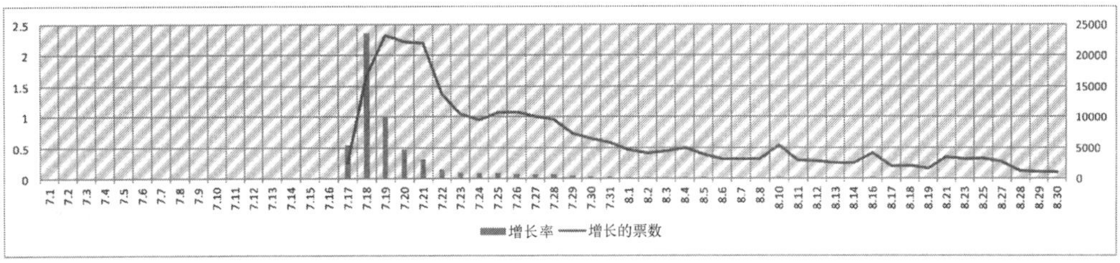

图 1 《黑暗骑士》在 2008 年 7 月至 8 月的每日评分人数增量与评分人数增长率相关性①

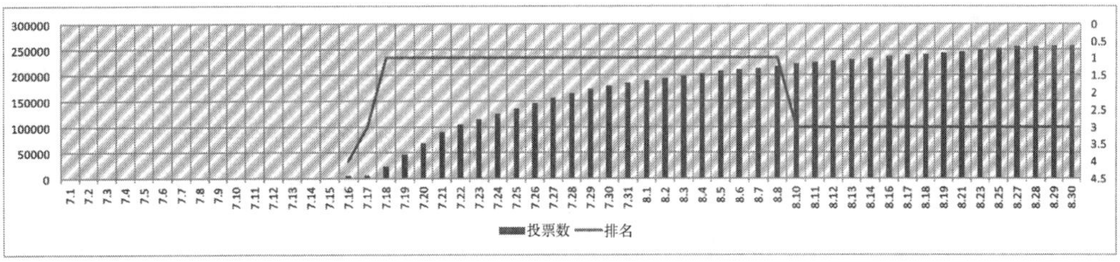

图 2 《黑暗骑士》在 2008 年 7 月至 8 月的评分人数与榜单排名相关

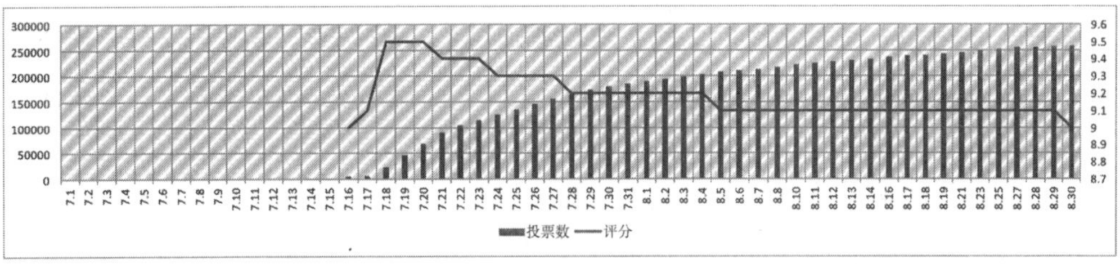

图 3 《黑暗骑士》在 2008 年 7 月至 8 月的评分人数与榜单评分相关

方式，让自己喜爱的影片登上榜单榜首之位，感觉就像亲自为其颁发了一座网络奥斯卡金像奖的奖杯。这件事第一次让电影界意识到，网络电影榜单之于网络评价时代的重要意义，这也为其后烂番茄电影榜单足以震动整个好莱坞打下了网络基础。网络电影榜单成为互联网时代最重要的文化症候之一，网络电影观众成为这场网络狂欢中最重要的参与者。

二、网络电影榜单的“反电影史”逻辑

我们用同样的方法对《教父》在这两个月的每日评分人数增量与评分人数增长率，

① 图 1 至图 6 的数据均来源于 IMDb Top 250 电影榜单的历史文档网站，2016 年 2 月 23 日。检索于 http://250.took.nl/history。

评分人数与榜单排名、榜单评分等方面的相关情况做了统计（见图 4 至图 6）。统计发现《教父》的评分人数在 7 月 17 日之前均稳定在每月 4,000 人上下，从 7 月 18 日《黑暗骑士》全国公映后突然骤增，直到 8 月末《黑暗骑士》上映三周后才逐步回落，且与此前基本持平。在此期间，其榜单排名从第一逐渐跌至第三，经过一次较大的波动，逐步回升至第二，并保持稳定。相比之下，其榜单评分几乎没有明显变化。如此，《黑暗骑士》的上映为何会给《教父》的榜单排名带来如此巨大的影响？我们统计了位居榜单前五的影片《肖申克的救赎》《黑暗骑士》《教父》《教父 2》《低俗小说》的各分数分布情况，五部影片除最低分 1 分以外，从 10 分到 2 分均呈现评分越高评分人数越多的态势，而 1 分的占比均一反常态地高于 5 以下的评分。其中，给出 1 分的评分人数最高的是《教父》《肖申克的救赎》和《黑暗骑士》，其中《教父》有超 3 万人给出 1 分的评分，占比高达 2.9%。由此可见，在《黑暗骑士》上映的三周中，这三部电影的粉丝均采用了给自己钟爱的影片刷高分、给另外两部影片刷低分的策略。这直接导致此前的榜单榜首《教父》成为众矢之的，排名跌至第二；与之相反，此前排名第三的《肖申克的救赎》则因此而渔翁得利，成为新的榜单榜首之作；而《黑暗骑士》则一直停留在其最初所在的第四的位置上，排在《教父 2》之后。这个榜单排序一直延续至今，构成了今天我们所见的 IMDb 电影榜单 Top 4 的排名，依次是《肖申克的救赎》《教父》《教父 2》《黑暗骑士》。

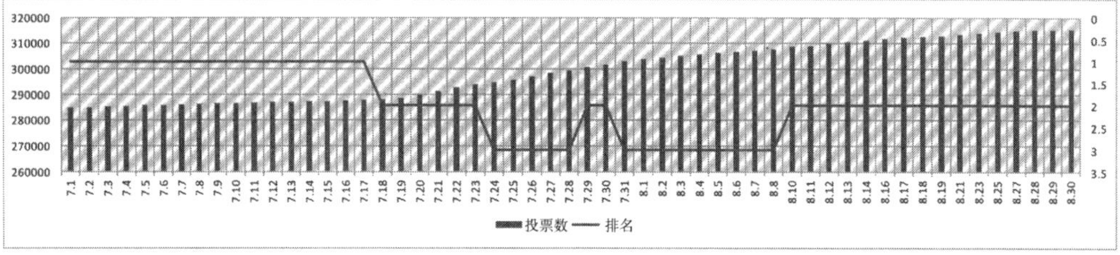

图 5 《教父》在 2008 年 7 月至 8 月的评分人数与榜单排名相关

《黑暗骑士》的粉丝刷分事件面临着两个群体截然相反的两种结果：一边是粉丝刷

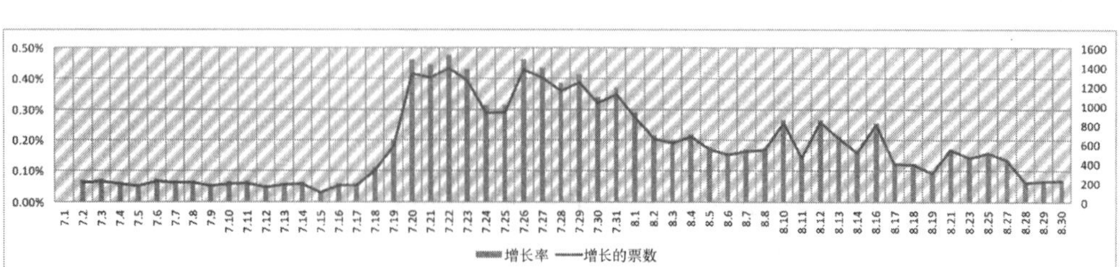

图 4 《教父》在 2008 年 7 月至 8 月的每日评分人数增量和评分人数增长率相关

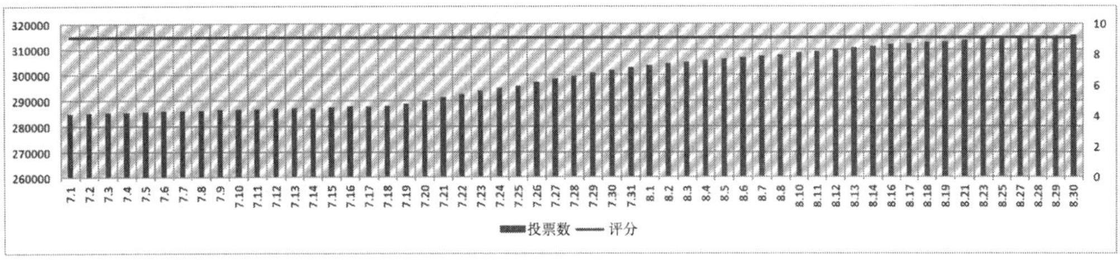

图 6 《教父》在 2008 年 7 月至 8 月的评分人数与榜单评分相关

分的压倒性胜利，让每一个参与到这场轰轰烈烈的网络文化事件中的网友都激动不已，在为自己喜爱的影片冲榜的同时，也为自己争取到难得的网络评价权力；一边是一直以来以公平性自居的 IMDb 电影榜单第一次面临大规模的失范和质疑，这让 IMDb 管理层深刻地意识到其电影榜单的运行规则出现了严重漏洞，且这种漏洞的影响会随其用户数量的逐渐增多而愈演愈烈，从而致命地威胁到其电影榜单的可信性和公平性。这迫使 IMDb 正式修改其电影榜单的算法，以恢复榜单的声誉。榜单算法首先增加了被纳入榜单的最低评分人数，以遏制短时间内大量粉丝涌入对榜单排名的冲击。

这次由《黑暗骑士》的粉丝所打响的榜单刷分事件，引发了处在榜单前三的影片粉丝均在此期间参战，从为自己喜爱的影片刷高分，到给其他几部影片打低分；从一次粉丝集体刷分行动，逐步演化成一场“以暴制暴”的网络电影榜单之战。其症结所在并不只是最新上映的影片《黑暗骑士》与影史经典影片《教父》在电影欣赏方面的评判，更是电影观众在新老电影审美趣味上的一次网络话语权争夺战。这既是现代电影史上的一次重要的电影事件，让电影界意识到，网络电影观众已由观看者成为评价者，甚至成为由“唯杰作论”理念所构建的电影史书写的参与者；同时也是互联网时代的一次重要的网络文化事件，普通观众在网络电影榜单的场域里不再是网络文化的接受者，而成为掀动网络文化的发起人。

三、“唯榜单论”与中国电影网络文化

如果说，传统媒体时期的电影史是由影评人和电影史家写就，那么，新媒体时代的电影史则由普通电影观众写成，不同的是，由网络电影榜单所谱写的电影史带有某种反经典电影史色彩。换言之，这是一次“反电影史”逻辑的“新电影史”。可以说，这部“电影史”遵从的不再是电影抑或艺术，而是互联网及其背后所彰显的网络文化。如此，网络电影榜单的“反电影史”逻辑为电影产业和网络文化产生怎样的影响，带来哪些问题？这对于我国电影产业和网络文化生态有哪些思考和启示？

近年来,随着豆瓣 Top 250 电影榜单(douban.com)、猫眼电影排行榜(maoyan.com)的影响力日趋显现,我国的网络电影榜单刷分事件或疑似事件也屡见不鲜。其中,最引起关注的是 2016 年《人民日报》(*People's Daily*)转载关于《长城》(*The Great Wall*,2016)和《摆渡人》(*See You Tomorrow*,2016)的豆瓣评分、猫眼评分的信用问题的文章,以及 2018 年《后来的我们》(*Us and Them*,2018)、《无问西东》(*Forever Young*,2018)等影片疑似在豆瓣电影的刷分事件,这让网络榜单和评分的刷分事件在我国不但成为一个产业问题,更成为一个学术问题。其中探讨最多的是水军恶意刷分所带来的网络榜单和评分的公信力问题,及榜单为王、评分为王为中国电影产业所带来的诸多问题。事实上,无论 IMDb 还是豆瓣电影,几乎所有的网络榜单和评分平台都不止一次公开表态,既不会因为任何一部影片而修改评分,同时也力求防止恶意刷分以保证榜单和评分的公正性。但这都离不开一个更为深层的本质问题,那就是让其榜单和评分得以运转的"算法秩序"问题。

在传统媒体时期,电影评判和电影史书写因其对知识储备的要求而被奉为圣殿,主要源于彼时电影信息和专业知识的匮乏,这也导致了电影史文献自身的"等级"属性,"唯杰作论"成为观众择影最为重要的标准。[①] 到了新媒体时期,由 1990 年成立的电影网站 IMDb 所开启的电影信息在互联网世界的全面化和公开化,加之 2000 年成立的维基百科(Wikipedia)对词条性质的网络信息在各个领域的全方位渗透,电影信息和专业知识逐步走下神坛,开始为每一个普通观众所有。这使得授予电影杰作的权力,在电影史上,第一次交给了普通观众。普通观众依靠自己评选出来的榜单榜首来为自己喜爱的影片加冕,与此同时,也为自己获得此项权力而狂欢。而从网络榜单刷分事件伊始,普通观众发现这项权力可以被滥用,且能通过滥用而达成自己的目的,这让一部分观众深陷并迷失其中。这让一直以来奉行"唯杰作论"的电影史走向了它的反面——"唯榜单论",原本由普通观众所争取到的电影评价权力的下放,变成了观众趣味至上、"榜单为王"。

从发展轨迹来看,电影史是不断争夺电影史中心的历史,就好像法国人书写的电影史开始于卢米埃尔兄弟,而美国人编纂的电影史发迹于爱迪生。尽管如此,公认优秀的电影作品仍不论史学家的国别而留名青史,"唯杰作论"是电影史的基本原则。然而,在新媒体时代,最高艺术成就所代表的电影节不再是唯一标准,还有反映观看人数的票房统计,榜单排名先后的网络评价,评分、评论人数体现的网络热度,评论好坏的

① 艾伦,戈梅里.电影史:理论与实践(重构中国电影史学)[M].李迅,译.北京:世界图书出版公司,后浪出版公司,2010.

网络口碑等。“唯杰作论”的时代不断降维，而网络电影榜单并不是可以将其取而代之的唯一标准，电影或艺术评价标准的中心被消解，而消解这个中心的不单单是后现代语境下的文化观念，还有互联网逻辑中最为关键的“算法秩序”。这需要互联网电影观众意识到电影评价的丰富性，绝非其中的某一项指标便可一以贯之，中国古语有云“尽信书不如无书”，反观今日亦然。网络电影榜单已然成为互联网时代一项重要的电影评价指标，但绝不是唯一标准，未来还有其他新的评价方式出现，尤其是当前人工智能对各个领域的渗入，电影评价将愈发多样化和复杂化。网络电影观众在遨游网络文化的海洋的同时，需要对其保持理性的距离和警觉。另一方面，电影市场也应将更多的重心放在电影艺术的创作上，让中国电影从艺术上征服观众、走出国门。正如有学者在网络评分与票房关系的研究中得出的“负面偏差”心理，宣发会让优秀的作品锦上添花，而会让低劣的作品评价更低。维系健康的电影生态，才会让电影走得更远。

〔王伟，深圳大学传播学院助理教授；董斌，深圳大学故宫学研究院兼职研究员〕

侨务公共外交研究十年(2010—2019):热点、趋势与前沿*

First Decade of Public Diplomacy Researches on Overseas Chinese Affairs (2010—2019): Hot Spots, Trends and Frontiers

◎ 汤 璇 胡振超

Tang Xuan Hu Zhenchao

摘要:2011年国务院正式提出"以侨为桥",并明确将"拓展侨务公共外交"列为"十二五"侨务工作的主要任务。自此,学界围绕"侨务公共外交"的内涵特征、动因与前景进行持续的探讨。① 研究内容从侨务公共外交概念出发,厘清始末,到细探各国各地侨务公共外交的基础建设与措施、发展情况与问题,以及其作用机制与效用等,呈现蓬勃发展与研究重心改变的趋势。本论文立足于侨务公共外交研究出现与兴起的十年(2010—2019),使用文献计量学的手段分析中国本土立足侨人社会以及公共外交发展的研究,试图以历时的角度审视侨务公共外交研究的知识结构与发展情况,同时进一步使用可视化的手段来观测侨务公共外交研究的趋势与前沿方向。

关键词:侨务公共外交,文献计量,知识图谱

Abstract: In 2011, the State Council officially proposed "taking overseas Chinese as a bridge" and clearly listed "expanding overseas Chinese public diplomacy" as the main task of overseas Chinese affairs during the 12th Five-Year Plan. Since then, researchers have been discussing the connotation, characteristics, motivation and prospect of "overseas Chinese public diplomacy". Researches start from the concept of public diplomacy of overseas Chinese affairs, clarify the whole process, and probe into the infrastructure construction and measures, development situation and problems, as well as the mechanism and effectiveness of public diplomacy of overseas Chinese affairs around the world, showing the

---

* 本文为国家社会科学基金项目重点项目"习近平总书记的大国传播与公共外交思想研究(项目批准号15AXW005)"的阶段性成果;中国传媒大学中央高校基本科研业务费专项资金资助。

① 林逢春,王素娟,梁静鑫.中国侨务公共外交的历史、机制与趋势分析[J].黑龙江社会科学,2019(4):54-60.

trend of vigorous development and research focus change. This paper sought out to examine the development of overseas Chinese society and public diplomacy in China by employing bibliometrics on analyzing researches of overseas Chinese public diplomacy in the first decade (2010—2019) since the emergence and rise, trying to examine the knowledge structure and development of overseas Chinese public diplomacy research from a diachronic perspective, and further use visual means to observe the trends and cutting edges of research on overseas Chinese public diplomacy.

Keywords: overseas Chinese public diplomacy, bibliometrics, knowledge map

经济全球化背景下,跨国流动的移民因其来源国与居住国的割裂,而充当着两国政治文化交往的重要媒介——既是居住国公共外交政策所面向的重要客体,又是来源国国家形象与政治文化的重要主体。作为侨务资源大国,中国自然也高度重视借助其配合国家外交与形象建设。从毛泽东和周恩来等领导人的"取消双重国籍、号召广大侨胞要团结起来"①,到邓小平同志的"海外侨胞是中国大发展的独特机遇"②,再到江泽民与胡锦涛同志对于海外侨胞作用的重视③,和习近平同志以在福建和浙江等地开展侨务工作为基础提出的"'大侨务'观念与'三有利'的工作原则"④,我国侨务工作领域被极大拓展。

同时,全球化浪潮中的国际移民在深刻地影响着国际政治局势与走向,大量的新移民和中国的新近政策造就并推动了华人与中国的互动交流。中国凭借庞大的市场和优惠的政策吸引了大量的华侨华人来华投资创业。⑤ 而数量庞大的新移民则仍保留着不同程度的中华文化认同⑥,在两种文化中发展多元融合文化,凭借对两国与政治经济情况的了解,建立复杂跨国关系,成为中国公共外交的有力媒介⑦。

2011 年 10 月,在全国侨务工作会议上,国务委员戴秉国首次提出"侨务公共外交"。会上,国务院侨办提出了"十二五"时期,要"以'以侨为桥——沟通中国与世界'

① 刘华.评建国初期的侨务工作[J].华侨华人历史研究,1994(4):71-77.

② 张秀明.改革开放以来侨务政策的演变及华侨华人与中国的互动[J].华侨华人历史研究,2008(3):1-10;庄国土.新时期的侨务工作及其在福建省的实践[J].华侨华人历史研究,1996(2):65-68;谭天星.邓小平侨务思想的精髓及其时代意义[J].华侨华人历史研究,2005(1):31-37.

③ 庄礼伟.百人会在美中关系及华裔权益问题上所起的作用[J].东南亚研究,2003(5):69-72.

④ 习近平."大侨务"观念的确立[J].战略与管理,1995(2):111-113.

⑤ 刘宏.海外华侨华人与中国的公共外交:政策机制、实证分析、全球比较[M].广州:暨南大学出版社,2015.

⑥ 刘宏.华侨华人与中国的公共外交[J].公共外交通讯,2010(1):51-55.

⑦ 潮龙起.侨务公共外交的理论与实践[M].广州:暨南大学出版社,2014.

为主线，加强侨务公共外交"，并在《国家侨务工作发展纲要(2011—2015 年)》中明确"拓展侨务公共外交"在新时期侨务工作中的地位。① 自此，学界围绕"侨务公共外交"的内涵特征、动因与前景进行持续的探讨。② 研究内容从侨务公共外交概念出发，厘清始末，到细探各国各地侨务公共外交的基础建设与措施，发展情况与问题，以及其作用机制与效用等，呈现蓬勃发展与研究重心改变的趋势。

本文使用 CiteSpace 软件，对国内 CNKI 数据库有关侨务公共外交的研究进行综述分析，试图通过构建知识图谱，厘清华文侨务公共外交研究的发展情况、研究趋势、关键节点、前沿与未来等，通过审视重要的"过去"来深化对侨务公共外交概念的理解以及整体研究领域的"未来"认知。

一、研究方法与数据来源

文献计量法是通过数学和统计学的方法，研究文献的数量特征，继而对学科的现状和发展趋势进行评价和预测。③ CiteSpace 则是在文献计量学和可视化分析前沿发展中被开发出来的，被广泛应用于文献题录数据库的文本分析、挖掘和可视化的常用软件。④ 通过共被引分析、合作网络分析、共现分析和文献耦合分析，该软件能够展示特定学科领域的知识结构，直观地表达知识热点及演化过程。⑤ 本文则是在利用 CNKI 自带简要文献数据分析的基础上，使用 CiteSpace 5.4 R1 软件构建知识图谱，追踪趋势、热点与前沿。

数据来源为 CNKI 使用关键词"侨务公共外交"定位检索的 132 篇文献，时间为 2010 至 2019 年，时间切片(Slice Length)设定为 1，即在分析中按照 1 年为一个段落进行切割，作为时间区间分析。Node Type 选择"Keyword"，阈值设置为 TOP50，单个时间分区中阀值控制使用阈值插值(Threshold Interpolation)方式作为筛选条件。从被引频次 c(citation)、两篇文献的共被引频次 cc(cocitation)和共被引系数 ccv

① 谢萍.全国侨务工作会议首提"侨务公共外交"[EB/OL].(2011-10-21)[2019-10-11].http://www.chinanews.com/zgqj/2011/10-21/3406592.shtml.

② 林逢春，王素娟，梁静鑫.中国侨务公共外交的历史、机制与趋势分析[J].黑龙江社会科学，2019(4):54-60.

③ BORGMAN C L, FURNER J. Scholarly communication and bibliometrics[J]. Annual review of information science and technology, 2002,36(1):2-72.

④ CHEN C M, SANJUAN F, HOU J H. The structure and dynamics of cocitation clusters: a multiple-perspective cocitation analysis[J]. Journal of the American society for information science and technology, 2010, 61(7):1386-1409.

⑤ 丁陆彬，何思源，闵庆文.CiteSpace 应用对生态学科 meta 分析相关文献的计量学和可视化分析[J/OL].生态学报，2019(24):1-9.

(cosine coefficient)三个层次设置阈值,使用在整个时间跨度的第一个、中间一个、最后一个时间分区分别设定阈值锚点,其余时间分区的阈值利用线性插值算法来计算,实现了不同时间分区阈值的个性化,本次研究设置为(2,2,20)、(1,1,20)、(1,1,20),无精简网络,最后得到 266 个节点,759 条链接线、密度 0.0215,聚类模块值(Q 值)Modularity=0.6761①,聚类平均轮廓值 Silhouette=0.7821② 的关键词聚类共现图谱,聚类观测上符合知识图谱构建,效度良好。

二、研究结果与分析

(一)发文与引文分析

基于 CNKI 自带的统计分析系统,2010 年至 2019 年之间,以"侨务公共外交"为关键词进行检索,共有文献 132 篇,其中期刊与会议共 99 篇,占 75%,硕博士论文 24 篇,占 18.2%,其余为收录报刊与辑刊,总被引数为 345 次。该领域整体趋势呈现多样变化(见图 1)。在 2010 年与 2011 年"侨务公共外交"概念兴起后,出现短暂上升趋势,此后以一年为时间周期呈现增长与减少的三角函数式变化,与常见新兴学科稳步增长直至达到峰值随后消退的趋势不符,或因观测所选时间周期短、所选领域发展不完备等因素造成,将结合关键词与共现等情况进一步分析。

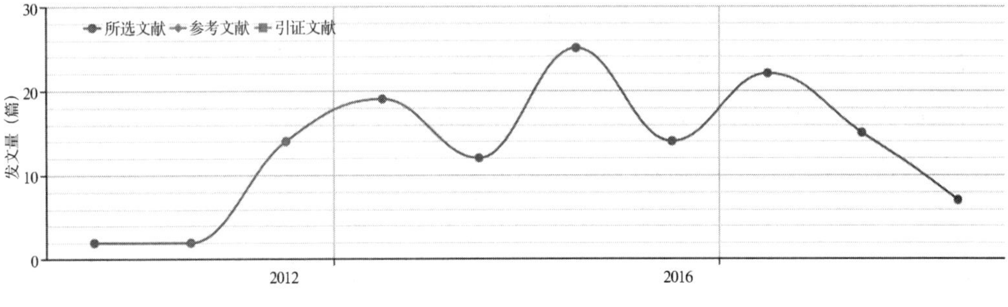

图 1　每年发表论文总数(2010—2019)

观测文章的参考文献时间跨度大,从 1949 年开始至 1985 年左右都无较多变化,该时间段属于我国外交建设时期。随后参考文献迎来了波动式增长,与我国侨务工作

① Modularity 表示网络的模块度,值越大表示网络的聚类结果越好。一般认为 Q>0.3 意味着聚类结构显著。

② Silhouette 值是用来衡量网络同质性的指标,越接近 1,反映网络的同质性越高,Silhouette 主要在聚类后来衡量某个聚类内部的同质性,但是在聚类内部成员很少时,这个值的信度会降低。一般认为 S>0.5 时,聚类就是合理的,S>0.7 意味着聚类是令人信服的。

与公共外交工作取得成果并逐渐在世界占得一席之地的发展情况相符合。而参考文献峰值停留在2011年，或可反映我国公共外交情况总体上渐趋稳定。进入增长放缓期，高引量的文献开始减少，研究逐渐走上细节突破。而引证文献发展趋势较符合被观测文献发展趋势，即在被观测文献增长后增长，并初步迎来峰值，但观测时间段短，未来趋势应仍符合所观测文献发展趋势（见图2）。

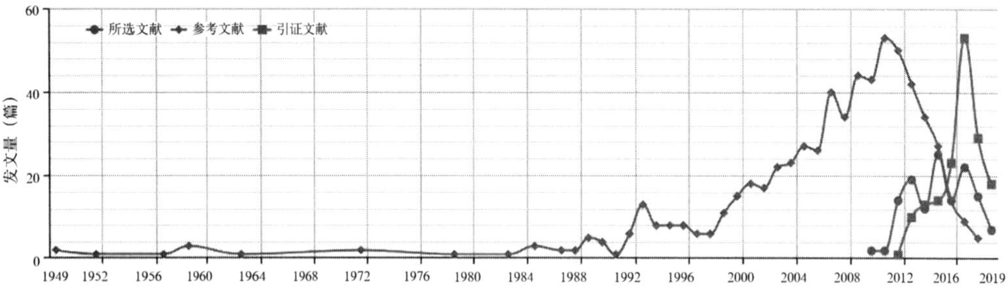

图2　每年发表论文总数、参考文献与引证文献数（1949—2019年）

文献共引以最低阀值2进行检索，共有75组数据，最高共引为15，被引文献为《当代中国侨务公共外交探析》（金正昆、臧红岩，2012）。报告中高被引文献或为前者以“侨务公共外交”为主体进行理论考察、概念梳理、政策观察理论化建构以及特点辨析的研究尝试，或是如《公共外交概论》（韩方明，2011）一般，在公共外交与国际政治领域的基础概论著作。随着共引数的降低，文献也呈现出细分趋势，主要表现在出现针对我国或地区的政策探索，如习近平1995年发表在《战略与管理》上的《“大侨务”观念的确立》，以及诸如《世界华侨华人数量和分布的历史变化》（庄国土，2011）等具有跨学科性质的文献，总体仍主要关注公共外交，并指涉其研究主体中“侨务”工作的华侨华人身份的特殊性。文献互引同样以最低阀值2进行检索，共有41组数据，最高共引为22，共被引文献为《中国侨务公共外交中华人社团作用研究》（郭秋霞，2017）。报告中共被引文献仍主要走向两类：一类如最高共被引文献，探究侨务公共外交领域某一具体问题；一类则仍集中在学科头部的公共外交与政策研究。

（二）关键词分析

基于CiteSpace自动聚类标签分析，即在默认视图基础上使用谱聚类算法得出知识聚类，后从施引文献中提取标签词，可视化呈现其联系。为更好地观测侨务公共外交研究领域的热点，做出热点聚类标签编号（见图3a）与关键词热点聚类分布（见图3b），并进行对照分析。

其中,CiteSpace 中节点为十字状,节点越大,关键词字体越大,说明该关键词总体频次越高。十字状的厚度与该年的关键词词频成正比。关键词之间的连线代表两个关键词经常出现在同一篇文献,连线越粗,共现频次越高。

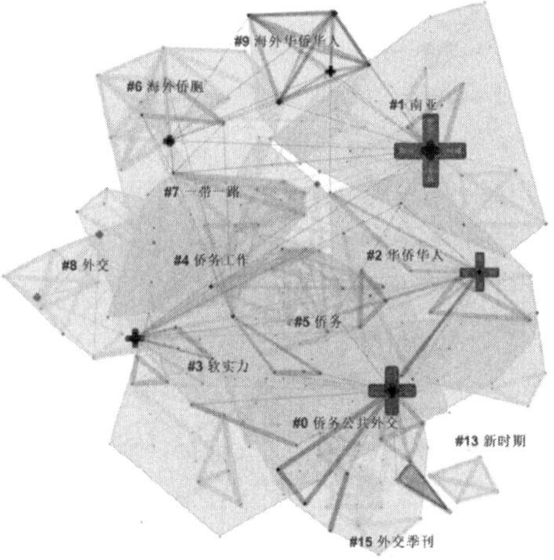

图 3a 热点聚类标签编号

图 3b 关键词热点聚类分布

总体来看,针对侨务公共外交的研究与前文有关发文与引用的基础数据分析、文献解读一致,研究热点集中在侨务公共外交的两个方面,分别是其所属头部学科公共外交与其研究的对象华侨华人。紧随其后的关键词聚类则更多走向两类研究的细化领域:如对于公共外交,则更关注我国侨务工作、我国外交政策、华人社团、华文教育、软实力以及实际落地的“一带一路”和博鳌亚洲论坛;对于侨务公共外交特点人群华侨华人的研究,则深入到细化国家如马来西亚、印度等,以及其在居住国的生活状态、方式等探讨,在关键词身份认同、中国侨联、中国梦、国家形象等有所体现,并与前文分析其作为来源国和居住国政治文化碰撞的媒介的身份一致,受到研究者的重视。而在有热点聚类标签编号的关键词分布图中,可以观测关键词与热点分布情况,较直观地反映了华人华侨在异国(居住国)的政治文化和公共外交政策与中国(来源国)文化的互动和交流,充分体现了其作为融合身份和融合文化体的特殊性。如南亚聚类中的海外利益、华人社团、海外华侨华人等关键词的出现,以及在侨务公共外交聚类当中的外交政策、软实力、马来西亚以及中国外交等关键词的出现,都表现了华侨、侨务的特殊性和侨务公共外交研究出发点中对于这种特殊性肯定的有效性。

对于研究热点的分析除去聚类分析维度,关键词的整体变化趋势也能够从出现频次与出现时间反映研究热点的出现和消退等变化。而 CiteSpace 可观测突现引文数据,即指引用量突然上升或突现下降的节点。这类节点通常代表某一研究领域的转变,突现的引文节点用深灰色表示(见图 4)。

Keywords	Year	Strength	Begin	End	2010—2019
公共外交	2010	1.702	2010	2011	
海外华侨华人	2010	2.36	2011	2012	
广东	2010	0.7656	2011	2013	
侨务	2010	1.3145	2012	2014	
清远市	2010	0.9265	2013	2014	
华文教育	2010	1.0159	2014	2015	
中国梦	2010	1.2841	2014	2015	
建构主义	2010	0.8537	2014	2015	
研讨会	2010	0.8537	2014	2015	
马来西亚	2010	1.6242	2015	2016	
作用	2010	0.8077	2015	2016	
“一带一路”	2010	1.0308	2015	2017	
海外华文媒体	2010	0.8077	2015	2016	
中国	2010	1.3391	2016	2019	
海南公共外交基地	2010	0.8997	2016	2017	
华人社团	2010	1.6783	2016	2019	
海外华商	2010	0.7656	2017	2019	
华侨	2010	0.8386	2017	2019	

图 4　关键词突现信息

侨务公共外交研究领域的研究整体发展趋势与知识图谱对学科观测的预设基本一致,即从头部学科领域出发,关注其特点研究领域,从而进一步在实践领域和理论化高度呈现增长直至停滞与平稳。侨务公共外交研究始于公共外交,关注海外华侨华人的特点,深入到我国大型侨乡,关注华侨华人居留国情况,如广东清远、马来西亚等。研究从实践领域的侨务工作、中国梦、研讨会与“一带一路”等到理论性的建构主义解读、作用(影响)探究与分析,到近期集中于细节领域如海外华文媒体与华人社团、海外华商的研究,关注侨务公共外交领域华侨华人作为媒介在来源国与居留国互动中的实际结果。

在关键词突现的研究趋势之上,通过 CiteSpace 提供的出现频次分析(见图 5)可以观测聚类视图从不同角度展现出的研究领域的分布情况,同时可以通过时间线视图(见图 6)和时区线视图(见图 7)考察不同研究领域跟随时间推进的演变趋势和互相影响。

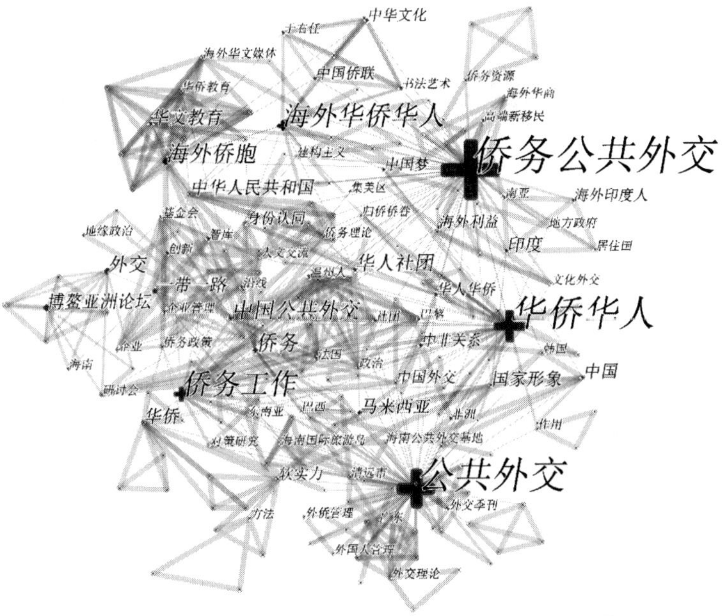

图 5　关键词共现信息分析

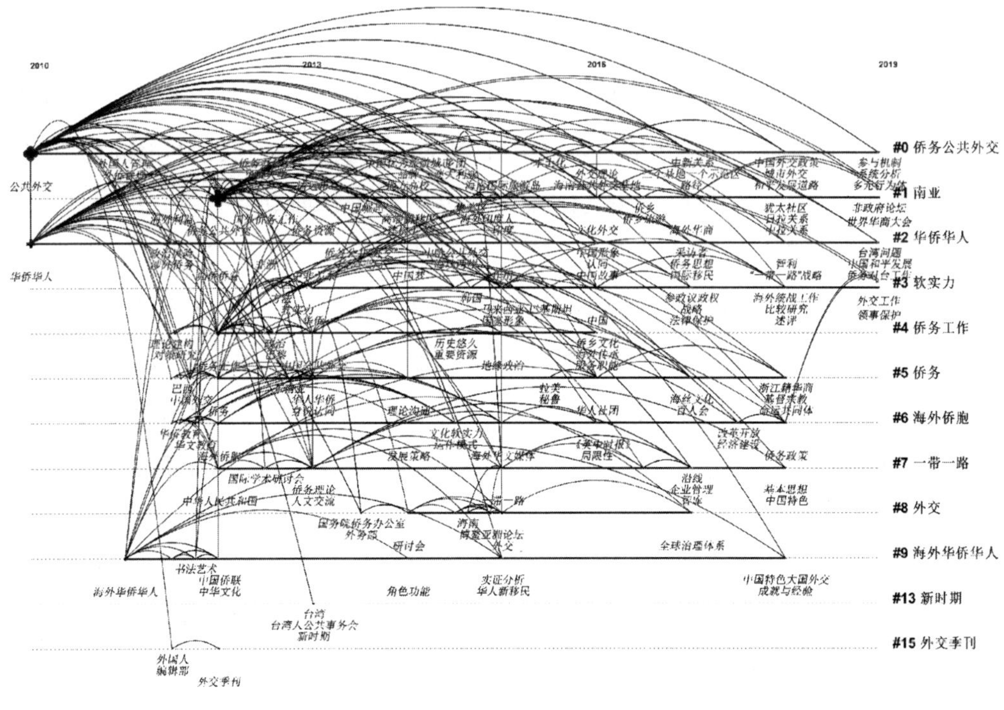

图 6　关键词时间线视图分析

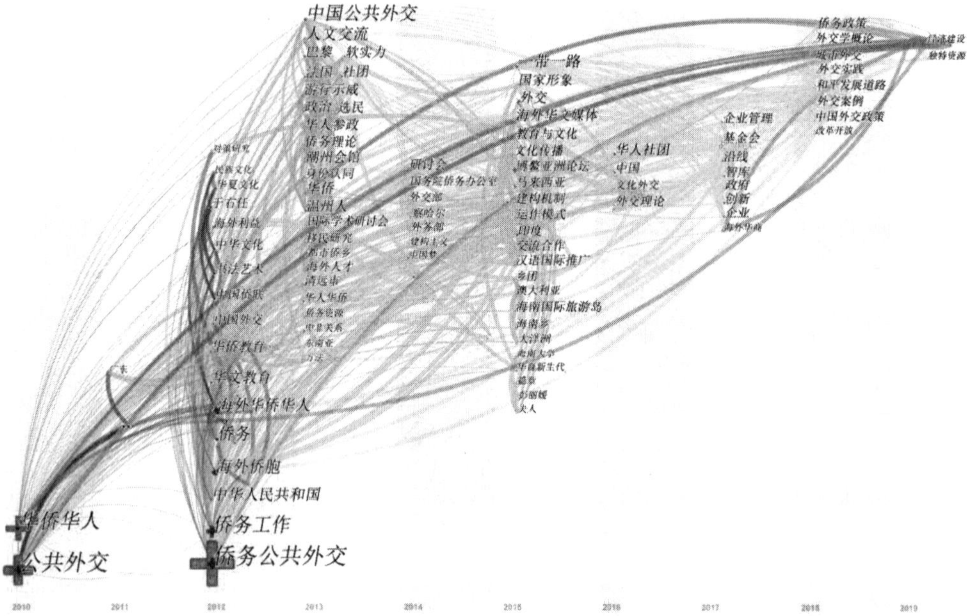

图 7　关键词时区线视图分析

该可视化分析中的节点即分析对象,根据出现共现频次而决定大小。其节点内圈中的颜色和厚度表现不同时间切片中的出现频次。节点连线表示共现关系,连线的粗细说明强度。该图谱从已形成的知识聚类出发,表现聚类之间的联系与时间的演变。从早期集中在中国公共外交、中华文化、侨联与华人身份认同以及实施办法的单方面输出,到中期开始关注互动中的另一方——“外国人在中国”与“中国人在外国”,如马来西亚、非洲等关键词,再到近期关注公共外交与华侨的联系、归侨侨眷与居住国,呈现出从 2010—2019 年侨务公共外交领域的研究流动趋势,即从关注作为主体的来源国中国,到关注在中国的客体的侨务工作,与侨务工作主体在客体居留国的情况,最终走向关注互动情况本身,并有回归头部学科公共外交领域的趋势,对于整体学科知识贡献添加理论化建设。

而时间线视图主要侧重勾勒聚类之间的联系以及某个聚类当中文献的历史跨度。因为同一聚类的节点按照时间切片排列在水平线上,故同一聚类中的文献便如同被连接在时间切片之间,展现该聚类的历史发展与成果。因此对于时间线视图的观测往往可以探究聚类何时开始出现,聚类成果增多与减少的变化,以及某一聚类在整体研究领域发展过程中的高被引文献与它们如何影响聚类走势等信息。

根据对前序视图的分析,在关键词时间线分析中的聚类计算已自动呈现,可以通过前文中有关来源国、居住国以及媒介的互动模式来初步探究聚类与时间维度上侨务公共外交研究的趋势、前沿。

在侨务公共外交聚类中，从时间序列上，研究发展开始于外侨与华侨侨务的两边管理，如 2011 年有关广东外侨管理的研究，广东省政协发表发挥地缘优势与新时期侨务政协工作的论述，积极把握和管理侨务公共外交。接着便是对来源国和居位国两方侨务工作的积极建设，如中国优秀旅游移民、海南国际旅游岛和海南公共外交基地建设，这个时期的侨务工作从管理开始走向了积极建设，研究中不仅有涉及侨务公共外交研究与建设的内容①，也有针对具体政策的理论化分析②和效果判断。其间传播中华文化、建设新中国“品牌意识”的侨务工作手段和外交政策，以及外交政策在各地的本土化和理论化研究也同步开始出现，反映了侨务公共外交研究的非单一发展，也为侨务公共外交进一步成为“有价值研究内容”的未来打造理论基础、积累实践材料。再往后发展到近期，党的十八大以来，党的领导核心从党和国家事业发展全局的高度，对侨务工作、华侨华人地位作用等提出了重要论述、指示等③，侨务公共外交聚类的研究也逐渐在头部公共外交学科中发展，借助前期的个性理论初探和各地侨务工作尝试的实践材料，在路径、和平发展道路以及参与机制、系统分析等方面进行。侨务公共外交也从起初的单一规制，到中期的尝试理解与积极建设，走向了现今服务国家整体发展战略的理论探讨。

在中国作为来源国主体之外，前序知识图谱中体现的研究趋势和居住国客体呈现的聚类紧随其后，南亚聚类与侨务公共外交紧密结合，从国外侨务工作的利益与资源规制，到具体国家如对印度的认识与文化外交的思考，最后走向细化实践的中国与别国的双边关系、客体社区建设，如非政府论坛与世界华商大会等。总体趋势与来源国主体的侨务公共外交聚类发展类似，但起步较晚，关注也自然较少，同时因为其针对具体国家，理论角度理解受限，近期发展停留在具体政策实践与实践材料的积累上，没能有进一步的研究性成果。

而作为两者间互动媒介的华侨华人则遵循上述趋势发展，也在近期的研究中被落实到具体国家公共外交实际问题上。但相比于前两个讨论的聚类，华侨华人的实践并非单纯落实在地方建设或政策规制，而是应用于出台政策与当前问题，如“一带一路”倡议以及台湾问题、中国和平发展等关键词上。在整体发展中，中期呈现关注中国梦、

---

① 朱奕龙.加强研究，拓展侨务公共外交[J].公共外交季刊，2012(1)：43-45.

② 王伟男.侨务公共外交：理论建构的尝试[J].国际展望，2012(5)：29-39，71，143.

③ 张春旺.习近平总书记关于侨务工作的重要论述之实践与理论渊源探析[J].华侨华人历史研究，2019(3)：1-7.

中国形象以及认同的关键词,与对华侨华人的从前期规制到中期理解,最终走向与侨务公共外交服务国家整体发展战略的理论探讨相符合。而在整体观测中,可以发现对于华侨华人聚类研究来说,台湾问题贯穿始终。这不只说明了海峡两岸与和平发展对我国的重要性,在实践和理论研究领域都受到关注,也进一步说明作为互动媒介的华侨华人在居住国的作用与其受到的关注。与该聚类性质相似的海外侨胞、海外华侨华人聚类整体研究发展趋势、状态基本一致,在概念界定上的差异造成了研究覆盖面的差异,但发展情况与成果同质化趋向明显。

在互动过程中的参数聚类,如软实力,整体趋势集中在实践工作。既因为该类参数和作用模式基本归属于公共外交领域框架,也因为侨务公共外交在学界与政界引起关注是因其实践层面的作用与效果。相似聚类如侨务工作与侨务也同理,关注集中在邻近国家外交、中国形象建构、具体外交情境中的政策与方向等。

在时间线分析图中,因为同一聚类均被排布在同一水平线,故聚类内部的共被引关系未能被直接观测,即聚类间的相互联系与相互影响没能被展现。而时区视图因其对时间跨度上知识演进的侧重,可以清晰展现文献的迭代更新和互相影响。在时区线信息图中,CiteSpace 将所有节点定位在以时间为横轴的二维坐标里,各个节点根据其首次被引用时间而被设定在时间切片中。其在横纵两个维度上的知识图谱也十分清晰,某时区节点数量较多,则说明发表成果较多,领域较为繁荣,反之亦然。但此处的节点大小表现的仍然是整体选择时间段中检索的结果,不能被用于单独判断其起始出现时间切片内的文献情况。各时间切片的连线关系可以表现不同时间切片之间的传承强度,即两个时间切片间节点连线较多,则说明这两个时间切片传承关系强,反之亦然。

时区视图的节点观测在发文量上与 CNKI 基础分析结果一致,如 2012 年与 2013 年的高速增长阶段,这两年间的文献传承强度也较高。发文量较少的 2014 年也表现出与前序年份研究关联不多,强度集中在头部学科的连线模式,但在 2015 年的后续跟进研究中呈现较高传承强度。

继续考察节点内容和考虑前序时间线视图解读结果,可以发现在共引的互相影响分析中,紧接的不同时间切片都有清晰的有效聚类,且同一时间切片内部连线强度高,即在侨务公共外交研究的发展中,每年的发展重心与上一年并不一定有联系,但都停留在公共外交框架下,针对华侨华人特点展开。同时,前序时间切片中的节点与 2—4 年后的时间节点传承强度较高,也就是所谓的文献与实践材料积累后,该研究领域又成为学界的关注点。比如 2012 年与 2013 年节点数量较多的中国文化、中华教育以及华人权利、身份认同,在 2015 年与 2016 年的教育与文化、教育传播以及文化外交研究中得到进一步的理论拓展与理解；2014 年作为前序的政府研究、中国梦研究，在 2017 年与 2018 年的企业、政府、创新以及政策、外交案例中得到提炼与理论化发展。这也解释了从单纯发文量分析的 CNKI 数据中呈现的规律性三角函数式起伏，以及引证文献作为后序变量的跟随变化与首个峰值出现（见图 8）的原因。

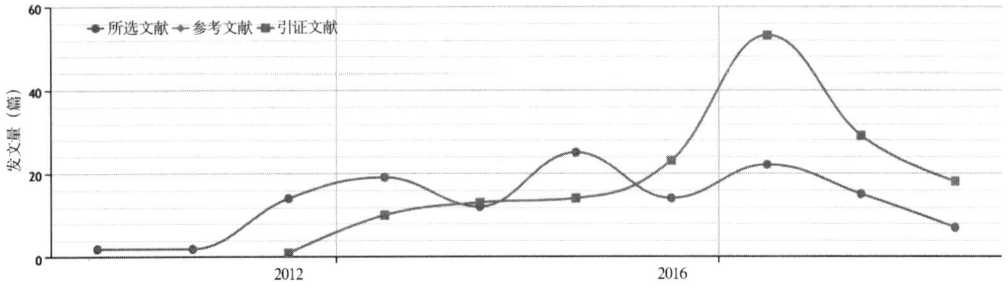

图 8　每年发表论文总数与引证文献数（2010—2019）

（三）作者与机构

在 CiteSpace 中，设置相同阀值，Node type 选择“author”，得到 111 个节点，27 条链接线、密度 0.0044 的研究作者图谱（见图 9）；Node type 选择“institution”，最后得到 80 个节点，41 条连接线、密度 0.031 的研究机构图谱（见图 10）。节点呈现年轮状，节点越大，相应字体也越大，说明该节点总体频次越高，节点间的连线代表两个或多个作者（机构）之间有合作，连线越粗，共现频次越高。

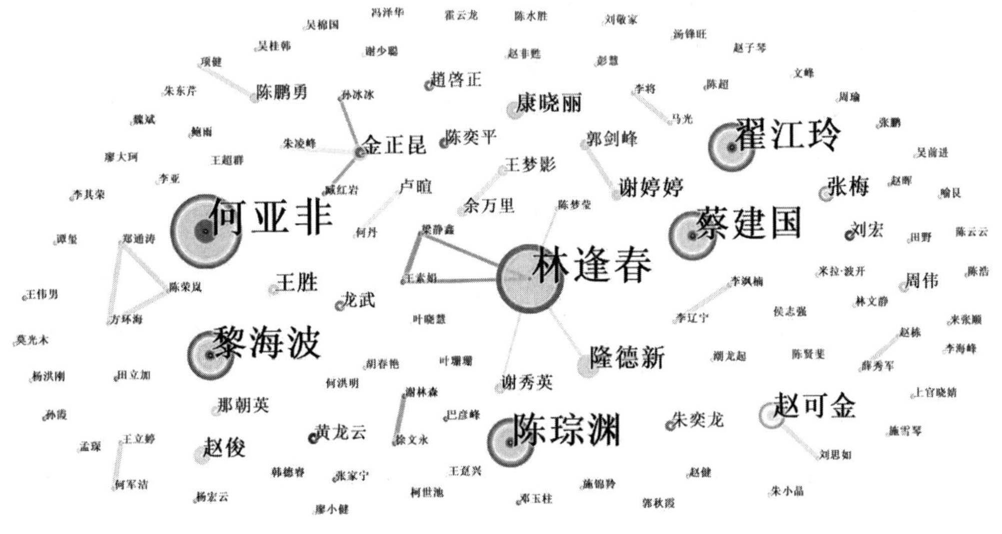

图 9　作者共现信息分析

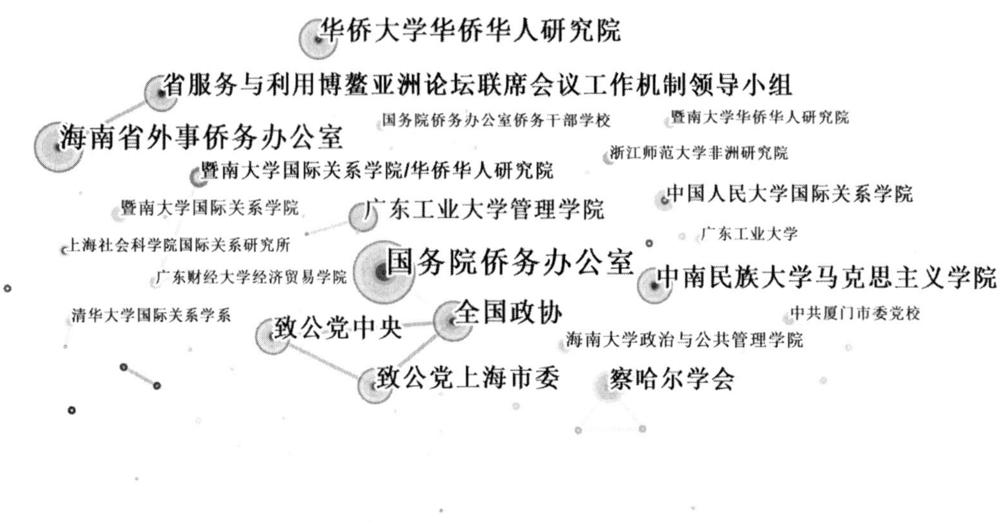

图 10　机构共现信息分析

侨务公共外交领域的作者与作者合作关系较简单,总体呈现有明显中心的放射发展模式,作者多为独立作者。以林逢春与何亚非等学者为重要节点,其余学者发散独立创作的模式,表明在侨务公共外交的研究中,既有深深扎根于此的学者在十年里持续输出成果,并与其他作者少量合作,也不断有新学者踏足侨务公共外交领域的研究,以独立作者居多,但也有如郑通涛、方环海和陈荣岚的合作模式。整体上既有专注于此的学者的钻研,也有跨学科与新学者的涉足,在打牢侨务公共研究根基的基础上,有利于保留更多新的发展可能与机遇。

相比作者共现分析,在机构共现分析中,节点更少,但是连线更多,整体趋势不像作者共现那般重心放射的模式。通过更进一步的考察,可以将共现分析中的机构大致分为高校学术机构与政府单位两类,这样便不难理解其与作者共现分布在节点大小和相对连线数量上的差异。

侨务公共外交研究不像其他研究领域,一手实践资料往往停留在如国务院侨务办公室、全国政协、海南省外事侨务办公室等国家与地方政府机构中,所以许多政府单位在机构共现中占据较大比重。同样,学术研究机构如暨南大学国际关系学院、中南民族大学马克思主义学院等或因一手材料与信息、项目等缺乏,在节点上总体少于政府机构。而在连线上,机构间合作似乎停留在以上两个分类内部,而非政府机构作为一手资料来源,高校学术单位作为研究分析机构共同开展科研的模式,或许在以后是可以尝试的。

结　语

侨务公共外交研究在发展的十年里，毫无疑问取得了一定成果，研究热点集中在海南、台湾等地侨务工作，与公共外交、国家形象和建构主义等理论化建设。这不仅在理论上构建了公共外交领域下新的分支，也拥有固定的作者与研究机构，针对中国当前实际需要解决的如侨务人员安置和台湾问题开展科研。整体研究发展遵循从规制出发，到开始理解并尝试建设，后又转向进一步地服务国家发展与公共外交总体目标的趋势，发文与被引在数量与聚类上随着时间变化而积累理论与实践材料，后又被继续用于进一步实践政策探索与理论建构当中。关注的内容仍停留在眼前利益与过往某一特定理论或理解的深化上，未来在实践与理论材料完备后，或可有覆盖性更高的文献，在机构中或可打破政府与高校的壁垒，结合各自在获取材料和科研方面的优势，创建合作关系，推进侨务公共外交与国家形象建设。

〔汤璇，中国传媒大学电视学院讲师，硕士生导师；胡振超，中国传媒大学广播电视学本科生〕

视听传播

热点新闻事件中传统主流媒体资讯视频传播影响力研究

Research on the Influence of Traditional Mainstream Media Information Video Transmission in Hot News Events

◎ 孙振虎　高雨慧

Sun Zhenhu　Gao Yuhui

摘要:互联网的出现为传统主流媒体、新媒体、用户提供了更加便捷的信息资讯传播渠道,也为热点新闻事件提供了不同于传统的发生土壤。时刻掌握社会热点舆情动态是传统主流媒体当下的必然要求,也是其能够更好地发挥媒体批评监督、舆论引导作用的必要条件,对热点新闻事件的关注报道,也成为传统主流媒体是否回应民生关切、进行议程设置的重要表现。本研究对热点新闻事件的相关视频在网络视频平台的传播情况进行梳理总结,以传统媒体的有效传播视频数量作为传统主流媒体的媒体议程显要性,以百度指数作为民众议程的显要性,进行时间单位内热点新闻事件的百度日指数与视频日更新频数之间的相关性的检验,体现传统主流媒体在社会热点新闻事件中进行议程设置的必要性和重要性。

关键词:传统主流媒体,视频传播,舆论引导

Abstract: The emergence of the Internet has provided more convenient information consultation and communication channels for traditional mainstream media, new media and users, and also provided a different kind of soil for the origin of hot news events. Keeping abreast of social hotspots and public opinions is an inevitable requirement of the traditional mainstream media, and it is also a necessary condition for it to better play the role of media criticism and supervision, and to guide public opinions. It also becomes the traditional mainstream media's response to people's livelihood concerns and agenda setting. This study summarizes the dissemination of relevant videos of hot news events on the network video platforms and uses the number of effective media broadcasts of traditional media as the media agenda of traditional mainstream media. The Baidu index is the salience of the public agenda. The correlation test between the Baidu Daily Index and the video daily update frequency of hot news events in the unit reflects the necessity and importance of the traditional mainstream media in setting agendas in social hot news events.

Keywords: traditional mainstream media, video communication, public opinion guidance

一、研究背景

2019年2月28日,中国互联网络信息中心在北京发布第43次《中国互联网络发展状况统计报告》,截至2018年12月,我国网民规模达8.29亿,普及率为59.6%。手机网民规模已达8.17亿,网民通过手机接入互联网的比例高达98.6%。其中,网络新闻和网络视频的网民使用率高达81.4%和71.9%,移动终端成为民众获得新闻和视频资讯的重要途径。

互联网的发展为媒介形态、功能、影响力带来了不同程度的变化。世界上第一家视频网站YouTube于2005年在美国诞生,并在世界引发视频传播热潮。中国紧跟其后创办了诸多的视频网站。它们的诞生为不同主体进行音视频内容的传播提供了更加便捷的渠道。传统主流媒体与自媒体用户均可上传视频内容,通过审核后,进入完整的传播轨道,在视频网站上形成巨大的视频内容传播库。在移动化、场景化、社交化日益明显的今天,热点舆情事件不再只发端于传统媒体的新闻报道,民众也从单一接收媒体信息的"受众"身份转变为如今的"用户",发现并主动传播新闻事件和信息资讯,成为社会热点舆情事件的亲历者、见证者、传播者。他们借网络的力量,跨越时间空间的限制,在网络世界形成民众议程,与传统主流媒体形成的媒体议程之间进行博弈和互动。

在互联网影响力日益强大的今天,各级党政机关、企事业单位和学术机构都越来越看重互联网的舆情监测、研究和引导,互联网也成为党和政府治国理政的重要平台之一。时刻掌握社会热点舆情动态是传统主流媒体当下的必然要求,也是能够更好地发挥媒体批评监督、舆论引导作用的必要条件。通过对社会热点事件的及时关注和报道,传统主流媒体能够最大限度地使媒体议程与民众议程形成互动,回应民众关切,进行舆论引导等工作。在经历了广播、电视的传播阶段后,传统主流媒体在融媒体时代,必然会借助移动终端和视频网站平台进行自身的视频内容传播,以期实现传播效度的最大化。

为寻找最具有代表性的年度热点舆情事件，探析整个社会舆情压力的发展变化，人民日报社在2008年正式成立了人民日报社网络中心舆情监测室（现更名为人民网舆情数据中心），将不断“刷屏”的舆论热点进行梳理和总结，为舆论、舆情的学术研究提供了具有代表性的议题内容。

纵观多年来的社会热点舆情事件，舆论发源地和发酵平台呈现出逐渐偏向“两微一端”（微博、微信、新闻客户端）的趋势。而在热点舆情事件的舆论场板块发生结构性变化的同时，新闻媒体和“意见人士”对舆论场的影响力逐渐减弱，普通老百姓的表达机会日益增多，舆论场的话语权趋于均等化，政府加大了议程设置，在重要节点成为舆论场主角。①

本研究选取人民网舆情数据中心2014—2017年的热点舆情事件Top10为样本采集对象，通过两大视频平台——腾讯视频、优酷视频，以搜索关键词的方式，收集相关视频内容，对发布主体和内容进行分析，并以热点舆情事件的百度指数与收集的视频数进行相关性分析，得出关于上述问题的基本结论。

“传统主流媒体”这一概念，是相对于互联网等新兴媒体形态而言的，在互联网出现之前存在的媒体形态包括报纸、广播、电视。而对“主流媒体”的概念界定，本研究借鉴新华社“舆论引导有效性影响力研究”课题组的评判标准，即传统主流媒体应具备以下六条标准：一是具有党、政府和人民的喉舌功能，具有一般新闻媒体难以相比的权威地位和特殊影响；二是体现并传播社会主流意识形态与主流价值；三是具有较强公信力；四是着力于报道国内外政治、经济、社会、文化等领域的重要动向；五是基本受众是社会各阶层的代表人群；六是具有较大发行量或较高收听、收视率，影响较广泛。为了使研究目标更为集中和明确，本研究将“传统主流媒体”限定为：中央广播电视总台、新华社、《人民日报》、《光明日报》等为代表的中央级新闻媒体；以各省（自治区、直辖市）党报、电台和电视台的新闻综合频道（栏目）为代表的区域性媒体；以各大中城市党报、电台和电视台的新闻综合频道（栏目）为代表的城市媒体。② 本研究以视频为研究文本，以上述主流媒体制作的视频内容作为“传统主流媒体”视频。

---

① 人民网舆情分析师连续第11年发布网络舆论报告[EB/OL].(2018-01-03)[2019-09-23].http://yuqing.people.com.cn/GB/n1/2018/0103/c209043-29743172.html.

② 新华社“舆论引导有效性和影响力研究”课题组.主流媒体如何增强舆论引导有效性和影响力之一：主流媒体判断标准和基本评价[J].中国记者，2004(1)：10-11.

二、研究方法及研究假设

本研究从定量分析入手，选取人民网舆情数据中心 2014—2017 年的 Top10 热点事件为事件样本，两大视频平台——腾讯视频、优酷视频为视频数据来源，通过数据抓取、数据清洗、数据筛选和数据分析得出研究所需要的数据库，对其新闻资讯类视频的传播格局、特点进行详细分析，探究在融媒体时代热点新闻事件的视频传播中，传统主流媒体是否仍占主导地位。为探究民众议程与媒体议程的相关性，本研究以热点事件的关键词为数据搜索依据，对事件在单位时间内每日的百度指数进行统计，以百度日指数作为热点舆情事件的民众议程显要性，同时根据不同平台的不同特质，选择腾讯视频平台 10 万＋播放量的视频与优酷视频平台 500＋播放量的视频形成视频样本库，共计 1,024 个视频样本，形成媒体议程的显要性样本量，并对单位时间内视频更新数量进行统计，得出两个议程之间的相关性检验结果。

基于大数据研究，本研究假设在现阶段的舆情热点事件的视频传播中，不同类型的热点事件的视频传播主体有不同的特点，但总体上呈现传统媒体视频传播占主导，新媒体自制视频数量呈逐渐上升的趋势。以 40 件热点事件为样本，以事件发生发展一个月内百度日指数与视频日更新频数为数据，进行两者之间的相关性检验。不论事件来自传统媒体议程还是网络新媒体热点，数据之间会存在一定的相关性，说明传统主流媒体关注、进行新闻报道，在新媒体平台进行传播后，会与民间舆论场产生互动和影响。在融媒体时代，传统主流媒体积极参与到热点新闻事件的报道中，将会是其发挥自身影响力和舆论引导力的一大重要途径。

三、新闻资讯视频传播格局、特点分析

本研究从定量分析入手，通过数据抓取、数据清洗、数据筛选和数据分析得出研究所需要的数据库：1,024 个有效视频。为体现视频制作方、内容来源等多方面的数量差异，本研究对 4 年 40 件社会热点舆情事件进行分类、描述性分析和总结，并对其新闻资讯类视频的传播格局、特点进行详细分析。

(一)国内、国际事件新闻视频中不同制作方投放占比

在 1,024 个视频文本中，存在着不同内容制作方的情况，为彰显出内容制作方的对比，本研究对不同视频内容制作方的视频个数进行统计后，得到图 1。如图 1 所示，

传统主流媒体制作的视频个数为 714 个，在所有视频总数中占 69.73%，而新媒体(包括认证与非认证)的视频数为 174 个，占比为 16.99%，用户自制的视频个数为 136 个，占比为 13.28%。由此可知，在 1,024 个视频中，传统媒体制作的内容占据主导地位，紧随其后的是新媒体，最后为用户自制。

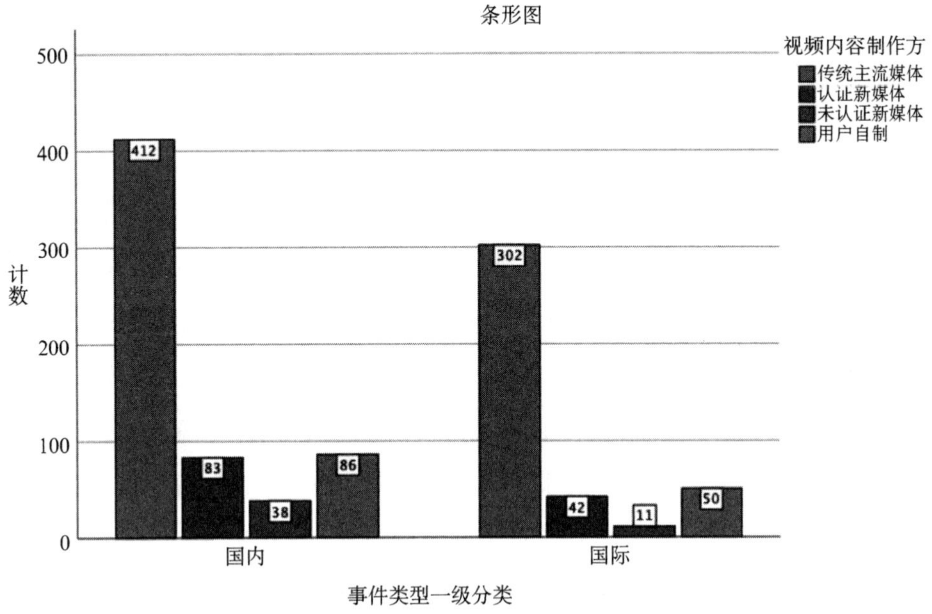

图 1　国内、国际视频内容制作方与数量对比图

为区别国内事件与国际事件的不同话语体系，本研究将所有的 40 件事件进行了一级分类：国内事件、国际事件。从表 1 可知，国内事件的视频总数为 619 个，传统主流媒体制作方的视频为 412 个，占比 66.56%；认证新媒体与未认证新媒体分别为 83 个、38 个，占国内事件视频总数的 19.55%；用户自制视频为 86 个，占比为 13.89%。国际事件的视频总数为 405 个，其中传统主流媒体制作的视频为 302 个，占比为 74.57%；认证新媒体与未认证新媒体分别为 42 个、11 个，占比为 13.09%；用户自制内容有 50 个，占比为 12.34%。

由表 1 可知，无论在国内事件还是国际事件中，传统主流媒体的有效视频传播量都远多于新媒体和用户自制内容，传统主流媒体的视频占比均超出总量的一半，在新媒体和用户自制的视频量中，国内事件比国际事件更有发挥余地，其占比均超过国际事件。由此可以对 40 件热点舆情事件形成的视频内容制作方格局进行预测：不论是在国内事件还是国际事件相关的视频报道中，传统主流媒体仍占据最为重要的传播地位，新媒体与用户自制内容不分伯仲，在数量上呈现出较为相近的趋势。

表 1　国内、国际视频内容制作方对比

		视频内容制作方				总计
		传统媒体	认证新媒体	未认证新媒体	用户自制	
事件一级分类	国内	412	83	38	86	619
	国际	302	42	11	50	405
总计		714	125	49	136	1,024

(二)事件二级分类与视频内容制作方比例分析

对 40 件热点舆情事件进行二级分类,以事件类型为标准进行归纳整理,得出 14 种新闻事件类型:国际政治、社会民生、事故灾难、涉经济类事件、政策制度、自然灾害、群体性事件、名人争议、法治事件、体育领域、文艺领域、国内政治、官员违法乱纪、极端暴力事件(见图 2)。经分类统计后,得出表 2。

表 2 显示,在不同事件类型中,传统主流媒体、新媒体、用户自制在视频传播量中的对比情况。所有视频总数量占据前三的类别为:事故灾难、国际政治、自然灾害。这三大类中,传统主流媒体制作方的视频数量也是最多的,分别为 218 个、200 个、100 个,占比为 80.15%、70.92%、85.47%。在事故灾难、自然灾害类事件中,传统主流媒体的视频数量远多于新媒体、用户自制数量的总和,而国际政治事件中,新媒体、用户

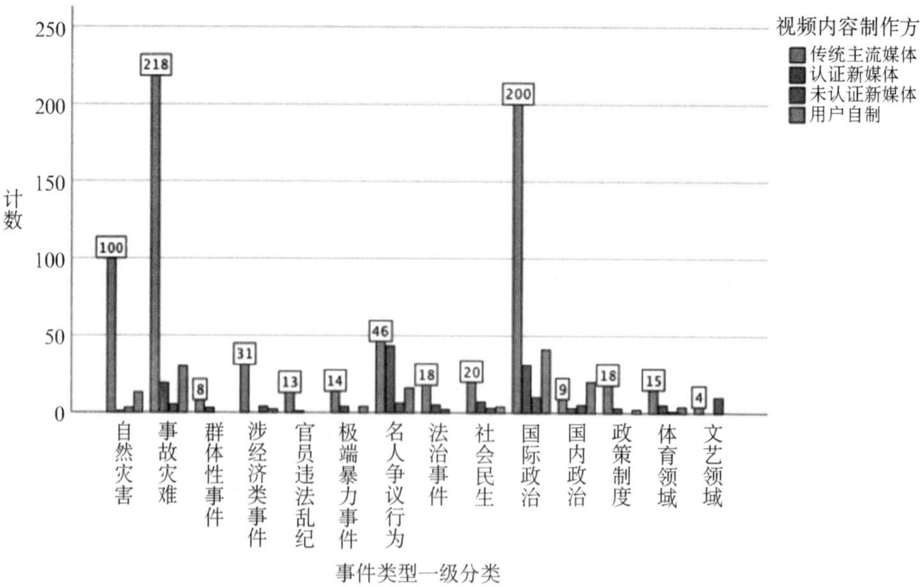

图 2　事件二级分类视频内容制作方数量对比

自制数量占 29.08%,其比例也值得探讨和研究。

表 2 事件二级分类视频内容制作方对比

		视频内容制作方				总计
		传统媒体	认证新媒体	未认证新媒体	用户自制	
事件二级分类	自然灾害	100	1	3	13	117
	事故灾难	218	19	5	30	272
	群体性事件	8	3	0	0	11
	涉经济类事件	31	0	4	2	37
	官员违法乱纪	13	1	0	0	14
	极端暴力事件	14	4	0	4	22
	名人争议行为	46	43	6	16	111
	法治事件	18	5	2	0	25
	社会民生	20	7	3	4	34
	国际政治	200	31	10	41	282
	国内政治	9	3	5	20	37
	政策制度	18	3	0	2	23
	体育领域	15	5	1	4	25
	文艺领域	4	0	10	0	14
总计		714	125	49	136	1,024

(三)媒体平台与视频内容制作方比例分析

为探究不同视频平台上传播主体的投放比,对腾讯视频、优酷视频的有效视频内容的制作方进行分析,得到图 3。如图 3 所示,在两大视频平台上,传统主流媒体制作的视频数量远多于新媒体与用户自制,分别为 412 个、302 个,占比为 70.91%、68.17%。腾讯视频平台中新媒体(包含认证与未认证)的视频数量为 118 个,占比为 20.31%,优酷视频平台中新媒体(包含认证与未认证)的视频数量为 56 个,占比为 12.64%。用户自制视频中,腾讯视频为 51 个,占比为 8.78%,优酷视频为 85,占比为 19.19%。由此可得出,40 件热点舆情事件相关视频在腾讯与优酷两大视频平台的传播格局中,传统主流媒体仍是主力军,腾讯在新媒体制作内容中的传播量高于优酷视频,而优酷视频在用户自制数量上多于腾讯视频,两个视频网站对不同主体制作的内容具有不同的宽容度。

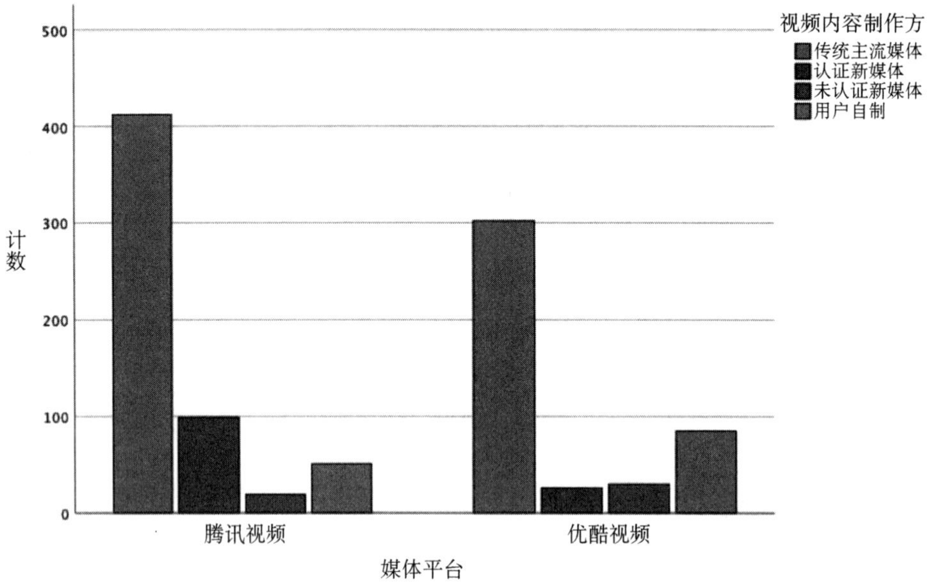

图 3　不同媒体平台视频内容制作方数量对比

表 3　不同媒体平台视频内容制作方对比

		视频内容制作方				总计
		传统媒体	认证新媒体	未认证新媒体	用户自制	
媒体平台	腾讯视频	412	99	19	51	581
	优酷视频	302	26	30	85	443
总计		714	125	49	136	1,024

(四)视频发布主体与视频内容制作方比例分析

视频网站的建立除了为 PGC 内容提供了网络传播的渠道外,也为很多 UGC 内容的传播提供了途径。对 1,024 个视频的发布主体和其视频内容制作方进行统计和分析,得出图 4、表 4。

其中传统主流媒体官方账号发布的视频在所有种类中依旧是最多的一方,为 436 个,在总视频数量中占比为 42.58%,其中传统主流媒体制作方的视频个数为 423 个,占比为 97.02%。

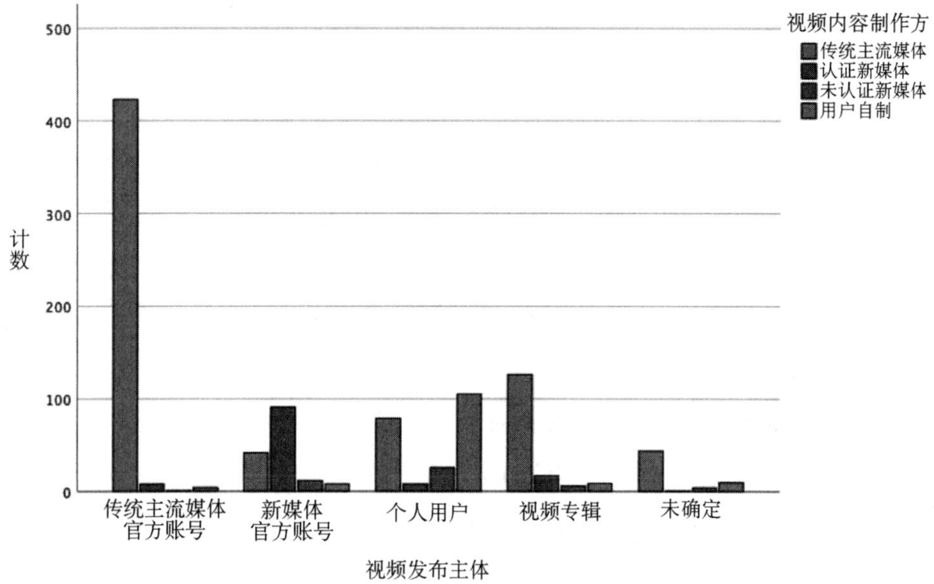

图 4　视频发布主体与内容制作方对比数量图

表 4　视频发布主体与内容制作方对比

		视频内容制作方				总计
		传统媒体	认证新媒体	未认证新媒体	用户自制	
媒体平台	传统媒体官方账号	423	8	1	4	436
	新媒体官方账号	42	91	12	8	153
	个人用户	79	8	26	105	218
	视频专辑	126	17	6	9	158
	未确定	44	1	4	10	59
总计		714	125	49	136	1,024

新媒体官方账号的视频数量为 153 个，占总视频数量的 14.94%。其中，认证新媒体为制作方的视频数量最多，有 91 个，占新媒体官方账号视频数量的 59.48%，超过半数，说明新媒体官方账号以新媒体自制内容的传播为重点；排名其后的是传统主流媒体为内容制作方的视频 42 个，占比为 27.45%，在新媒体官方账号中，传统主流媒体制作方因为具有人才、资源等优势，为很多新媒体官方账号乃至个人用户提供了编辑传播素材，故其占比为第二。

个人用户上传的视频共计 218 个，占视频总数的 21.29%，超过新媒体官方账号与视频专辑,位列第二。在218个视频中,用户自制为主要内容,105个视频的数量,占个人用户上传视频总量的48.17%,位居其次的为传统主流媒体制作方的视频79个,占比为36.24%,新媒体视频数量为32个,占比为14.68%。

由于腾讯视频在内部设置中存在视频专辑的特殊情况,故单独作为一个发布方进行分析,其中以传统主流媒体内容制作方为主,有126个视频,占比为79.75%,超过半数,故在腾讯视频的专辑传播中,仍旧以传统主流媒体的制作内容为主。

而未确定身份的发布方,传统主流媒体的制作内容有44个,占未确定发布方视频总数的74.58%,即使视频上传者身份不明,在研究列表中仍旧可以看到传统主流媒体的视频内容是占绝大多数的。

综上可知,除了新媒体官方账号在视频内容制作方以自身为主力传播内容外,其他各类视频账号均以传统主流媒体的制作内容为传播内容,传统主流媒体的内容生产在新闻资讯视频传播中仍占据重要地位。

(五)视频内容制作方与其视频内容来源比例分析

视频网站、移动终端、社交网络为UGC内容提供了便捷的传播渠道,而随着民众、新媒体不断参与到热点舆情事件的传播中,传统主流媒体也获取了更多丰富的内容来源。

对有效视频进行内容来源分析,可得出图5、表5,其中以传统主流媒体为制作方的视频中,以媒体提供的内容为主要来源的,共计664个,占比为93%,全部为非媒体内容来源的仅有7个,占比为0.98%,二者皆有的视频个数为43个,占比6.02%。由此可见在传统主流媒体制作的内容中仍以媒体资源为主要来源,单纯非媒体的内容占少数,而将媒体内容与非媒体内容结合起来的视频个数也凸显了一定的趋势,展现出传统主流媒体对于媒体之外民间内容的参考。

在认证新媒体中,首先仍旧以媒体的内容占多数,为87个,占比为69.6%;其次为媒体与非媒体皆有的视频内容,为24个,占比为19.2%;最后为仅引用民间视频资料来源的14个,占比为11.2%。

而非认证新媒体制作方与用户自制的内容,则以非媒体的资源为主,其中以用户自制的内容相对较多,在136个视频中,视频内容来源为非媒体的就有101个,占比为74.26%,而少数用户自制内容引用媒体报道,极少数内容为二者的合并剪辑。在制作方为用户的前提下,如果要采用媒体的资料,与自己掌握的资料相结合,需要一定的剪辑技巧,对用户提出了较为专业的传播条件和要求,因此也可以理解用户自制内容中以非媒体内容为主的现象。

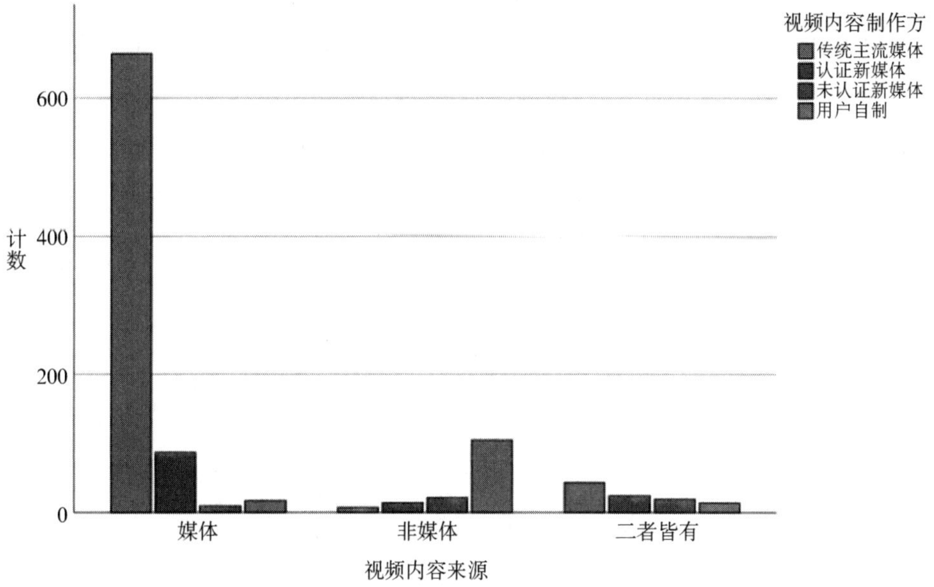

图 5　视频内容制作方视频内容来源对比图

表 5　视频内容制作方的视频内容来源对比

		视频内容制作方				总计
		传统媒体	认证新媒体	未认证新媒体	用户自制	
视频内容来源	媒体	664	87	9	20	781
	非媒体	7	14	21	101	143
	二者皆有	43	24	19	15	101
总计		714	125	49	136	1,024

(六)2014—2017 年视频内容制作方视频数比例分析

在汇集 4 年的热点舆情事件视频资料后，以年为时间单位去计算不同时间段、不同内容制作方的视频占总视频的数量，可以得到每一年中不同视频制作方在两个视频平台中的比例和消长趋势，见图 6、表 6。

传统主流媒体制作方的视频数量从 2014 年至 2017 年分别为 302 个、132 个、210 个和 70 个，在不同年份的占比分别为 77.84%、67.35%、68.40%、52.63%；新媒体(包括认证和未认证)的视频数量分别为 61 个、23 个、55 个、35 个，在不同年份的占比分别为15.72%、11.73%、17.92%、26.32%;用户自制内容的视频数量分别为25个、41个、42个、28个,在不同年份的占比分别为6.44%、20.92%、13.68%、21.05%。

将其制成折线图如图6所示,可以看出传统主流媒体虽然在总量上占据优势,但是近年来热点事件的变化、民间传播者的涌入,以及新媒体在热点事件领域中的传播,都对传统主流媒体视频的传播带来了一定的冲击,传统主流媒体在网络上的视频传播量在逐年下降,而新媒体内容则在缓慢上升,用户自制内容则呈现出不稳定的趋势。

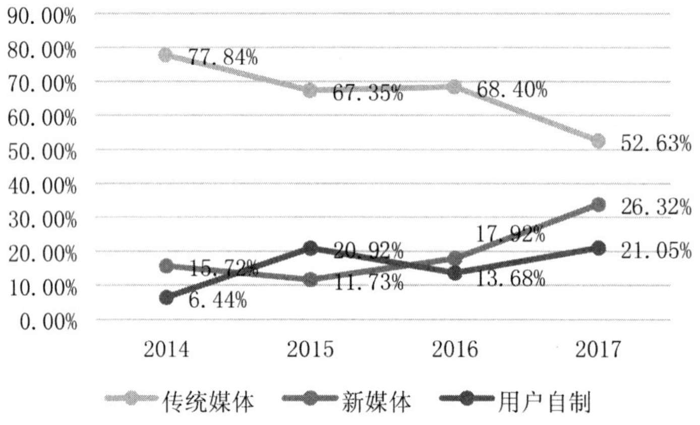

图6　2014—2017年不同视频内容制作方占比曲线图

表6　2014—2017年视频内容制作方数量统计

		视频内容制作方				总计
		传统媒体	认证新媒体	未认证新媒体	用户自制	
时间	2014	302	57	4	25	388
	2015	132	14	9	41	196
	2016	210	37	18	42	307
	2017	70	17	18	28	133
总计		714	125	49	136	1,024

(七)视频发布时间分析

热点舆情事件的发生、发酵、发展、变化都会为新闻报道创造出不同的机遇,而视频发布的时间点、衰弱点、消失点也是新闻传播领域重要的研究内容。在统计了40件热点舆情事件的1,024个视频发布时间点后,我们可以对视频发布形成一个基本的趋势认知。

如图 7 所示，事件发生后的第 1 天至 14 天，即在半个月的周期中，视频数量呈现下降趋势，而在 15 天至 31 天的时间内，视频数量出现小幅波动，但与之前的大部分波动趋势相比较不明显。由于视频节选时间(1 个月)的不同，因此可能也会导致部分数据存在不一致性，但大体上，图 7 可以反映出与热点舆情事件百度搜索指数月曲线相同的趋势。

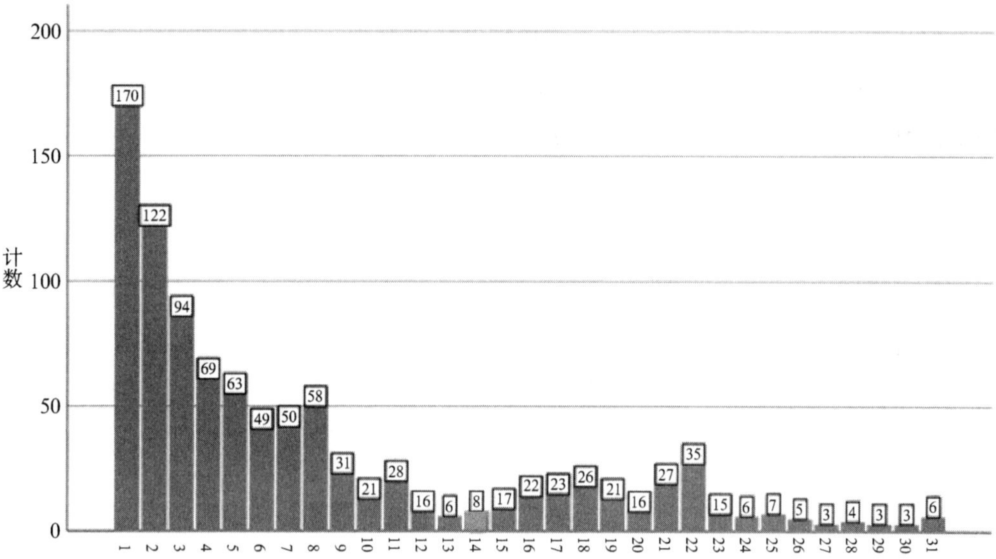

图 7　热点舆情事件发生 1 个月内视频数量趋势图

图 8 对国内、国际事件的视频发布数量进行了统计，与图 7 形成的趋势基本一致，虽然国内事件在第 3 天出现极值，但两大类事件的视频发布趋势与所有个案数量变化

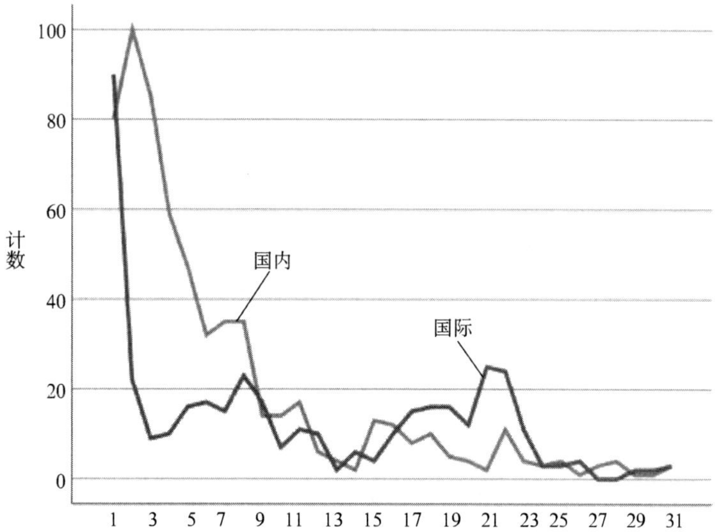

图 8　国内、国际事件发生 1 个月内视频发布数量统计

趋势基本一致。

图 7、图 8 中也可以看出热点舆情事件在 1 个月内的“生命线”，为传统媒体在舆论引导过程中提供时间点的参考。

图 9 以视频内容制作方为研究对象，通过折线图的方式来体现不同内容制作方随着事件发展时间的推移在视频发布数量上的趋势和把控情况。由图 9 可知，传统媒体的趋势与图 7、图 8 的基本相符；用户自制内容也基本上与传统媒体制作内容的趋势相近；新媒体除了在部分节点与其他两种类型趋势相近外，存在传统媒体报道趋势下降的同时，新媒体报道内容跟进增加的状态。

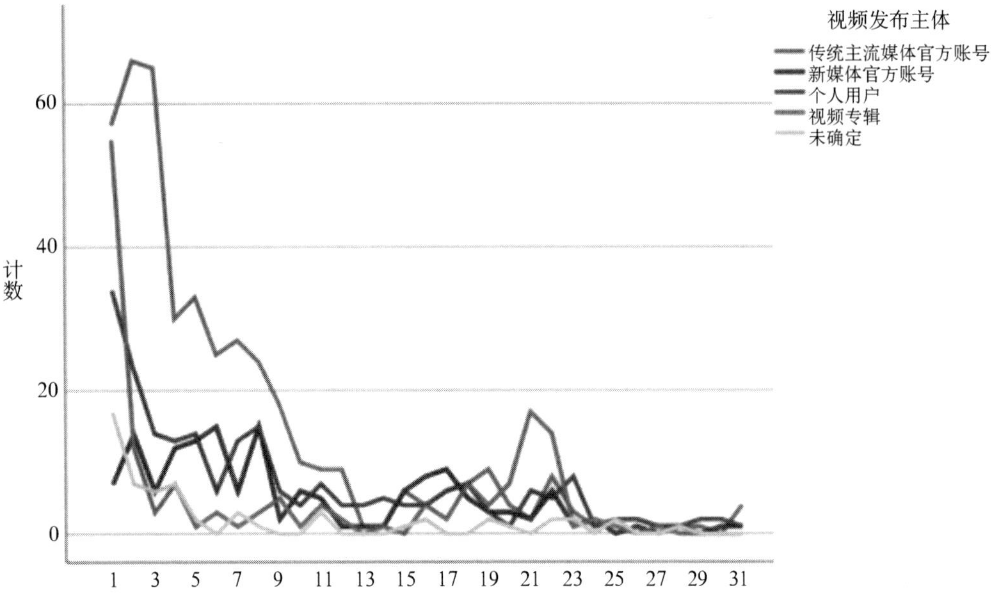

图 9　不同视频主体在事件发生 1 个月内发布视频的数量统计

图 10 则反映了事件类型二级分类情况下不同类型事件的有效视频分布情况，可供传统主流媒体对事件报道的时效性进行把握和分析，并为今后新闻内容策划找到合适的时机提供参考。由图 10 可知，大部分事件的有效视频数均在第 1 天达到峰值，然后呈现逐渐减弱的趋势，而极端暴力事件、群体性事件、社会民生事件、法治事件、名人争议行为事件、国内政治事件、事故灾难事件则会呈现出波动，有效视频数并非在第一天出现极值。这是因为一方面，负面事件的调查进展需要一个过程；另一方面，重大国内、国际政治事件会在策划报道中经历前期预热、宣传造势，到事件当天或结束之日报道量到达顶峰的过程。

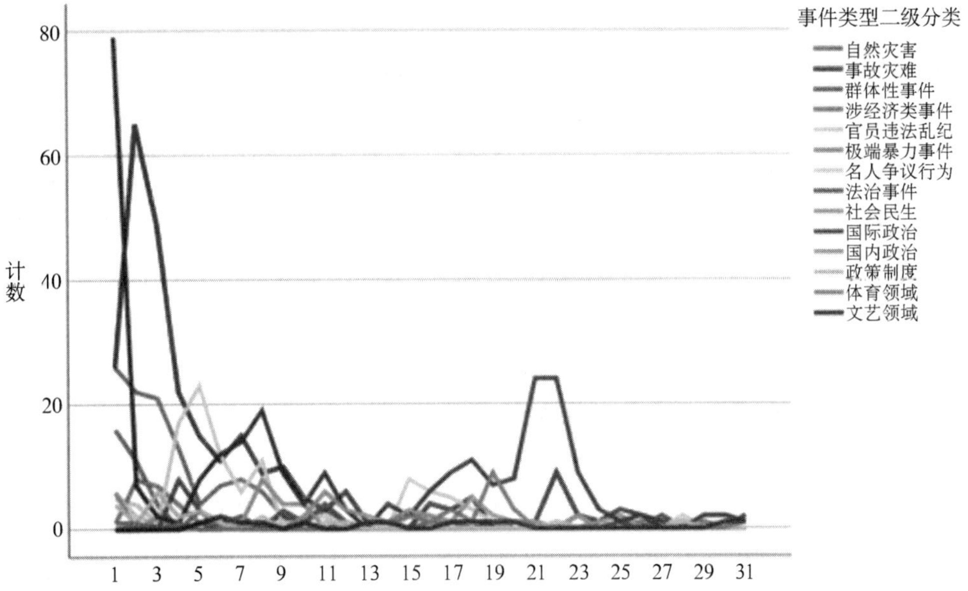

图 10　事件类型二级分类发生 1 个月内的视频发布数量

(八)新闻资讯视频传播格局、特点总结

在国际、国内热点舆情事件的视频传播格局中,传统媒体作为视频内容的制作方仍然占据主要地位。但在不同类型的事件中,传统主流媒体的视频内容有效投放量存在明显的数量倾向。事故灾难、国际政治、自然灾害三大类别中,传统主流媒体的视频内容成为民众了解事件进展最有效的媒体途径;在名人争议行为、文艺领域,则呈现新媒体为传播主力的趋势;用户自制内容在国际政治、名人争议行为、事故灾难、国内政治、自然灾害五大领域也有不错的传播情况。而在两大视频网站上,对于热点舆论事件的视频传播情况,传统媒体仍旧占据压倒性优势,新媒体与用户自制紧随其后。可见在网络时代,新媒体与民众也逐渐拥有了传播话语权。以不同的发布账号为研究对象,呈现出传统媒体官方账号、视频专辑的视频内容以传统媒体制作方为主的特点,而新媒体和用户自制则更多是以自身制作的内容为主要传播部分。

在热点舆情视频的传播过程中,视频内容的来源也体现了不同传播主体在新闻信息制作、传播中不同程度的参与。随着用户日益成为内容传播的重要主体,他们也为传统主流媒体、新媒体提供着可供传播的音视频新闻信息。不同的视频内容制作方也表现出以自身视频内容来源为主的传播倾向。传统主流媒体的传播内容来源,以媒体视频、媒体和非媒体二者皆有视频为主,认证新媒体也以媒体视频来源为主,但是未认证媒体和用户自制仍旧以非媒体内容为主。

从整体的时间趋势来看,时间的推移、互联网的急速普及、用户分享视频途径变得便捷等,都对传统主流媒体在视频传播格局中的主导地位形成了挑战。新媒体借助社交媒体、视频网站的不断发展,突破时空界限,逐渐提高了在热点舆情事件视频传播中的比例。用户自制内容则根据热点事件类型与其接近性程度出现不同的起伏。在热点舆情事件的视频传播时间线上,呈现出与事件及其舆论发生、发展变化的同样趋势,新闻视频时效性仍旧是不同主体共同追逐的目标之一。

四、传统主流媒体议程与民众议程相关性分析

为进一步研究传统主流媒体在热点新闻事件传播的1个月内的视频发布点、发布数量与民众对事件的关注时间点、关注热度之间是否存在明显的相关性,本研究选取热点事件的百度日指数与传统主流媒体视频日更新频数,对其整体走向之间的相关性进行检验,得到表7。

表7　40件热点新闻事件百度日指数与传统主流媒体视频日更新频数之间的相关性

热点新闻事件	百度日指数与视频日更新频数之间的相关性	百度日指数与视频日更新频数之间的显著性
马航航班失联	0.584	0.001
香港"占领中环"	0.045	0.810 *
云南鲁甸6.5级地震	0.936	0.000
阿里赴美上市	0.886	0.000
台湾学生占领"立法院"事件	无	
中央对周永康立案审查	0.932	0.000
昆明火车站暴恐案	0.828	0.000
昆山爆炸事故	0.756	0.000
麦当劳肯德基供应商黑幕曝光	0.809	0.000
柯震东房祖名在京吸毒被抓	0.167	0.379 *
纪念中国人民抗日战争暨世界反法西斯战争胜利70周年大阅兵	0.608	0.000
6月股市暴跌	-0.075	0.694 *
天津港"8·12"特大爆炸事故	0.466	0.008

续表

热点新闻事件	百度日指数与视频日更新频数之间的相关性	百度日指数与视频日更新频数之间的显著性
网络红包传递新春祝福	-0.043	0.822 *
“东方之星”长江沉船事故	0.543	0.002
上海外滩踩踏事件	0.828	0.000
柴静《穹顶之下》引热议	无	
北京张家口成功申办冬奥会	0.885	0.000
李克强敦促各部委简政放权	0.767	0.000
欧洲难民危机引发国际关注	0.582	0.001
杭州 G20 峰会	0.940	0.000
南海仲裁案	0.584	0.001
雷洋事件	0.185	0.329 *
2016 年美国大选	0.381	0.038
王宝强离婚事件	0.554	0.002
魏则西事件	0.810	0.000
女排奥运夺冠“女排精神”成舆论热点	0.861	0.000
网络直播带动“网红”	-0.107	0.574 *
A 股熔断机制实施四天后暂停	0.409	0.025
2016 年全国多省份暴雨洪灾	0.149	0.432 *
十九大召开	0.869	0.000
《战狼 2》大热	0.001	0.996 *
反腐剧《人民的名义》热播	无	
中印洞朗对峙	0.067	0.719 *
河北雄安新区设立	0.639	0.000
山东于欢案	0.474	0.007
罗一笑事件	0.220	0.234 *
学区房话题及各地出台租购同权政策	-0.048	0.803 *
2017“一带一路”国家高峰论坛	0.873	0.000
“共享单车”话题	无	

部分传统主流媒体的视频有效数由于选取时间段不同、有效播放量未达到本研究制定数额、政策制度等原因存在为零的情况，故无法对其相关性进行检验，其中有台湾学生占领“立法院”事件、柴静《穹顶之下》引热议、反腐剧《人民的名义》热播、“共享单

车”话题 4 个热点事件。

在 40 件热点事件中，百度日指数与传统主流媒体视频日更新频数不存在显著相关性的有 10 件：香港“占领中环”、柯震东房祖名在京吸毒被抓、6 月股市暴跌、网络红包传递新春祝福、雷洋事件、网络直播带动“网红”、2016 年全国多省份暴雨洪灾、中印洞朗对峙、学区房话题及各地出台租购同权政策。部分事件出现了热点事件民众关注度、关注时间点的趋势变化与传统主流媒体的视频发布点、发布数量趋势变化不相关的情况，造成了在这些事件中，传统主流媒体议程与民众议程之间的错位和脱节。例如，在以网络新媒体为首发平台的网络红包传递新春祝福、雷洋事件、网络直播带动“网红”中，传统主流媒体在新媒体平台的有效视频更新数量既存在数量不够，也存在视频发布时间错位的情况。在这些事件的百度日指数与传统主流媒体视频日更新频数相关性缺失中，可以看出在网络平台发生并进行传播的热点事件中，传统主流媒体对其关注度和报道量仍有更大跟进和改进空间，不能以媒体的关注度和报道资源有限为由，忽视对网络平台热点事件的议程设置。

在 40 件热点事件中，26 件热点新闻事件的百度日指数与传统主流媒体视频日更新频数存在明显的相关性，通过了统计学的显著性检验（双尾检验，显著度＜0.05 或显著度＜0.01），且是正向相关。在以事件为研究对象，研究百度日指数与传统主流媒体视频日更新频数之间是否存在相关性时，有超过半数的热点事件的传统主流媒体议程显要性与民众议程显要性之间存在显著相关性，26 起热点事件的发生平台无论为传统主流媒体还是网络新媒体，都体现了两个舆论场之间的同频共振。以网络平台为发源地的热点新闻事件，其网民关注度自然会比媒体的视频报道时间点稍早，而该热点事件在网络上掀起舆论热潮的同时，传统主流媒体及时跟进事件的发展，进行媒体议程设置，通过新闻视频的网络传播，对民众的关切进行回应，并积极引导舆论走向，在为期 1 个月的时间中，对热点新闻事件的传播起到了媒体设置议程引导民众关注的作用，同时，也对民众议程产生了相关影响。两个舆论场在事情发生、发展、结束的过程中实现了调和。而在媒体议程中进行设置报道的热点新闻事件，其传统主流媒体视频日更新频数和百度日指数之间的显著相关性也证明了媒体进行新闻视频的网络传播，可以让民众对该事件的关注度造成相应的影响，继而也说明两个舆论场之间可以存在相互影响相互调和的情况。

五、关于传统主流媒体视频传播、引导舆论的思考

以融媒体为背景的当下，传统主流媒体和新媒体之间的融合趋势越来越紧密，传

统主流媒体渴望通过多种形式进行内容输出和传播，不仅为了增强自身媒体的竞争力和影响力，还为了在当今社会中更好地发挥价值引领、舆论引导的作用。

2014 年以来，媒体视频传播蓬勃发展，国内新闻资讯类视频，尤其以短视频为代表，在近些年来产生了巨大的变化。国内传统报业开始涉足新媒体领域的短视频传播，新华社、人民日报社、中国新闻社等传统主流报社均推出新闻视频、微视频，南方周末报社下属的“南周文化部”改组“南瓜视频”，《新京报》下属“我们视频”，浙江在线和浙江新闻客户端推出“浙视频”，等等。国内报业依托现有“两微一端”平台，集合多种模式，进行了传统报业向新闻资讯类视频多元发展的拓展。传统主流媒体电视台也在新闻视频传播中借助自身已有的人力、物力、财力等优势，为巩固自身在融合发展时代的舆论引导地位不断优化转型，SMG（上海广播电视台）推出原创视频新闻客户端“看看新闻”、北京电视台联合 360 公司打造“北京时间”、央视推出的新媒体客户端等，都体现了传统主流媒体在改变传统运营模式中的尝试。① 除此之外，互联网新媒体也纷纷顺应新闻视频传播热潮，推出极具代表性的新媒体短视频传播产品，上海报业集团改组后推出的“澎湃新闻”、主打资讯的“梨视频”，以及腾讯视频网站自创的“腾讯新闻”等成为新媒体时代新闻视频传播的一大途径。

在变化繁复的时代中，传统主流媒体一直在进行着对自身优质内容多渠道、多形式传播的尝试。对于此类现象和趋势的研究大多聚焦于宏观层面的现象分析和理论探讨，本研究则以传统主流媒体新闻视频为切入点，以热点舆情事件为基本框架，选取在全网、全社会中产生较大影响力和引发舆论探讨的热点新闻事件在新媒体平台上传播的有效视频，进行量化研究和分析，从而得出传统主流媒体视频在新媒体平台（视频网站）上的传播数据，并探究不同视频制作方的投放比，在量化研究中揭示传统主流媒体在融媒体时代的网络视频传播中是否仍然发挥着不可替代的作用，传统媒体是否仍然在新媒体平台占领着传播和引导舆论的高地。为更好地体现传统主流媒体新闻视频与民众关注热度之间的相关性，本研究根据热点新闻事件发生、发展、结束的时间线，选取事件一个月以内的百度日指数和传统主流媒体视频日更新频数代表民众对热点新闻事件的关注度趋势和传统主流媒体对热点新闻事件的报道趋势、议程设置趋势，探究两者之间是否存在较强的相关性，验证在热点新闻事件的传播过程中民众关注度和传统主流媒体视频更新之间存在着较强的相关性。

在媒介融合发展的当今社会，传统主流媒体视频的传播情况，有些能够较好地与

① 朱青.中外新闻资讯类短视频发展趋势比较[J].新闻世界，2018(9)：61-63.

民间议程形成相关性,有些则呈现出媒体营造的官方舆论场与民众的民间舆论场相背离的情况。本研究对传统主流媒体视频的传播及舆论引导提出几点思考。

(一)拓展新闻场域空间,促进议程互动

网络媒体通过算法技术随时更新社会热点事件,满足民众对信息的渴求。“在由各种现象、意见的碎片构成的网络海洋中,某一事件的扩散传播,演变为群体事件,其概率不亚于中彩票。”①在如此庞杂的互联网世界中,注意力是最为稀缺的资源,这决定了只有极少数议题能够进入公众视野。纵观网络热点事件议题的宏观特征和微观属性,相关学者曾指出,社交网络中产生巨大影响力的事件往往有着明显的争议性和负面属性,其引发的消极情绪更易于传播,积极情绪则利于动员。本研究聚焦的2014—2017年热点舆情事件也呈现出这种特点。但不论从宏观场域,还是孤立事件来看,传统媒介都是网络事件的引爆点和催化剂,许多网络事件都是经由传统媒体报道,才得以进入主流舆论场,对社会现实发力。传统媒体仍然是社会中重要的权力来源,在对个体、群体、组织和事件赋予合法性方面,具有网络社交媒体所没有的力量。这种力量成为传统主流媒体报道热点事件的重要考虑因素,也成为它们以正确的媒体议程对民众议程产生影响的关键所在。传统主流媒体可以通过及时的报道关注,拓展新闻场域空间,积极勇敢地设置议题内容,进而实现媒体议程与民众议程的互动,促进两个舆论场的有效沟通,更好地树立自身的媒体公信力,发挥舆论引导功能。

(二)加强台网联动,提高视频有效传播力

传统主流媒体的报道阵地集中在报纸、广播、电视端。随着互联网移动终端的发展,社交化、场景化促使传统主流媒体不断将自身优质内容通过各个渠道进行广泛传播。视频网站、社交网站、新闻资讯App的诞生,丰富着民众传播信息及舆论的渠道,同样在传统主流媒体为制作方的视频中,出现了传统媒体、新媒体、用户等多方提供的多种音视频资料,直播、VR/AR新闻的出现也丰富着媒体的报道方式。

传统主流媒体拥有其他自媒体、个人等无法具备的资源优势、人才优势、品牌优势和权威优势,在重大报道以及常规报道中都着力营造官方舆论场。在网络媒体成为热点事件发源地后,传统媒体存在着及时跟进和报道缺位的两种情况。这种情况的产生来自三个因素:首先,热点舆情事件的传播不再只由传统媒体发端、把控,传播来源具

① 赵金,叶匡政,张修志,等.网络群体事件之上看下看[J].青年记者,2009(19):35-37.

有不确定因素；其次，在传统媒体的新闻生产过程中，其独立的媒体议程并不一定与民众议程相符合，民众议程中的议题能得到传统媒体的报道以及如何报道成为当下舆论引导的难题；最后，网络媒体与传统媒体的联动和融合仍需进一步加强。

在现代社会中存在视频网站、微博、微信、新闻客户端等各类移动社交产品，传统主流媒体在具备诸多有利因素的同时，应进一步加强台网联动，建立针对网络热点舆情事件的监测和应对处理机制，通过视频内容的有效传播，实现对热点舆情事件的舆论引导。

〔孙振虎，中国传媒大学电视学院副院长；高雨慧，中国传媒大学广播电视学(纪录片方向)硕士研究生〕

政策工具视角下中国网络视听节目政策分析*

Policy Research of Chinese Network Audio-visual Programs from the Perspective of Policy Tools

◎ 邓文卿　董佳莹

Deng Wenqing　Dong Jiaying

摘要:以互联网为代表的新兴技术促使网络视听行业如雨后春笋般快速成长,作为激发网络影视文化发展的重要力量,近20多年来,我国对网络视听的政策管制也更加重视,呈现出台网同标的趋势。本文通过对相关网络视听行业规制政策的收集整理,筛选出107部网络视听节目政策作为研究样本,总结政策特征及效果,为中国网络视听节目管理政策提供可靠建议。

关键词:政策工具,网络视听,传媒政策

Abstract: The emerging technology represented by the Internet has spurred the rapid growth of the network audio-visual industry. As an important force to stimulate the development of the network film and television culture, China has paid more attention to the policy control of the network audio-visual industry in the past 20 years, which presents the same standard tendency in the television audio-visual industry。Through collecting and sorting out the relevant regulatory policies of the network audio-visual industry, this paper selects 107 network audio-visual program policies as research samples, summarizes the characteristics and effects of them, and proposes reliable suggestions for Chinese network audio-visual program management policies.

Keywords: policy tools, network audio-visual program, media policies

20多年来,互联网行业迅速发展,改变了许多传统行业的结构布局,创造了新的行业形态。对于影视业来说,网络视听行业的快速成长给原有的影视行业生态带来了

* 本文系北京社科基金研究基地项目"首都影视行业发展激励机制与扶持政策研究"(15JDZHB016)的阶段性成果。

极大的变革，也伴随出现了新的问题。但是“无论什么形式的媒体，无论网上还是网下，无论大屏还是小屏，都没有法外之地、舆论飞地。主管部门要履行好监管责任，依法加强新兴媒体管理，使我们的网络空间更加清朗”①。新环境下，网络视听已经被纳入到坚持正确的舆论导向、保护未成年人的身心健康、塑造网络视听行业发展良好生态环境、维护国家意识形态与文化信息安全、满足人民群众美好生活的文化诉求等角度来考虑。基于这样的目的，政府管理部门及相关行业组织从无到有，出台相关政策文件，逐步构建中国特色的网络视听节目政策体系。

一、网络视听节目政策分析框架建构

网络视听节目政策，指的是政府为确保网络视听节目坚持正确的政治导向、创作方向，不断提高内容质量，营造健康有序的网络视听环境而发布的一系列引导与规范的政策法规。

当前，我国传媒领域的法律规制尚处于建设过程中，管理机构更多借助于政策手段进行调整。由于目前已知的网络视听节目相关规制政策文本数目较多，为确保研究结果的典型性和准确性，笔者对检索到的政策进行筛选：

第一，管辖内容涉及全国范围，其发文单位主要为全国人民代表大会（常委会）、中共中央及所属部门、国务院、国务院组成部门及其直属（特设）机构（事业单位）和国务院部委管理的国家局以及带有一定管理职能的全国性行业协会等；

第二，选取文本标题、正文中明确提及网络视听或者文本主要针对网络视听而设置的政策文本；

第三，文件抬头主要选取“条例”“通知”“意见”“决定”“规定”“通则”“纲要”等直接体现管理机构对网络视听节目所持态度的政策文本；

第四，政策内容主要涉及网络视听的导向、创作、治理、市场、管理等几个方面。

根据以上四个原则，笔者对专业政策法规检索系统、相关文献、新闻媒体报道等，以网络视听为关键词进行检索，共梳理出 1998 年至 2019 年 5 月期间与网络视听节目密切相关的至今依然有效的主要政策法规 107 件。

（一）政策分类

参考政策科学的分类方法，本文将所搜集到的网络视听节目政策分为元政策、基

---

① 习近平.加快推动媒体融合发展 构建全媒体传播格局[J].思想政治工作研究，2019(6)：12.

本政策和具体政策(见图 1)。

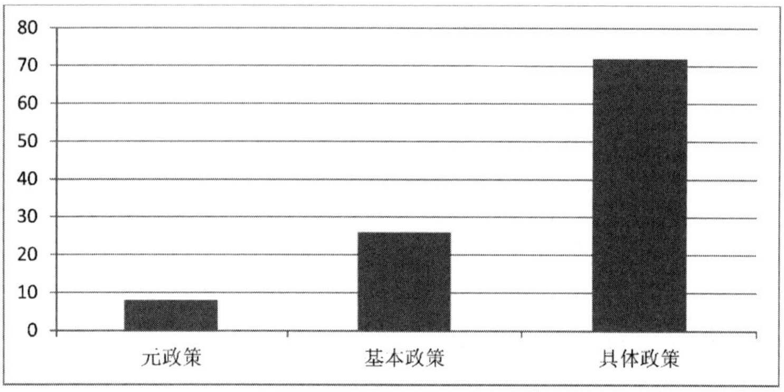

图 1　网络视听政策类型分布情况

网络视听节目的元政策是关于网络视听领域政策的政策,是用以指导和规范政策制定者制定网络视听节目政策行为的一套理念和方法的总称,是网络视听节目政策的最高层次,是其他网络视听节目政策的出发点和基本依据,也是指导原则。在我国,网络视听节目的元政策是党和国家在一定历史时期针对网络视听节目所确定的总策略和行动准则,要指导一定历史时期全局性的网络视听活动,具有高度的原则性和较强的稳定性。① 在目前的网络视听节目政策体系中,网络视听元政策主要集中于党的重要会议决定以及党的领袖关于宣传工作、新闻舆论工作、文艺工作等重要讲话报告当中。目前搜集到的网络视听元政策主要有 8 件。

网络视听节目的基本政策通常是关于网络视听全局的战略性的政策方案,具有相对的稳定性。一般来说,基本政策是由中央机构及其授权机关制定和发布的,承上以元政策为指导,启下又有指导和约束具体政策的权威,是对具体政策的原则化,能够衍生出细化的具体政策、执行步骤和行动计划,它对网络视听实践起到"关节点"的作用,可以规定一定阶段、一定领域的行动方向。② 目前搜集到的网络视听基本政策主要有 27 件。

网络视听节目的具体政策是指为贯彻网络视听基本政策或针对特定对象而制定的具体行动准则,体现服务于元政策,是实现基本政策的方法与手段,具有策略性、规范性和灵活性的特点。在当前的网络视听节目政策当中,这一类政策的数量最多,涉及的内容也最广泛。目前搜集到的网络视听具体政策主要有 72 件。

① 郎劲松.中国新闻政策体系研究[M].北京:新华出版社,2003:44.

② 郎劲松.中国新闻政策体系研究[M].北京:新华出版社,2003:46.

(二)政策工具选择

政策工具是政府用来实现公共治理的途径和手段,政策目标的实现需要借助有效的政策工具。[①] 根据不同标准可将政策文本进行不同种类的划分,其中按作用面对政策工具进行分类的思想是一个突破。本文选择罗斯威尔·罗伊(Rothwell Roy)和沃尔特·塞哥菲尔德(Walter Zegveld)的政策工具理论作为内容维度的分析框架,这也是当前政策科研领域内政策工具的基本维度。该理论根据产生影响的层面不同,将政策工具分为环境面政策工具、供给面政策工具和需求面政策工具三种类型,并指出这三种类型政策工具协调作用形成合力,政策产生的效果和效力才是最优的。[②] 见图 2。

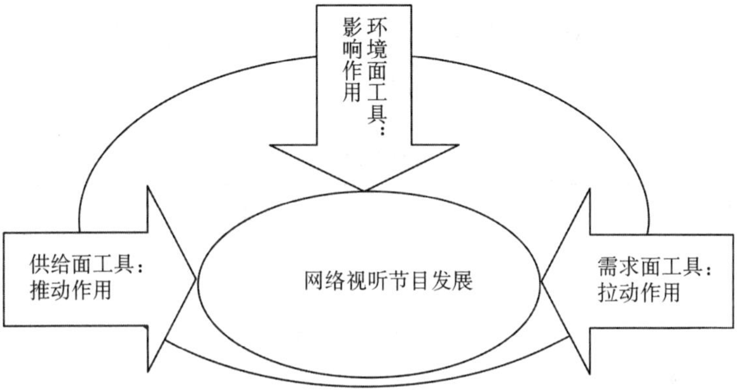

图 2　网络视听节目政策工具类型

环境面政策工具,主要是为网络视听发展创造良好的生态环境。它主要通过目标规划、影视金融税收服务、网络节目知识产权、节目内容管制等工具为网络视听创造良好的创新发展环境,在无形之中对网络视听创作主体和网络视听供需市场产生影响,间接影响网络视听活动的发展。同时,环境面政策工具也能够间接影响供给面和需求面政策工具。

供给面政策工具,主要是政府及管理机构通过国内外文艺信息交流、影视人才激励培养、创新性节目研发、影视媒介技术研发投入、基础设施建设等资源供给为网络视听制作机构提供内容研发支撑,从而推动制作机构在节目创新研发上的选择。同时,

① 曹玉梅,邢占军,王晓武.我国青年网络文化政策发展趋势研究——基于文献量化研究的视角[J].中国青年研究,2018(11):64.

② 司晓悦,王园园.我国高技术服务业政策研究——政策工具理论视角下《关于加快发展高技术服务业的指导意见》内容分析[J].科学管理研究,2013(6):26.

供给面政策工具还能对相关稀缺性资源进行分配,如播出总量、首页推荐、内容检索等,促进有效资源向有效率有价值的方向流动。

需求面政策工具是指通过为网络视听增加需求、改善促进网络视听发展的条件、提高对市场需求的认知等途径,刺激市场的出现或重构新的市场。需求面网络视听节目政策的目的在于营造有利于网络视听发展的条件,加速推进网络视听的健康发展。

互联网视听节目规制政策作为国家公共政策,对我国互联网行业、影视文化行业发展具有重要意义。综合来看,供给面政策和需求面政策主要体现为国家对网络视听发展的推动,而环境面政策工具则是从外部发展上间接影响网络视听节目发展。

(三)政策编码

笔者在此基础上,针对每一种政策工具分别选择 5 个高频关键词,进一步分析我国网络视听节目政策的特征与问题。见表 1。

表 1　政策文本编码表

一级属性字段	二级属性字段	三级属性字段	分析内容
政策基本信息	政策名称		时间维度分析
	发文时间		
政策主体	单部门发布		政策主体分析
	多部门联合发布		
政策工具	环境面	监督、指导、管理、规划、禁止	政策内容分析
	供给面	支持、补偿、优惠、人才、资金	
	需求面	调整、市场、服务、升级、推广	

二、政策工具视角下网络视听节目政策分析

互联网作为新兴媒体技术的代表,重塑和再造了整个传媒产业生态。随着“互联网+”背景下的传媒产业不断发展,媒介转型和媒体融合趋势促使国家对互联网行业、网络视听的管理规制更加严格。笔者将以这 107 部政策文本为研究对象,从政策变迁趋势与政策主体两方面进行分析。见图 3。

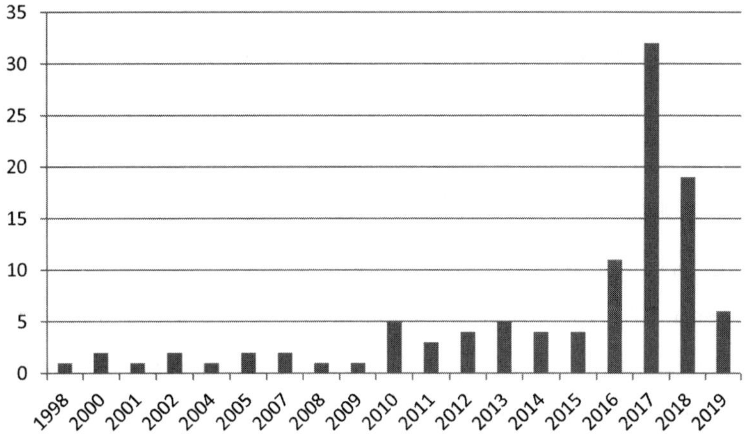

图 3　网络视听政策发布年份分布

(一)政策变迁趋势分析

1.政策制定探索期(1998 年至 2007 年)

1998 年,“两会”后国家机构进行了调整。原广播电影电视部撤销,组建了新的国家广播电影电视总局(以下简称“广电总局”)。国务院办公厅发布《关于印发国家广播电影电视总局职能配置内设机构和人员编制规定的通知》(国办发〔1998〕92 号),其中在广电总局的主要职责设置中提出了“监督管理通过信息网络向公众传播的视听节目”,同时在内设机构中明确了由“社会管理司”来具体“实施对通过信息网络向公众传播视听节目的监督管理工作”。这是第一次在国家机关的职能设置中明确由广电总局对网络视听节目进行管辖,这一管理职能延续至今。

1999 年 10 月,广电总局出台首个关于网络视听的规范性文件——《关于加强通过信息网络向公众传播广播电影电视类节目管理的通告》,要求“在境内通过包括国际互联网络在内的各种信息网络传播广播电影电视类节目,须报国家广播电影电视总局批准” 。此后,广电总局进一步加强对网上传播广播电影电视类节目业务的管理,组织全国性网上传播视听节目执法检查工作,并陆续发布了《信息网络传播广播电影电视类节目监督管理暂行办法》《关于加强网上传播广播电影电视类节目管理的实施细则(试行)》等文件,明确对信息网络传播广播电影电视类节目的业务实行许可管理,鼓励、扶持广播电台电视台将本台节目上网播出,拓展网上节目传播阵地。[①] 除了广电

① 赵京文.网络视听改革发展 20 年:综合治理 引领行业行稳致远[EB/OL].(2018-11-06)[2019-10-11].https://lmtw.com/mzw/content/detail/id/163569/keyword_id/-1.

总局之外,全国人大、国务院新闻办、信息产业部等国家机构相继出台了涉及互联网信息传播、网络安全、上网服务场所、刊登网络内容等政策法规。这些政策虽然不是专门涉及网络视听,但是其内容也与网络视听有着密切的关系。除国家机构外,2001 年,中国互联网行业和与互联网相关的 70 多家互联网从业者单位共同发起成立全国性的非营利性的社会组织——中国互联网协会。2002 年,协会发布了《中国互联网行业自律公约》。该公约提出包括网络视听平台在内的互联网机构要遵守国家法律、维护网络安全、营造健康文明的上网环境、积极参与国际合作和交流、参与同行业国际规则的制定等。这是我国互联网行业性组织首次发布行业性自律公约。该公约的发布,对于探索建构中国网络视听节目政策体系起到了重要的作用。

作为网络视听节目政策建设的一个探索阶段,这一时期的政策更多是在进行一定的基础性工作。2004 年 7 月,国家广电总局发布《互联网等信息网络传播视听节目管理办法》(国家广播电影电视总局第 39 号令)。中共中央办公厅、国务院办公厅发布《关于进一步加强互联网管理工作的意见》(中办发〔2004〕32 号),根据这一文件要求,2005 年国家广电总局出台了《广电总局落实中办国办〈关于进一步加强互联网管理工作的意见〉实施细则》(已失效)。到今天,虽然这些政策已经失效,但是在这一阶段内,对于促进、规范中国网络视听节目发展起到了不可替代的作用。

2.政策体系雏形期(2008 年至 2017 年)

2008 年,国务院办公厅下发《国家广播电影电视总局主要职责内设机构和人员编制规定》(国办发〔2008〕89 号)。该文件首次明确了由国家广电管理机构行使“网络视听节目服务和公共视听载体播放节目的业务监管职责”,同时在国家广播电影电视总局内设网络视听节目管理司,主要负责“拟订信息网络视听节目服务的发展规划和政策,指导网络视听节目服务的发展和宣传;承办开办信息网络视听节目(含 IP 电视、网络广播电视、手机视听节目)服务业务的审批工作并负责内容监管”等职责。

在明确了管理职责后,国家广电总局提出一系列推动媒体整合、促进网络视听节目发展的政策措施,积极推动传统广电媒体开办新媒体。网络广播电视、IPTV、互联网电视等新媒体新业态建设整体步上新台阶。在这一阶段,随着新媒体技术的不断提升,特别是网络宽带技术的革新,移动互联网从 3G 进入 4G,网络信息传输解决了最基础的发展瓶颈,网络视听在用户数量与内容质量上都得到了大幅度提升,逐步占据了视听市场中的主体地位。行业的极速发展,一方面要求管理机构不断调整政策,推动促进其快速发展;另外一方面也需要管理机构不断地制定规制、规范,对其加强监督，使其健康有序地发展。在网络视听节目市场准入及管理方面，国家广电总局协同相关部委出台了《互联网等信息网络传播视听节目管理办法》（国家广播电影电视总局令第 15 号，2003）、《互联网等信息网络传播视听节目管理办法》（国家广播电影电视总局令第 39 号，2004）、《互联网视听节目服务管理规定》、《互联网电视内容服务管理规范》、《互联网电视集成业务管理规范》、《关于进一步加强网络剧、微电影等网络视听节目管理的通知》、《关于加强有关广播电视节目、影视剧和网络视听节目制作传播管理的通知》、《专网及定向传播视听节目服务管理规定》等政策。此外还积极引导行业协会签署《中国互联网视听节目服务自律公约》，强化行业自律，并推出了《网络视听节目内容审核通则》，进一步明确和统一了网络视听节目的内容审核标准。

传统广电节目与网络视听节目的并轨管理是这一时期网络视听节目政策建设的重点。在这一段时间内基本构建了公网、专网导向和管理标准一致，但分类施策的视听新媒体管理体系，基本建立了覆盖网上原创节目、引进节目、直播节目、社交平台节目在内的网络视听内容监督、管理与引导体系。①

3.政策体系完善期（2018 年以来）

2018 年初，在新一轮的国家机构改革当中，2013 年组建的国家新闻出版广电总局不再保留，组建国家广播电视总局，成立国家新闻出版署、国家电影局，由中宣部统一管理新闻出版和电影工作。当然，在此外机构调整中，网络视听节目的管理职能仍然由国家广播电视总局主要负责，在广电总局内部保留了网络视听节目管理司及其相关职能，即“指导网络视听节目服务的发展和宣传，对信息网络和公共载体传播的视听节目进行监管”。

在党的十九大报告中，习近平总书记 8 次提到互联网，强调要加强互联网内容建设。在 2018 年全国宣传思想工作会议上，习近平强调要“自觉承担起举旗帜、聚民心、育新人、兴文化、展形象的使命任务。牢牢把握正确舆论导向，坚持中国特色社会主义文化发展道路，推动中华优秀传统文化创造性转化、创新性发展；推进国际传播能力建设，讲好中国故事、传播好中国声音，向世界展现真实、立体、全面的中国，提高国家文化软实力和中华文化影响力”。2019 年 3 月，习近平总书记在《一个国家、一个民族不能没有灵魂》一文中对做好新形势下文化文艺工作、哲学社会科学工作提出了四点要求：第一，坚持与时代同步伐；第二，坚持以人民为中心；第三，坚持以精品奉献人民；第四，坚持

---

① 赵京文.网络视听改革发展 20 年：综合治理 引领行业行稳致远[EB/OL].(2018-11-06)[2019-10-11].https://lmtw.com/mzw/content/detail/id/163569/keyword_id/-1.

用明德引领风尚。这四点要求是新时代文艺工作的指南与纲领,同时也为新形势下网络视听节目政策建设指明了方向。习近平同志的这些关于网络工作、宣传工作、文艺工作的讲话构成了新时代中国网络视听节目政策的元政策。

因此,进入新的发展阶段后,网络视听节目政策建设侧重于内容引导与精品建设。在《关于进一步规范网络视听节目传播秩序的通知》《关于进一步加强广播电视和网络视听文艺节目管理的通知》等政策中明确指出了要加大引导、鼓励和扶持网络原创优秀节目生产的力度,通过创作规划、评优推优、资金扶持等手段推动网络原创节目出精品,发挥优秀作品的引领带动作用,推动网络原创节目整体上正导向、提品质①。

(二)政策主体分析

网络视听节目政策中共涉及政策主体 18 个(见图 4),其中国家广电总局出现频率最高,为 55 次,这也充分表明了当前国家广电管理机构在网络视听管理拥有主要话语权。

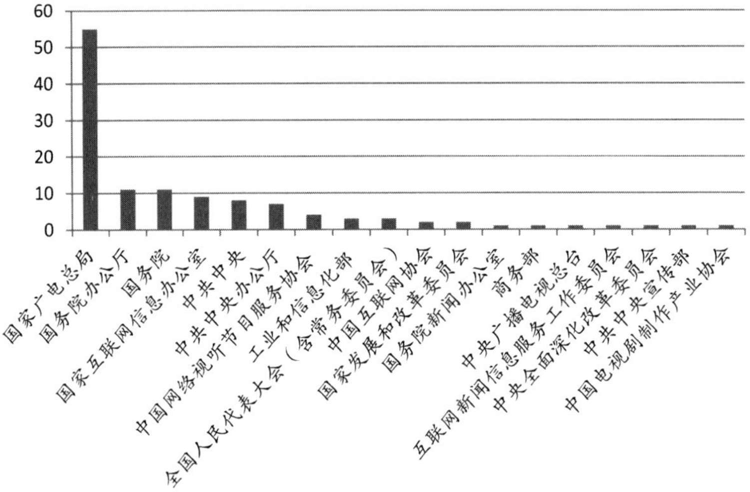

图 4 网络视听政策主体分布出现频率

注 1:本图统计时采用的是政策主体出现频率,联合发布的主体每出现一次计一次,总计有 122 单位频次;

注 2:自 1998 年以后,我们国家的广电管理机构调整较为频繁,先后经历了广播电影电视部、广播电影电视总局、新闻出版广电总局、广播电视总局等变化,关于网络视听管理的职能一直处于其管辖范畴内,故在统计时将其列为一个部门,并统称为"国家广电总局",类似情况还有信息产业部与工业和信息化部,统称为工业和信息化部。

---

① 赵京文.网络视听改革发展 20 年:综合治理 引领行业行稳致远[EB/OL].(2018-11-06)[2019-10-11].https://lmtw.com/mzw/content/detail/id/163569/keyword_id/-1.

1.宏观指导部门

宏观指导部门主要是对中国网络视听发展进行宏观指导和价值引导，制定有利于网络视听发展的软环境政策，对网络视听管理部门进行规范和约束，指导其更好地发展其职能，如2018年国务院办公厅与中共中央办公厅联合发布关于国家广电部门的“职能配置、内设机构和人员编制规定”，明确其主要职责、机构设置等，特别是明确提出了设置“网络视听节目管理司”，从机构上明确了网络视听节目的管理权责。目前收集到的文件以中共中央的名义发布的政策(包含总书记的重要讲话)共有8次，全国人民代表大会(常务委员会)出现3次，国务院出现11次，中共中央办公厅出现7次，国务院办公厅出现11次，这些目前在国内政策建设当中处于顶层的机构共出现40次，充分证明了党和政府对网络视听管理的重视度。

2.网络视听管理部门

2018年中共中央办公厅、国务院办公厅根据党的十九届三中全会审议通过的《中共中央关于深化党和国家机构改革的决定》《深化党和国家机构改革方案》和第十三届全国人民代表大会第一次会议批准的《国务院机构改革方案》，制定了《国家广播电视总局职能配置、内设机构和人员编制规定》，这与1998年的“国家广播电影电视总局”、2013年的“国家新闻出版广电总局”的主要职责相承，明确了国家广电管理部门进行网络视听节目服务管理的主要职责。当前政策中，国家广电总局出现频率为55次，是所有政策主体当中出现频率最高的，这也体现出了国家广电总局在网络视听节目管理上的主体地位。

3.非网络视听管理部门

中宣部、网信办、工信部、国家新闻出版署(国家版权局)等多家中央机关对于网络视听节目的管理起配合支持作用，即提供特定手段配合响应网络视听节目政策的落实。中宣部作为党中央负责宣传工作的主要部门，在网络视听节目政策上更多负责监管网络视听节目的导向；网信办的主要职责是落实互联网信息传播方针政策和推动互联网信息传播法制建设，指导、协调、督促有关部门加强互联网信息内容管理，指导有关部门做好包括网络视听节目在内的网络文化领域业务布局规划；工信部主要倾向于维护网络视听节目的信息安全；国家新闻出版署则侧重网络视听节目的反低俗化政策的制定与执行。

三、网络视听节目政策评价

(一)内容监管:政策规制不断收紧

新生事物一般会经过从自发快速生长到逐渐规范的发展过程,网络视听也不例外。通过规定大众传播体制,制定有关法律、法规和政策,可以保障媒介活动为国家制度、意识形态以及各种国家目标的实现服务。① 网络视听作为网络文化的重要组成部分,其节目内容所传播的价值观也必然会对网民、对社会造成潜移默化的影响,甚至对未成年人世界观、人生观、价值观的塑造具有重要意义。通过对以上 107 部政策文本的分析,笔者发现近年来我国对网络视听的内容规制不断收紧,节目审核政策更加细化,逐渐向传统广播电视节目政策“并轨”。

网络视听节目管制主要体现在网络原创节目制作实行准入制度,播出网站首先必须持有广播电视节目制作经营许可证,同时必须符合许可证分类目录的相关资质要求。《互联网视听节目服务管理规定》(2007)中明确提出从事互联网视听节目服务需取得广播电影电视主管部门颁发的“信息网络传播视听节目许可证”,截至 2017 年 12 月 31 日,互联网视听节目服务持证机构共有 586 家。目前持证主体包括开展网络视听节目服务的传统媒体、视听网站、网络运营商和各类网络视听节目制作机构。从整体比例上来看,国有机构在这 586 家里面占到了三分之二左右,商业机构占到三分之一。

除了对网络视听准入的管理,节目内容审核标准也更加清晰:2017 年,广电总局发布《关于进一步加强网络视听节目创作播出管理的通知》,针对互联网视听节目中存在着价值扭曲、娱乐至上、内容低俗、语言失范等问题提出规范和整治要求;2018 年《关于进一步规范网络视听节目传播秩序的通知》规定,坚决禁止非法抓取、剪拼改编视听节目的行为②。

由此可见,在政府等一系列监管和政策之下,已经形成了关于网络视听内容的相对完整、成熟的监管流程。内容健康向上是目前对网络视听的管理底线,这并不是要求所有的网络视听内容都是精品,而是为该类节目提供一个可供遵循的标准。

---

① 段鹏.传播学基础:历史、框架和外延[M].北京:中国传媒大学出版社,2006:131.

② 国家新闻出版广电总局.关于进一步规范网络视听节目传播秩序的通知[EB/OL].(2018-03-16)[2019-10-11].http://www.sapprft.gov.cn/sapprft/govpublic/6684/1798.shtml.

(二)规制方式趋向多元

根据网络视听节目政策数据分析，网络视听节目政策呈现出从早年以环境型政策为主转向供给型和需求型政策结合，既有强制规定又有行业引导。如，2015 年以来国家出版广电总局通过设立专项资金，对网络视频节目进行扶持，设置了“优秀原创节目”“重大宣传项目”等七个项目，其中“重点推广项目”对优秀的网络自制剧等 PGC 节目进行扶持。网络视听作为互联网文化的传播载体，虽然在节目内容上受严格规制，但可以得到国家政策倾斜、资金支持。

与此同时，网络视听管理政策在相对稳定的管理思路的基础上，近年来也不断针对新业态进行细化、补充。首先表现为政策内容与网络发展息息相关：重大活动、事件直播不得开通弹幕功能，一般活动的直播中如开通弹幕功能，须配备专门审核员对弹幕内容进行审核。发布弹幕用户须注册真实身份信息，弹幕内容应符合国家相关法律规定和社会公序良俗。[①] 直播和弹幕文化是近几年随着网络视频的发展而兴起的，这些新规的发布紧跟网络流行文化的发展方向，说明整个网络视听的管理体系在这几年已逐步建立，并继续把越来越新兴的形态、新出现的问题一步一步地纳入到其中。其次是国家各部门从内容审核、播出管理、原创红线、审核流程等各方面都有了详细规定。网络视听节目管理政策经过十几年的发展，经历了许可证、版权维护、退出机制、网络终端管理、审核制度并轨、艺人品行管理、直播资质和内容管理、服务业务分类、内容反色情暴力的各个阶段。网络视听作为大众传播的一种，其服务业务相关管理政策呈现出不断细化并且持续更新的特征。

四、网络视听节目政策建议

互联网技术使传统的传媒生态环境面临重塑和洗牌，应该根据新的形式和要求调整现有的管理政策。目前，政府对网络视听的监管在内容审核、播出管理、审核流程等方面都有了详细规定，规制政策的细化和规范使该类节目“百花齐放”，进入了良性发展的轨道。但政策本身仍存在资源配置重叠、管理漏洞等问题，政策制定理念和实践操作等方面仍存在很大的改进空间。

---

① 总局：投资超过 500 万的网剧或 100 万的网络电影实行备案[EB/OL].(2017-04-23)[2019-10-11].https://sohu.com/a/136019361_649449.

(一)明确网络视听节目的元政策

元政策也称总政策,公共政策的元政策是整个公共政策系统的基础和前提。它是各项政策的理论、思维、思想和知识的整合,也涉及政策运行的各种方法、手段和工具的配置和选择,还涉及政策运行各种模型、模式的构造和应用。[①] 明确了元政策,在后续的政策制定中就有了总的理念和方法。同时,加强对网络视听节目的管理应注意原则性政策与细则化政策的科学分类。一方面,目前我国网络视听节目需要从宏观层面上统一执行的明确标准,比如节目研判制度、审核制度和宣发制度,这些政策的推行离不开各部门协同配合治理;另一方面,互联网是一个具有复杂联系的生态系统,我们在制定网络视听节目政策时也不能仅仅局限于依靠网台同标来实现一劳永逸。网络视听节目涉及的播出平台、社会领域、运作模式和资源配置广泛复杂,因此我们不能简单化处理,还需结合互联网视听行业的背景与关系,审视某一个具体事物位于结构中的位置,以及它与其他事物之间的联系。在"人人都有麦克风"的环境下,政策制定还应落实到具体的网络信息提供者,在节目上线和制作中都应针对企业和个人建立相关的负责制度、审核制度和监播制度,才能有效填补由于规章繁复、部门庞杂造成的管理空白地带。毫无疑问,"大部制"和"传媒法"的双轮驱动是网络视听节目政策未来发展的关键,也是网络视听行业宏观管理体制改革的难点。

(二)统筹政策制定主体

目前我国网络视听节目多家管理的局面导致多个部门都具有网络视听行业监管的权限,各自制定的规章政策要么内容重叠,要么只关注本部门的权力领域,导致政府对网络视听节目的管理缺乏系统性和整体性,延伸到网络视听行业会使企业无所适从。喻国明曾经指出:"在'互联网+'对传播生态的重塑环境下,政府角色应该从传播机构的管理者转换到社会传播生态的共建者,充当起'守夜人'角色,通过制定规则、搭建平台、共营生态,为系统中每个主体提供最基础的保障与约束。"[②]所以说在网络视听的管理政策制定中,政府角色的转变十分重要。政府应该抛开固有的媒介管理理念,运用互联网思维打破旧体制、旧规则、旧逻辑、旧传统对网络视听内容和形式的横加干预,制定具有包容性的原则以降低规则制定的边界,平衡技术、市场和政策三者关

① 张国庆.现代公共政策导论[M].北京:北京大学出版社,1997:63-64.

② 喻国明,等."个人被激活"的时代:互联网逻辑下传播生态的重构——关于"互联网是一种高维媒介"观点的延伸探讨[J].现代传播,2015(5):4.

系，帮助网络视听产业在符合互联网逻辑的前提下健康成长。

(三)逐步实现政策“并轨”

互联网不是法外之地，因此对网络的管制不但不能放松，反而应该以更高标准来要求。政府可以考虑制定原则性法律法规要求网络视听节目与广播电视节目同一标准、同一尺度、同一版本。应对网络视听和广播电视节目实行统筹管理：未通过审查的广播电视节目不可在网络平台上传播；不得在互联网(含移动互联网)、广播电视等任何平台上以任何形式传播所谓“完整版”“未删减版”及“被删片断”。网络视听节目进入电视台，要按照相关管理规定重新审核，反之亦然。人们往往按照传统的方式在逻辑的简单延长线上使用和配置资源，而走出这一困境的关键正在于我们统合资源、运作模式所依据的“语法”规则的深层改变。[①] 呼唤建立统一标准的内容管理体系和法律规章体系，“网台同标”可以实现监管机构的统一，防止出现新事物时，相关部门不断制定新政策造成制度矛盾和权力冲突，避免网络视听管理的层层叠叠、体系庞杂，在一定程度上提高了法律法规的权威性。

(四)注意激励机制与惩戒机制并重

随着互联网的不断发展，网络视听节目不断规范化、标准化，电视综艺节目与网络视听之间的差距不断缩小，但是现有的“刚性”体制成为网络视听行业市场化改革难以打破的约束性力量。从规制体制变革的宏观背景来讲，当前媒介规制体制变革主要面对的是三种力量：来自传统政治领域的制度控制惯性；源自市场领域的资本扩张动力；由于技术进步所带来的对传统规制理念的挑战。政治、资本与技术三种力量的角逐成为推动传媒业规制体制变革的深层次推动力。[②] 因此要坚持政府监管和行业自律双管齐下，通过政策倾斜、资金投入和人才引进等方式引导行业自我管理，要创新宣传引导，形成正面舆论强势来支持高品质、高收视率的网络视听，把过去生硬的、高高在上的管理制度转化为激励模式。

(五)网络视听节目政策的实施要注重社会化管理

政府可以用深入浅出的理论解析大众关心的话题，时刻关注观众对网综节目的评价和讨论，对其中的理性建议要积极借鉴，积极接受用户监督、听取受众反馈，通过成功的

---

① 喻国明.传媒发展：从“增量改革”到“语法改革”——小议中国媒介改革逻辑的转型[J].青年记者，2007(6)：11.

② 郭海英.传媒行业政府规制体制研究[D].天津：南开大学，2013：175.

节目样本推广更多积极健康的内容,营造向上向善的氛围,构建网上网下"同心圆"。

此外,网络视听节目政策的制定要广泛调研、科学论证,处理好信息传播自由与管制之间的矛盾,政策要兼具科学性和合理性。一方面,政府机构有责任有义务对网络视听行业加以规范,以保证其正常的传播秩序,为广大受众服务;另一方面,某些规制措施的出台在一定程度上限制了部分网络视听内容的传播,部分政策在受众眼中显得有些矫枉过正。这启示我们要把握好政策管制的度,在管理时广泛听取社会意见。政策制定的目的是促使网络视听"百花齐放""各美其美",各级网络视听节目监测监管机构要对网络视听节目进行监测评估,对违规内容要及时发现、及时研判。有关行业组织要进一步发挥行业自律和监督作用,建立完善节目评议专家队伍和工作机制,及时对各类网络视听节目内容进行评议,积极推动网络视听节目健康有序发展。同时各网站也要强化道德规范的管理,消除律法暂时看不到的威胁,防患于未然。

当下,网络视听节目政策已经成为国家传媒政策的重要组成部分,同时也是国家文艺政策的重要构成,是当前传媒政策体系当中最为活跃的政策内容之一。经过20多年的政策建设,中国网络视听节目政策体系已经初步形成,特别是在政策理念、政策框架与政策执行等方面已经相对成熟。未来,中国网络视听节目政策需要在新时代中国特色社会主义思想的指导下,在政策制定的科学化,政策手段的多样化,政策执行的规范化、法制化等方面着力提高,进一步完善中国网络视听节目政策体系。

〔邓文卿,中国传媒大学科研处副研究员;董佳莹,中国传媒大学新闻学院2017级硕士研究生〕

第二符号学视角下虚拟现实影像本体属性与发展空间探析

Analysis of Ontology Attributes and Potential of Virtual Reality Image from the Perspective of Second Semiotics

◎ 于 然 陈玲令

Yu Ran Chen Lingling

摘要：新媒体技术不断更新迭代拓宽人们的视听体验，步入大众视野不久的虚拟现实技术迅速发展，在游戏、影视、医疗等方面都有着卓越的表现。视听媒介的发展更是为该项技术成长提供了良好土壤，其沉浸式的全新观感体验也为媒体传播形态的拓展带来更多预期。而在内容生产方面，传统的视听语言和叙事模式也随之呈现转型趋势。目前，关于虚拟现实视听内容创作的研究主要是从 VR 的技术角度出发，探寻虚拟现实影像的内容样态。本文力求转换视角，从视听语言本体论的角度出发，从经典的视听本体论土壤中寻求支撑，结合虚拟现实影像技术的独有属性，分析虚拟现实影像的内在特点，从而探析其发展趋势。在这一过程中，我们从影视语言学核心人物克里斯蒂安·麦茨的“第二符号学”理论体系中找到了作品与观众的“二次认同”的心理机制，这一分析不仅充分吻合了虚拟现实的内在属性，更为研究传播过程当中对于作品内容和受众接受心理的双向关注提供了新的视角与思路。

关键词：虚拟现实影像，克里斯蒂安·麦茨，第二符号学

Abstract: The new media technology is constantly updating and iterating to broaden people's audio-visual experience. The virtual reality technology that has entered the public′s field of vision has expanded rapidly and has excellent performance in games, film, television and medical care. The development of audio-visual media has provided good soil for the growth of this technology, and its immersive new visual experience has brought more expectations for the expansion of media communication. In terms of content production, traditional audiovisual language and narrative mode have also shown a transformation trend. At present, the research on the creation of virtual reality audiovisual content is mainly from the perspective of VR technology, to explore the content of virtual reality images. This paper tries to change the perspective, from the perspective of audiovisual language ontology, from the classical audiovisual ontology soil. Combined with the unique attributes of virtual reality imaging technology, analyzes the intrinsic characteristics of virtual reality images, and explores its development trend. In this process, we have found the psychological mechanism of the "secondary recognition" between the images and the audience from the "second semiotics" theoretical system of the core character of film and television linguistics, Christian Metz. This analysis not only fully matches the intrinsic attribute of virtual reality, the bidirectional attention to the content of the images and the acceptance of the audience in the process of communication, provides a new perspective and ideas for further analysis.

Keywords: virtual reality image, Christian Metz, second semiotics

绪　论

虚拟现实(Virtual Reality)作为视听技术和新媒体形态的前沿阵线,自被称为"VR元年"的2016年起,已在社会生活的方方面面落地生根,迅速改变着传媒、电商、旅游、医疗等各个领域,有学者进而前瞻性预测"物联网"时代的来临。

然而虚拟技术的发展却难以预料,VR技术在视听传媒领域掀起热潮后迅速降温,特别是在影像领域的踯躅不前,令视听创作是否仍是虚拟现实的"主场"成为悬念。针对这一问题,加之目前关于虚拟现实影像的研究多基于技术革新性维度的现状,本文意在回归到本体研究层面,从电影本体论的分析角度出发,探析虚拟现实影像的表达特性。

VR的特点研究主要围绕"沉浸"和"在场"。《作为媒介的VR研究综述》中提到了VR媒介研究的两大核心特征:沉浸与在场。①《虚拟现实产业发展白皮书》中认为虚拟现实具有以下三个重要特征,常被称为虚拟现实的3I特征:构想性(Imagination),沉浸感(Immersion),实时交互性(Interactivity)。② 所以本文探讨的

① 杨慧,雷建军.作为媒介的VR研究综述[J].新闻大学,2017(6):29-31.

② 中国电子技术标准化研究院.虚拟现实产业发展白皮书[EB/OL].(2016-04-14)[2019-09-30].http://www.cesi.cn/201612/1698.html.

VR影像的本体属性和发展空间问题正是基于VR技术这三大重要特征。

虚拟现实影像的技术层面是VR,但是落脚点依然是影像。既然仍在影像的范畴内,笔者将沿着电影本体论的发展线索,尝试对VR影像进行更深一步的解读。

本文将从影像表达的基础理论"蒙太奇理论体系"、结构主义分析视角、影视符号学研究视角对虚拟现实影像加以分析。针对其"沉浸式""现场感"等虚拟现实的核心特性,分析其对传统理论体系框架的适应性与革新性。

克里斯蒂安·麦茨所提出的"电影符号学"理论体系中存在着一次重要的变迁和跃升,就是从基于结构主义研究的"第一符号学",即"八大组合段"理论体系,向基于心理分析学派的"第二符号学"理论的转型。这一转型的过程非常契合虚拟现实技术对视听语言带来的冲击和语言体系的转型。第二符号学中"二次认同"①的受众心理分析与虚拟现实影像的受众接受特征有着较大的相似性,《想象的能指》中提到"观众在电影放映期间究竟认同什么呢?因为他必须与自己认同。……显然,观众有机会认同虚构的人物"②。麦茨的精神分析电影理论主要集中于对观众的"镜像认同机制"的分析③,《精神分析与电影》中阐释了影院机制和观众观影心理的相互影响。④ 赵晓珊在《认同机制与观众心理——麦茨的精神分析电影理论评述》中也详细解释了观影过程中"二次认同"的问题。

因此本文将在上述研究的基础上,从电影本体论的视角展开对于虚拟现实技术影响下的视听语言转型的探析。

一、虚拟现实影像发展背景分析

对于虚拟现实影像的界定主要体现为两方面。一是技术维度的分析:"虚拟现实技术是一种计算机仿真系统,通过对三维世界的视觉模拟创造出一种崭新的交互系统。它利用计算机生成一种模拟环境,是一种多源信息融合的交互式三维动态视景和实体行为系统仿真,并使用户沉浸到该环境中。"⑤而另一个维度的分析强调了受众的接受心理,哥伦比亚大学新闻学院的《VR新闻学》(*Virtual Reality Journalism*)中的定义最为简洁和全面:"VR是一种沉浸式媒介体验,它复制的世界可能来自现实环境

---

① 麦茨.想象的能指[M].王志敏,译.北京:中国广播电视出版社,2006:43.

② 麦茨.想象的能指[M].王志敏,译.北京:中国广播电视出版社,2006:43.

③ 李静.克里斯蒂安·麦茨电影精神分析理论研究[D].呼和浩特:内蒙古师范大学,2014:6-7.

④ 曹海峰.精神分析与电影[D].上海:上海师范大学,2006:115-118.

⑤ 中国电子技术标准化研究院.虚拟现实产业发展白皮书[EB/OL].(2016-04-14)[2019-09-30].http://www.cesi.cn/201612/1698.html.

也可能来自想象空间,用户与 VR 世界的互动方式是身临其境。”[①]可见,体验被赋予了更高的重要性。

接下来我们分别从技术和体验两方面展开论述。

(一)虚拟现实技术体系发展背景与现状

1935 年,斯坦利·G.温鲍姆发表短篇科幻小说《皮格马利翁的眼镜》,其中提到的“皮格马利翁的眼镜”是 VR 眼镜的最初构想。1965 年,伊凡·苏泽兰确立了虚拟现实三原则:“1.通过头戴显示器可以展现 3D 的视觉和声音效果,能够提供触觉反馈;2.由电脑提供图像并保证实时性;3.用户能够通过与现实相同的方法与虚拟世界的物体进行互动。”[②]

1985 年,杰伦·拉尼尔成立了 VPL 研究所,并在真正意义上提出了虚拟现实技术的概念。之后,任天堂、索尼、东芝、谷歌相继推出了各种设备显示终端和 VR 眼镜。

技术性的分析,使人们关注 VR 的应用广度和未来的市场潜力。2017 年,艾瑞咨询发布的《中国虚拟现实行业研究报告》中提到:“游戏和影视是 VR 发展初期最具潜力的两大内容板块。并且在用户对 VR 的认知中,视频成为最受追捧的内容。预测至 2021 年影视内容在消费市场的比例超过 30%,市场规模将达到 87.9 亿元。”[③]

当然,基于技术革新的分析也对产业数据现状较为乐观。艺恩智库于“VR”元年——2016 年发布的《VR 影视行业简析报告》已经表现出很强的信心:“当前 VR 用户中,超过七成人数使用 VR 设备观看视频,而使用 VR 设备玩 VR 游戏的用户仅占两成左右,由此可见影视行业在 VR 行业中具有巨大的市场前景。而在电影、纪录片、电视剧、赛事直播、游戏 CG 等具体的影视分类中,电影是用户最为感兴趣的内容。”[④]

(二)虚拟现实影像内容创作的复苏与迅速普及

从虚拟现实影像的内容生产角度来看,它受到更多元素的影响。我国的业界和学界自 20 世纪 90 年代开始,已经逐渐重视虚拟现实影像的发展。初始阶段的虚拟现实视听作品主要集中于技术展示、游乐游艺项目的小范围创作,创作投入高、受众少,虽

---

① 杨慧,雷建军.作为媒介的 VR 研究综述[J].新闻大学,2017(6):28.

② 刘铭哲.始于 1838 年:VR 虚拟现实编年史[J].数码影像时代,2016(8):27.

③ 艾瑞咨询,Greenlight Insights.中国虚拟现实(VR)行业研究报告——市场数据篇[R].2017:13.

④ 艺恩咨询.2016 年 VR 影视行业简析报告[EB/OL].(2016)[2019-10-10].http://www.199it.com/archives/514806.html.

然不乏精品，但受设备成本过高影响，传播效果极为有限。2010 年，“复苏”的虚拟现实影像，因数字影像分辨率不断提升、设备不断小型化、手机等小型屏幕迅速普及等技术的发展推动，基于手机播放和观看的“VR 盒子”“VR 头盔”开始普及。VR 拍摄成本逐渐降低，逐渐民用化，后期处理也进一步集成化，且更加普及，打通了创作、传播、接收的整个传播流程的 VR 技术开始呈现出更强的传播力度。从 2016 年开始，VR 技术发展势头迅猛（见图 1），2016 年也被称为 VR 元年。紧接着，随着设备的更新速度放缓，内容制作成为虚拟现实技术的核心。

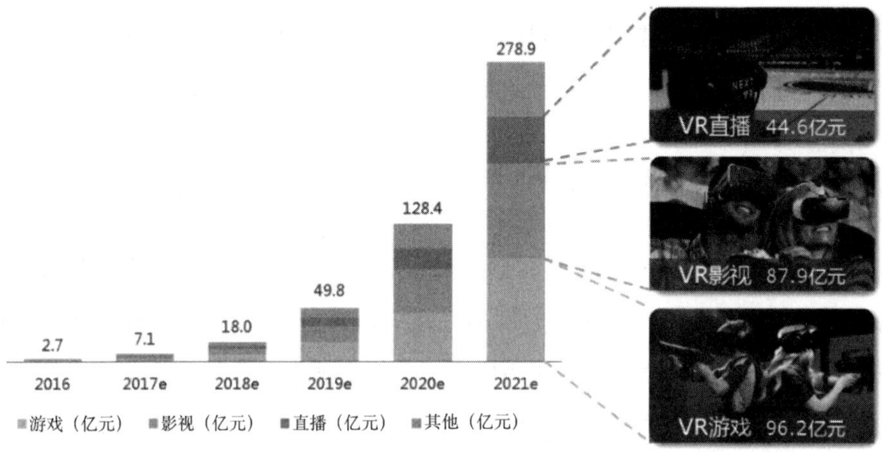

来源：根据企业公开数据、行业访谈及艾瑞和Greenlight Insights统计预测模型估算。

图 1 2016—2021 年中国 VR 消费级内容市场规模①

至今各大视频网络平台，乃至标志着影像创作“殿堂”的各大电影节，纷纷开通了虚拟现实影像专栏，从产业的各个环节充分印证了虚拟现实影像创作迅速成熟化的趋势。威尼斯电影节在 2017 年宣布设立 VR 竞赛单元，命名为“威尼斯虚拟现实（Venice Virtual Reality）”。2017 年，戛纳电影节也开始正式开辟 VR 单元。而作为全球首屈一指的视频平台——YouTube 自 2015 年 3 月开始允许用户上传和播放 VR 内容（在 YouTube 网站上分类为“360 度视频”与“180 度 VR 视频”两种）。主流平台对虚拟现实影像的关注更直接推动了虚拟现实影像创作者的创作热情和虚拟现实影视作品的蓬勃发展。

① 艾瑞咨询，Greenlight Insights. 中国虚拟现实（VR）行业研究报告——市场数据篇[R].2017：13.

(三)内容生产相对于技术发展的滞后性

综合来看,从技术角度来说,虚拟现实影像为观众开启了新的感官体验和期待。但当话题转入内容层面时便会发现,目前虚拟现实影像制作模式仍处在探索阶段,内容明显落后于技术。究其原因是因为虚拟现实从题材选择到制作流程,都受到观影方式以及完全颠覆传统影像语言体系的制作模式的影响,进步缓慢。① 内容的滞后性在整个影像技术发展史中都是可以被接受的现实。例如在有声电影技术出现后数年时间中,无声片都依然是创作主流;而在彩色摄影技术普及了数十年之后,一部黑白电影《罗马》依然可以获得奥斯卡电影节的最佳影片奖。可见内容的革新需要更长的适应过程,这一过程不仅取决于创作者的制作思路,也取决于观众接受的程度。

二、虚拟现实影像视听语言的特点与第一符号学体系的瓦解

虽然技术发展的领先性及内容创作的相对滞后性可以被理解,但如果我们进行横向的对比,无论是手机为主体的竖屏创作之于短视频平台的崛起,还是 V-log 模式带来的拍摄方式的转型,新媒体视听内容创作的跟进速度都要快于 VR 视听作品。

针对这一问题,我们有必要剖析一下虚拟现实影像作品创作的核心技术难关,也就是内容创作发展过程当中所面对的关键难题。更重要的是,在针对这一过程的分析中,我们可以对照麦茨研究过程中所面临的第一符号学的关键问题,发现其中有很多相似点。

(一)蒙太奇叙事体系与第一符号学

蒙太奇作为电影叙事的基本语言法则,不仅是传统视听语言的核心,也是第一符号学的基石。蒙太奇理论经过一个多世纪的发展,如今已经成为传统电影创作中通用的叙事语言,电影类型、风格、镜头的变化等都是以蒙太奇为基础。爱森斯坦的"碰撞蒙太奇"、普多夫金的"砖块蒙太奇"以及好莱坞在整个 20 世纪所建立起来的庞大叙事模式体系,都有一个非常重要的基石,就是以"镜头"(shot)作为电影叙事的最小单位,以多个镜头的组接来完成影像的叙事,进而确立了由若干镜头组成一个场景(scene),由若干场景组成整个影片这一标准的电影叙事架构。②

① 蔡璐璐.浅谈 VR 虚拟现实在我国的现状及发展趋势[J].现代交际,2017(8):197.

② 周爱军.爱森斯坦与普多夫金的蒙太奇理论及其文化意义的比较研究[D].上海:上海戏剧学院,2013:2.

在电影符号学中，第一符号学和蒙太奇理论有着相似之处。第一符号学和蒙太奇理论体系都基于结构主义思维，依赖于镜头的独立性、镜头与镜头之间的差异性，以及差异化的组织体系。“镜头的独立性”是传统视听语言体系不可或缺的基本要素。蒙太奇理论是在多个独立镜头的组合方式基础上讨论电影叙事，而第一符号学则是在“句法”的基础上分析电影的结构和叙事模式。

麦茨于1964年发表《电影：语言系统或语言？》一文，标志着电影符号学与电影叙事学的理论研究开端。电影第一符号学是在索绪尔建立的结构主义语言学基础上发展起来的，麦茨认为电影影像是有“句法”的，讨论电影的叙事结构应该以句子为单位，而不是以“字”或“词”为单位，进而提出了“八大组合段”体系，即八种不同的“自主段落”：“自主镜头”“平行组合项”“括号组合项”“描写组合项”“交替（叙述）组合项”“景”“插曲段落”“一般段落”[①]。麦茨尝试用这些段落来概括电影的叙事结构，将结构主义架构植入影像叙事中。然而虚拟现实影像将屏幕边界打破的那一刻，这一基础体系也随之瓦解。

（二）虚拟现实影像的视听特点

1.消失的屏幕边界与沉浸式“场景”

虚拟现实影像的最大特点是“沉浸式”观看体验，以及带上头盔即可获得的“720度”（水平360度加垂直360度）观影体验，这导致观众一百多年屏幕观影习惯中的“屏幕边缘”消失了。而与这一特点相对应的是，麦茨在电影第一符号学中基于镜头差异所建立起的“八大组合段”理论体系的失效。

传统电影以“镜头”为单位，才能探讨每个镜头的连接、运动模式、转场模式、调度模式，进而仿照语言学的架构建立起镜头组合模式的话语体系。影视的屏幕曾经被比喻为戏剧演出的“舞台”。而虚拟现实影像的观看模式相当于将“舞台”打开，令观众置身于舞台上，所有的布景、后台、道具都直接落入观众视线。

因此，在虚拟现实作品中，创作者要从“镜头”模式转向“场景”模式。[②] 虚拟现实技术最主要的技术特征是让用户觉得自己是交互系统所创建的虚拟世界中的一部分，使用户由观察者变成参与者，沉浸其中并参与虚拟世界的活动。[③] 虚拟现实影像的创

---

① 王佳泉.麦茨“八大组合段”理论的读解与批判[J].北华大学学报，2001(3)：49-50.

② 施畅.VR影像的叙事美学：视点、引导及身体界面[J].北京电影学院学报，2017(6)：84-85.

③ 中国电子技术标准化研究院.虚拟现实产业发展白皮书[EB/OL].(2016-04-14)[2019-09-30].http://www.cesi.cn/201612/1698.html.

作更加强调场景的建构和氛围的营造。所以相比传统电影中的场景,VR影像对于导演、美术和环境的要求更高,制作难度也随之增大。

入围2017年威尼斯电影节首届最佳VR影片和最佳VR叙事作品《家在兰若寺》,导演选择的场景是真实的一处废墟,故事发生在这处场景中,导演在有限的空间中尝试表达丰富的情感层次,注重氛围的营造,努力让观众置身其中,感同身受。

2.景别失效与第一人称视角的确立

蒙太奇影像体系的基石是镜头的组接。而镜头的组接,首先依赖于镜头内容的"差异性",即远全中近特的景别差异。而景别的定义正是"屏幕所限定的视野范围"。随着屏幕限定的消失,视野范围的差异不复存在,景别的消失也使得原有叙事模式不再有效。而在这种拍摄模式中,"镜头"将不再是电影叙事的最小单位,并且建立在"镜头"基础上的蒙太奇语言也会随之失效。虚拟现实影像如同第一视角游戏,观众带着视角与立场进入影片。

3.镜头衔接失去基础

蒙太奇的艺术正是在于不同的镜头组接方式产生的不同心理感受。随着镜头景别的失效,不同镜头之间的差异性也消失,镜头组合的基本条件也就不复存在,镜头的组接、时空的转换基础都随之消失,任何一个简单的镜头分切或转场,都会导致叙事的断线。因此虚拟现实影像创作只能转向场景的构建,但是场景间如何保障叙事流畅的切换和衔接,也是虚拟现实影像需要突破的难点和考验。

4.景深扩大化

景别失效,使得"景深"这一叙事要素对于虚拟现实影像来说存在意义也微乎其微。虚拟现实影像独特的观影模式决定了其独特的制作方式,破除了屏幕的限制意味着景别的消失,同时也意味着镜头中"焦点"的消失。传统电影中导演通过前期拍摄和后期剪辑来保证想要观众看到的主体画面,主体和陪体层次分明;而在虚拟现实影像中,画面中的前后景物都需要保持清晰,来满足观众的观影需求并调度观众视线。

综上可见,蒙太奇不仅丰富了传统电影的镜头语言,而且赋予了影片内容之外的深层含义,使得视听语言作为一种艺术手段可以跨越时空,表达更为丰富和深刻的主题内涵。然而屏幕边界的消失使传统电影语言中的景别失效、镜头衔接断链、景深扩大,蒙太奇理论也不再适用。虚拟现实影像虽然还在影视作品的讨论范畴之内,但是未来需要构建起自己独特的叙事语言和规范。

这与麦茨在第一符号学体系受到广泛质疑之后寻求新的出口的境遇完全一样。而可贵的是，麦茨早已在五十年前找到了另一块足以建立新的理论体系的基石——心理分析体系，它不仅促成了麦茨放弃结构主义投向精神分析学派，更呼应了当下我们分析虚拟现实影像的核心矛盾及转型方案。

(三)第一符号学的失效与第二符号学转型的必要性

虽然虚拟现实影像的出现带来了从观影模式到放映模式、从前期拍摄到后期剪辑的一系列根本转型，但真正颠覆传统影视创作体系的是"观看关系"的内在心理转型。因此相对于画面内容的变化，电影本身对观众产生的心理影响或许更值得我们探寻。麦茨在第二符号学中提到的"二次认同"理论恰恰符合虚拟现实影像的特点，为我们提供了新的视角。

三、虚拟现实的视听转型与第二符号学理论基础的对应

(一)第二符号学的转型思路

1."屏幕边界"的转型

麦茨虽然提出了"句法"和八大段落的分析模式，但依然离不开传统的电影镜头语言法则，第一符号学和面对虚拟现实影像的现代影像叙事体系遇到了同样的问题：镜头组合必要性的缺失。

"对于爱森斯坦、爱因汉姆和形式主义者，银幕是用它的边界使出现在银幕上的影像成形的画框。画框建构含义与效果，窗户则是展示它们。……经典电影理论无法走得更远。只有把表述转移到另一个层面，求助于另一个系统，现代理论才能得到发展。于是，一种新的隐喻提出来了：银幕被称之为镜面。"①针对屏幕边界消失的问题，麦茨在第二符号学理论中提出的许多观点起始于他对屏幕边界的思考。麦茨将对屏幕边界的分析转向了另一种形式的"边界"。

麦茨在《想象的能指》中提到："电影的想象界是以象征界为假设的，因为，观众需首先已知原始的镜像。但是，镜像基本上是在想象界中确定自我，银幕的次级镜像，一个象征界装置，则自身依赖于反映和缺失。"②麦茨从精神分析的角度，将屏幕画框看

① 安德鲁.电影理论概念[M].上海：上海文艺出版社，1990：178.

② 麦茨.想象的能指[M].王志敏，译.北京：中国广播电视出版社，2006：53.

作镜子,从而引入拉康的镜像原理,探析观众的观影心理。

2.对视听驱动力的关注

麦茨认为包括电影在内的一切艺术形式创作的动力都是为了满足接受者的视听欲望。[①] 相比其他的艺术形式,例如音乐、绘画、雕塑等,电影能够给观众带来视觉和听觉的双重感受,从而激发观众无限的想象力。而虚拟现实影像能指层的感知距离(看与听的距离)相比传统电影更近,更容易激发观众对于想象世界的追求。传统影视艺术已经在视听驱动方面优于其他的艺术形式,而虚拟现实影像更加强了传统电影的视听优势,形成观众对虚拟现实影像的内在驱动力的期待,这一期待的核心就是寻求认同感。

(二)第二符号学中认同机制在虚拟现实技术中的延伸

20世纪70年代,麦茨发表《想象的能指》标志着电影第二符号学的开端。这一时期的麦茨在之前电影符号学的基础上,从封闭文本转向电影文本与观众的交流对话。[②] 蒙太奇理论和电影第一符号学仅仅从结构主义的角度来阐释电影叙事模式,而从电影第二符号学开始,麦茨开始关注观众的心理需求并深层次地探寻观众与电影的关系。对于虚拟现实影像来说,传统电影语态的分析模式无法理解其真正的内涵,而麦茨关于观众和影像的认同关系或许是认识虚拟现实影像的突破口。

麦茨选择的精神分析理论架构来自于拉康"镜像阶段"理论。拉康的镜像理论主要讨论6到18个月的婴儿通过与镜子的关系所形成的自我认同,婴儿在镜子里看到自己的映像并逐渐确认自己身份的过程。[③] 这个过程与屏幕前的观众在观看电影时达到对影片的认同过程相似。麦茨提出的认同机制是二次认同,第一层认同是达到观众和摄影机的认同,第二层认同是观众和电影中的人物的认同。将精神分析学引入电影研究的麦茨认为,对电影的理解依赖于认同的过程。[④]

1.虚拟现实影像的受众认同机制——观众与摄影机的认同

关于观众和摄影机的认同,麦茨有一个经典的观点:"在放映厅中有两道光束:一个以银幕为终点,从放映间和观众作为投射的开始(即上述第一条线路);反之,一个以

---

① 张媛媛.克里斯蒂安·麦茨第二电影符号学理论研究[D].长沙:湖南师范大学,2015:37.
② 张媛媛.克里斯蒂安·麦茨第二电影符号学理论研究[D].长沙:湖南师范大学,2015:1.
③ 崔露什.从拉康的镜像理论看电影及其他媒介影像的镜子功能[J].社会科学论坛,2009(2):136.
④ 崔露什.从拉康的镜像理论看电影及其他媒介影像的镜子功能[J].社会科学论坛,2009(2):137.

银幕为起点，最后附着在观众的知觉中作为电影（投射在视网膜上，即第二银幕）。”[①]至此，观众与摄影机认同的第二条路线形成。

麦茨认为，观众首先会跟摄影机达到认同，因为摄影机在电影放映之前已经录制了观众正在观看的影像，所以在电影正式放映时观众的视点就是摄影机的视点，并且在电影院放映过程中，摄影机是缺席的，取而代之的是“放映机”，即在观众的脑后投射光线。所以传统的电影放映过程中，观众通过放映机与摄影机达到认同。

“例如电影拍摄中的主观镜头：摇镜头就像主体转头，跟拍镜头就像主体移动。观众通过和摄影机所提供的这个不可见的主体相认同，把摄影机的镜头当成了自己的眼睛，通过摄影机来观察世界，并进而相信银幕上所发生的一切。”[②]

观众认同了摄影机，摄影机和放映机的转换过程最终让观众把银幕上一切认同为自己亲眼所见，电影由此成为人类深层意义上的镜像。

而虚拟现实影像不仅完全吻合这一镜像投射，而且大大强化了镜像的作用。在沉浸式的影像中，观众可以更直接达到与摄影机的认同。在虚拟现实影像拍摄中，摄影机是 360 度全方位拍摄，最后在后期制作中去除画面中的摄影机，由头盔和眼镜隔绝出的虚拟空间也取代了放映机的功能，360 度的“沉浸式”影像，带给观众的是身临其境的“现场感”。现场感的强调将对自我的感知弱化，使观众更加确立了自己的双眼就是摄影机的位置，如此便使观众对摄影机有了更深的认同。

2.虚拟现实影像带来的观众深层认同模式

“我必须既以人物‘自居’（=想象的途径），以便人物通过我具有的全部理解性程式的类似投射受益；又必须不以人物自居（=回归真实界），以便使故事能够如此确立（=作为想象界）。”[③]麦茨将第一次观众和摄影机的认同称为“基本认同”，把观众和电影中人物的认同称为“二次重叠”。[④]

在传统视听传播模式中，观众的位置处于屏幕的对面，换个角度来说，观众在屏幕中是缺席的，二者之间在观看活动中确立了观看与被观看的关系，这才有了“二次认同”分析的基础。

上文所提到的拉康的镜像理论认为：屏幕等同于镜像。麦茨认为屏幕不完全等同于镜子，因为人们在镜子中看到的是自己，从而建构对自我的认识，而观众在电影里没

① 麦茨.想象的能指[M].王志敏，译.北京：中国广播电视出版社，2006：47.

② 赵晓珊.认同机制与观众心理——麦茨的精神分析电影理论评述[J].文艺研究，2011(6)：102.

③ 麦茨.想象的能指[M].王志敏，译.北京：中国广播电视出版社，2006：53.

④ 赵晓珊.认同机制与观众心理——麦茨的精神分析电影理论评述[J].文艺研究，2011(6)：103.

有看到自己的映像,也无法出现在屏幕上,因为观众已经有镜像阶段的经验,即使电影中没有自己的映像,仍然能完成感知的过程,并且观众能够集中目光和听力去感知一切,调动自己的想象,包括屏幕中的人物和故事,从而完成第二次与电影人物的认同。第二符号学体系下,一部电影作品最重要的目标,就是观众的深层认同。而在虚拟现实影像中如何建立这种认同呢?

结合虚拟现实影像特点,我们发现麦茨第二符号学的理论体系中,二次认同机制与虚拟现实特性有着内在呼应。电影本身是运用画面、声音、文字、灯光等集合的艺术表现形式,除了这些集合的元素,麦茨还研究了观影环境,所有这些对观众产生的影响,即为了让观众产生更深的代入感和体验感,使观众达到与导演的共鸣。

《精神分析与电影》提到"在电影院中,观众在无意识中把自己投射到主人公身上,不自觉地把自己当作主人公,把自己与主人公合而为一"①。观众这种观影心理的产生也正是由于传统的影院机制带来的,所以传统的电影院为了使观众更专注地感知屏幕,设置了三面暗墙以及昏暗的空间氛围,尽量减少余杂事物分散观众的注意力。②而虚拟现实影像360度沉浸式观影真正做到了使观众"感知一切",没有镜像的投射,没有特定的屏幕,观众已经"走进"屏幕中,从而"忘记"自己的物理位置和存在,沉浸在虚拟的情境世界中,弱化与自我的认同,强化与电影人物的认同感。

随着虚拟现实影像技术的发展,技术硬件和内容的优势将进一步强化,甚至未来还会调动更多人类的感官体验,如嗅觉、触觉等,进而促进观众更直接地达到对影像的认同。

结论:第二符号学对虚拟现实视听语言体系发展的启示

虚拟现实影像的出现迅速吸引了大众的目光,但语言体系的转型和原有视听语言的失效导致了创作的滞后。通过以上分析,我们发现,克里斯蒂安·麦茨早已在第二符号学的转型中,为我们提供了启示:从观众的接受体验出发,利用虚拟现实影像的优势,着力于镜头的组合转向对于观看视角的挖掘,强化观众的内心认同。

(一)去剧场化以适应新媒体环境特征

电影叙事的开端是蒙太奇理论,而蒙太奇理论则建立在镜头分割的基础上,虚拟

---

① 曹海峰.精神分析与电影[M].上海:上海师范大学,2006:115-116.

② 崔露什.从拉康的镜像理论看电影及其他媒介影像的镜子功能[J].社会科学论坛,2009(2):137.

现实影像摒弃了镜头、景别、屏幕边框，这说明了其并不适用于蒙太奇理论。

从第二符号学开始，麦茨不再专注于镜头结构的排列组合、句法句式，而是把重点放在电影与观众之间的关系上，进入了精神分析学科领域，从接受心理、镜像心理的角度探讨电影所传达的信息与体验，在观众与内容之间建立了心理层面的连接。在这一心理过程中，麦茨提出的“二次认同”模式从结构主义的文本分析进入到受众心理分析。心理分析有效回避了影像不规律的文本结构问题，这就使得被虚拟现实影像破坏了的镜头组合叙事模式这一问题被有效回避，这也和麦茨在处理第一符号学的诸多棘手问题时选择的“避开表象、挖掘本质”的思路一致。

进而，心理分析对观众接受体验的关注成为研究重点，其建立的“看与被看”“视角认同”等命题开启了影像语言分析的本质层面，而在这个层面，我们刚好发现了“沉浸式”“现场感”等虚拟现实关键词带来的核心问题——观众的“感知”与“体验”。

“二次认同”理论使我们站在电影本体论的角度重新审视虚拟现实影像，头盔和眼镜代替了放映机使观众与影像达到认同，也就意味着剧场和传统电影院于虚拟现实影像的放映失去了意义。

(二)虚拟现实影像中第一人称视角的强化

虚拟现实影像本身即是“某一个视角下的全部影像信息”，于是这种方式也更强化了第一人称的视角。虚拟现实影像封闭式的空间和独特的主观视角带给观众第一人称的沉浸感。因为在虚拟现实影像中能够分散观众注意力的内容已经很多，如果以第三者的视角观看“别人”的故事，难免会产生眩晕感，所以未来虚拟现实影像的题材内容可能更加丰富，但是创作导演可能大多会围绕观众为第一人称视角来制作影片，最大限度地突出虚拟现实的优势和观影体验。①

第一人称的叙事方法能加强观众的认同心理，增强情感共鸣，这也是麦茨所说的达到观众与电影人物的认同。这里观众和电影人物极有可能是同一个人，导演和演员的职责不再是表演，而是引导，人们对自己亲身体验过的事物和场景会更加深刻，这点毋庸置疑，所以虚拟现实影像在这方面对观众的影响是传统影像无法比拟的。

(三)深化认同感下的内容创作转型

由上文分析我们可以发现：“沉浸感”“第一人称体验”是虚拟现实影像的特点。也

---

① 田扶摇，吕宇翔.VR影像叙事手法的特征及发展[J].新闻与写作，2016(8)：44-45.

正是由于它自身的特点,容易为观众带来深层的认同感,所以内容创作方面也给导演带来更多的启发,即适合长镜头的基本叙事模式、主观视角带来的未知感和探索感的作品内容会更有表现力。传统影像中纪录片和悬疑片都是符合这种表现方式的。甚至在纪录片上,虚拟现实有更丰富的“先天优势”①:还原真实的场景。2012 年,圣丹斯电影节展映了南加大传媒学者诺妮·德拉佩纳(Nonny de la Peña)的 VR 影片 *Hunger in Los Angeles*。影片时长只有 2 分多钟,采用了一段发生在洛杉矶食物银行前排队人群的现场录音,用动画形式实时模拟出当时的画面,让观众以 VR 的形式重返事件现场,获得了极强的“真实体验”,而这种体验正是来自于“视角的赋予”和第二符号学所描述的“认同感”。

虚拟现实影像作为新生事物必然还有很多未知的路径需要探索,本文将虚拟现实影像与麦茨的第二符号学、拉康的镜像理论相结合,用经典的视听语言理论来解读新兴事物的特性,虽未必完善,但求为学者提供新的研究思路,或可为创作者带来一些新的启发,进一步加深对影像的多元理解。希望新兴技术能够带动影像语言理论体系的同步发展,除旧布新。

〔于然,中国传媒大学电视学院副教授;陈玲令,中国传媒大学 MJC 硕士,现于人大附中北京经济技术开发区学校任教师〕

---

① 秦秀宇.VR 技术对纪录片的影响及发展思路[J].传媒,2018(7):37-38.

国际传播

国际传播视域下中国海军形象的多维建构
——以CGTN《新时代：中国海军》为例　　吴敏苏　王鹏宇

国际传播视域下中国海军形象的多维建构

——以CGTN《新时代：中国海军》为例

On Multi-dimension Construction of the Chinese Navy Image in International Communication

—A Case Study of CGTN *Red Star*, *Blue Water*

◎ 吴敏苏　王鹏宇

Wu Minsu　Wang Pengyu

摘要：在中国海军成立70周年之际，中国国际电视台CGTN推出新时代首部深入海军基地的系列微纪录片《新时代：中国海军》。该系列微纪录片利用丰富素材和原生镜头，在话语、人物、场景三个层面讲好了新时代中国海军的故事，建构了融通中外的话语体系，树立了生动鲜活的中国海军形象，打造了共情化的传播场景，有效构建了习近平主席倡议的关于"海洋命运共同体"的中国军队国际传播新范式。

关键词：国际传播，中国海军，话语，共情，场景

Abstract: On the 70th anniversary of the founding of the Chinese Navy, CGTN has released a series of micro-documentaries referred to as *Red Star*, *Blue Water*. This series of micro-documentaries uses rich materials and native shots to tell the story of the Chinese Navy in the new era in terms of discourse, characters, and scenes. It forges a discourse system integrating China and the outside world, fosters empathetic scenes among global audiences, and eventually establishes a real presence of the Chinese Navy, successfully forming a new paradigm for international communication in the maritime community with a shared future.

Keywords: international communication, Chinese Navy, discourse, empathy, scene

一直以来，为了保卫国家安全、维护世界和平，中国海军不断推进军队转型，我国媒体对于这种变化始终密切关注，并做出大量引起国际关注的新闻报道。尽管如此，在全球信息广泛流动的今天，我国军事题材的新闻作品仍面临来自国际受众的认知壁垒。

2019 年适逢中国海军成立 70 周年,CGTN 创作团队辗转海军北海、东海、南海三大主力舰队,选题涵盖中国海军当前最为核心的发展领域,获取了充分的第一手新闻素材,接触了最为先进的现役武器装备和舰艇,亲身体验到海军正在发展与即将展开的战略转型。在这样的创作背景下,CGTN 记者韩斌凭借 20 余年的军事报道经验,推出 10 期系列微纪录片《新时代:中国海军》。该片生动的故事话语、多样的人物呈现、丰富的场景记录,使中国海军的故事既具新闻价值,又有现实记录,还有情感回应。

一、话语建构:海军故事的语言呈现

在国际传播时代,媒体需要呈现一个真实、立体、全面的中国军队形象。话语可以最直观地呈现故事情节,塑造人物形象。纪录片主题不散、语言不拖,画面和话语的互嵌使人物访谈和解说词更好地服务于故事的呈现。

(一)贴近国际受众的话语习惯

话语是言语交际中运用语言成分建构而成的具有传递信息效用的言语作品。[①] 纪录片作为一种保留记忆的方式,需要真实话语的支撑。在纪录片作品中,真实话语离不开有价值的采访、可信服的讲述。《新时代:中国海军》没有采取出镜记者作为叙事主体、记录对象处于客位的讲述模式,而是让故事中的核心人物面对镜头、说出心里话,讲述海军转型的个人感受、自身能力和军队发展的协同变化。记者只是起勾连人物采访、串联报道场景的过渡作用。

在很长一段时间里,国际受众质疑中国海军现代化的发展意图,对中国海军发展的方向不甚明确,《新时代:中国海军》起到了重新构建海外观众对于中国海军认知的作用。为了理解《新时代:中国海军》的话语关切,笔者对该纪录片采访部分进行文字转写,利用词频分析和语义网络,在宏观上把握了文本的核心表意及语词联系的形成动因。

首先,笔者用 Python 从直观的语言层面深入挖掘,调用 Jieba 分词功能,并通过 Counter 函数统计词频分布(见表 1)。从词性看,高频词以名词居多,反映了纪录片本身关注的主体有实际意义,注重传递事实和细节;从纪录片语词的能指性看,高频词实义特征明显,尽管存在较少的抽象名词,但在军事题材报道中这些词意指关系单一(如

① 王宇,童兵.当代新闻话语体系建设与中国三大文化资源[J].新闻爱好者,2017(8):16.

capability 指作战能力),保证了关键词研究的相对客观性;从高频词的专业化程度看,这些词都不是军事领域的特色词汇,大多是大众熟悉的词汇,高频词中有很高比例是突出个人的"小词",如"我"(me)、"军官学员"(cadet)、"飞行员"(pilot),由此可以看出该系列纪录片淡化描述中国海军武器装备的技术发展,而是从普通官兵身上折射海军的战略转型。从整体上看,中国海军需要完成近海防御、远海防卫、维护主权、保卫海疆、抢险救援、国际护航、联演联训等多样化的任务,并非海洋争霸。

表 1 《新时代:中国海军》系列纪录片话语内容中词频≥10 的关键词

关键词	词频	关键词	词频	关键词	词频
train	52	navy	28	China	27
carrier	24	operation	23	PLA	22
pilot	22	sea	22	me	22
submarine	21	naval	19	mission	19
force	17	combat	17	water	16
aviation	15	aircraft	15	plan	14
fleet	13	cadet	12	support	12
capability	12	base	11	strength	11

其次,为了追寻该系列纪录片高频词之间的联系以及联系所取得的意义,笔者建立了表 1 高频词的共现矩阵,通过 UCINET 完成高频词的数据输入,并利用 NetDraw 绘制《新时代:中国海军》系列纪录片话语内容中的高频词关系图谱,最终得到如下结果(见图 1)。直观来看,该纪录片最关心的问题是"训练"(train)、"能力"(capability),最关注的对象是"中国"(China)和"中国人民解放军"(PLA)。结合高频词之间的联系来看,中国海军在当下最核心的任务仍然是自身发展,而非外部竞争。从战略的连续性看,中国始终奉行防御性的国防政策,不搞军备竞赛。

(二)贴近国际受众的平衡话语

美国著名新闻学者梅尔文·门彻(Melvin Mencher)在《新闻报道与写作》一书中认为,"新闻报道必须平衡而公正,须把矛盾中的方方面面都呈现出来"[①]。国际受众期待的是平衡报道而非一面之词,他们希望看到的是故事人物的"无意姿态",而非有意安排。因此,传播话语要与真实情况一致,传播形象要与实际成就相符,平衡的话语

① MENCHER M. News reporting and writing[M].北京:清华大学出版社,2012:53.

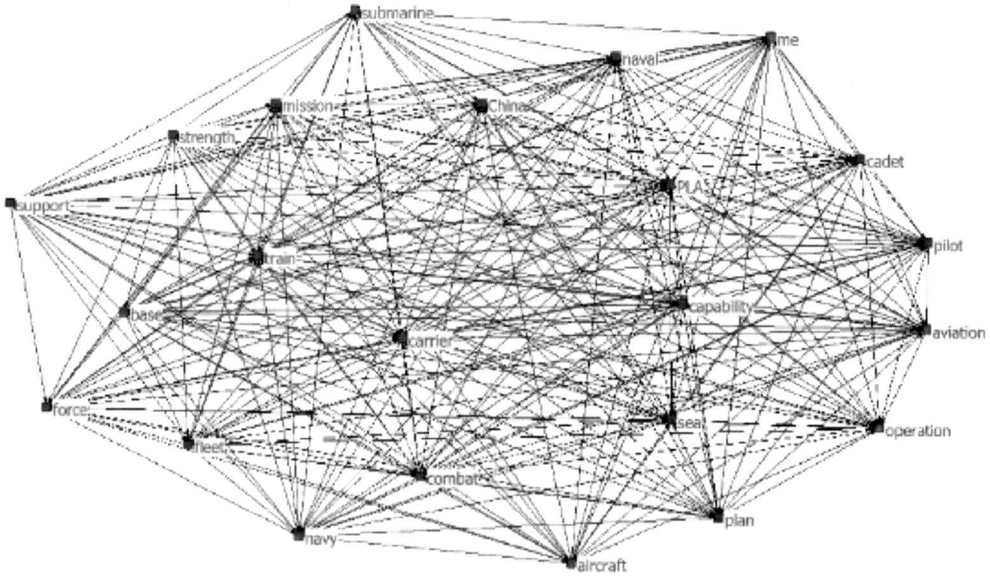

图 1 《新时代:中国海军》系列纪录片话语内容中的高频词语义网络图

不溢美,但使人信服。《新时代:中国海军》精准把握了国际受众注重平衡的话语习惯,在满足其想要了解中国海军视觉渴望的同时,也在话语层面留有余地,回应他们关心的问题时保留平衡质疑的态度。

该系列微纪录片在很多细节上采用了这样的平衡报道的模式。在报道海军发展的同时,记者韩斌在出镜时也说明中国在发展中面临的阶段性挑战,中国海军在转型过程中还要重视并解决渐次出现的新矛盾。在《新时代中国海军走向深蓝》(*Navigating Rough Waters*)一集中,韩斌谈及海军现代化发展的问题:"现代化不仅意味着更先进的设备,还有更高的新兵教育水平,这是海军增强实力的底气。积土成山、水滴石穿,任何一点显著的进步都尚需时日。"① 这种话语模式表明了我国海军硬件和软件存在的不足,解决这些不足需要时间。在《海军提升海上综合保障能力》(*Navy Supply Chain*)这集里,记者出镜时说道:"外行常常忽视后勤,但后勤保障恰恰是效率的关键。失去这支力量,整个海军都会运行不良。而转型升级之舰能走多远

① 原解说词是:"Modernization requires more sophisticated equipment and higher levels of education among recruits. These have the potential to boost the navy's strength. But the long-term process means any significant improvement is years away."检索于 https://news.cgtn.com/news/3d3d674d784d6a4d34457a6333566d54/index.html。

还需考量综合实力。”[①]这种表述意味着对协调中国海军的后勤力量和综合实力留有期待。上述这些话语指出中国海军可以发展的空间——中国海军仍在进一步关心海洋、认识海洋、经略海洋，推动我国海洋强国建设不断取得新成就。

在《新时代：中国海军》中，身在一线的海军官兵对海军发展也有着清醒的认识。CGTN 在播出该片时还原实际采访情况，体现了中国军方和中国国际媒体对新闻真实性的苛求、对外界的坦诚。在采访舰载飞行员苑明正时，他有时“会觉得自己的精力不够用，自己都有一些‘拿不住’这种飞机的感觉”[②]。尽管苑明正累计飞行已达 400 小时，但陆基模拟训练对他仍是巨大的挑战。再如，海军舰载战斗机飞行教官丁阳称：“我们国家舰载战斗机事业刚刚起步，距离国外发达国家差距是比较大的，我们也是在一个摸索、积累、改进、提高的过程……”[③]这种从自身寻找差距的平衡话语淡化了军方宣传的色彩，体现出受访军官客观而公允的态度，使平衡报道有了更多话语观照。

二、人物建构：真实故事的共情载体

在新闻消费的悦己时代，受众更倾向于选择与自身有共鸣的信息。故事因人而生动。在一个故事中，当事人有亲身经历和直接体验，更容易传递情感、讲好故事。因此，故事人物化是微纪录片叙事的题中应有之义。微纪录片在短短几分钟中可以展现人物行为背后的思想观念，表现人物的特质和故事的情感内核。当受众看到令人喜爱的人物在复杂的处境下如何应对并克服困难时，可以从受访者的经历中获得情感的共鸣，实现情绪的蔓延。

(一)寻找有故事的采访对象

面对“人”这个核心概念，发现并选择合适的采访对象是讲好故事的基础。在本系列微纪录片中，记者韩斌按新闻要素和报道经验寻找采访对象，采访了包括海军舰长、海员、海军学员、外籍受训军官，以及船舶建造工程师在内的数十名基层官兵，采访对

---

① 原解说词是：“To outsiders, logistics are often invisible, but they are the key for efficiency. The navy cannot run without these support staff. True real success will be measured when the overall capabilities are tested.”检索于 https://news.cgtn.com/news/3d3d514e7963444d34457a6333566d54/index.html。

② 原采访词是：“...I sometimes felt my energy wasn't enough, that I almost couldn't hold the fighter up.”检索于 https://news.cgtn.com/news/3d3d414e7845444d34457a6333566d54/index.html。

③ 原采访词是：“The task of turning out carrier pilots has just started. There's a relatively large gap with the advanced navies of the world. We are in the process of testing, accumulating, improving and upgrading...”检索于 https://news.cgtn.com/news/3d3d414e7845444d34457a6333566d54/index.html。

象没有军方的举荐,故事语态更为亲切,贴近不甚了解中国海军的国际受众,在传播过程中穿破定势和偏见的阻尼。

个人体验的传播可以让情感和关系流动于社会圈层。在国际受众的心目中,个人直接体验的视角会使一个遥远地域的故事拥有共情效果,通过对主体内心世界的刻画,更能激起受众的共情体验。

在中国海军成立70周年之际,CGTN《新时代:中国海军》的走红不仅因为主题的应景,也因为体验的应情。70年来,中国海军在每个阶段的发展方向随时代主题而变,但是海军个体“英勇顽强、不怕疲劳、连续作战”的战斗作风不变。这部微纪录片将事件人物化、人物细节化、报道现场化,在讲述中国海军的故事时选取几代海军的代表人物,记录完整的海军发展历程。在《中国海军加速培养舰载战斗机飞行员》(*Swords in the Sky*)一集里,记者韩斌平行讲述三个人的故事揭示主题,包括立志成为未来航母战斗机飞行员的学员鲁向峰,即将完成最后着陆起飞模拟训练的舰载战斗机飞行员苑明正,以及中国最早一批航母战斗机飞行员、现役教官丁阳。他们三人代表了中国海军舰载战斗机飞行员接受培训、正在成长与即将退役的三个阶段。他们的生命经验因时代变化而不同,却都有着战斗机飞行员的价值默契。

美国最具权威性的航空网站“航空家”(The Aviationist)在2019年4月17日为该系列纪录片撰文,题为《新中国媒体宣传拉起中国军队神秘大幕》(*New Chinese Media Campaign Rolls back Curtain of Secrecy on their Air Forces*)。文中连续使用三个“unprecedented”(前所未有)来评论该系列,认为“该类海军题材纪录片前所未有、对中国军力的洞察前所未有、片中展现出的国防新闻报道透明度前所未有”[①]。相较于以往中国军方的发声,个人的发声对于国际受众来说是一次“尝鲜”。当军队国际传播的主要对象不再是军事装备,而是以“人”为视角,将有体验、有故事、有情感的采访对象作为海军变革的载体,中国海军形象真正为外媒接受并认可。该系列纪录片的诞生成为中外受众思维和心理关系的转圜契机,在国际传播中荡涤悖论与困惑,使得国际传播过程中受众认知的不确定性降低,增强了中国海军的共情传播力。

(二)塑造有共情的个人

按照认知心理学的观点,人们的认同大多源于情感的触动,情感认同往往是抵达

① DEMERLY T. New Chinese media campaign rolls back curtain of secrecy on their air forces[EB/OL].(2019-04-07)[2019-10-20]. https://theaviationist. com/2019/04/17/new-chinese-media-campaign-rolls-back-curtain-of-secrecy-on-their-air-forces/.

认知认同的有效方式。[①] 因此，贴近国际受众的情感成为国际传播的手段，挑选可以传递情感的人物是国际传播的策略。共情(empathy)“是一个人能够理解另一个人的独特经历，并对此做出反应的能力”[②]。在纪录片创作中，我国军事题材的纪录片已经“从单纯、传统地表现军人的苦累和牺牲奉献，走向对军人内心世界的探索，走向对军人价值的思考”[③]。这种转变需要更多带有人情味的观察、更多突出“人”的细节，让细节更加微观，形象更为饱满。

当中国海军故事着眼于个人时，个人的故事应该成为故事的主体，并成为海军群体的不同标签。在《新时代：中国海军》中，普通奋斗的海军官兵成为了中国海军维护国家利益和世界和平的实际讲述者。这些人物不再是千篇一律的楷模或榜样，而是兼具个性和新闻性的人物，如曾在远海行动一线的潜艇兵、参与撤侨行动的舰长、驱逐舰推进柴油机的班长和厨师长等。通过展现海军官兵的训练细节、生活状态，纪录片的故事素材最大化地得到丰富。因此，中国海军在国际传播过程中得到国际受众更深层次的了解。

海军形象的构建同样包含了个人心理的动态变化，在《中国海军陆战队致力发展两栖作战能力》(*The Jiaolong Commandos*)中，记者韩斌通过跟踪拍摄蛟龙突击队具有典型特点的普通特战队员——大学毕业后、参军入伍两年的新兵罗平，讲述了突击队强化背水攻坚夺岛训练和实战化训练的深刻转变。节目特别呈现了罗平从高校青年转变为海军刀尖战士的心路历程。通过媒介的镜鉴作用，罗平将自身真实的个人讲述和心理的动态变化结合起来，让国际受众闻得其声、深为所触。该系列纪录片将个人心理的前后变化作为叙事的线索，展现了海军训练环境同内在身心的交互过程，发挥了共情化人物的“棱镜效应”，在个人体验、心理、情感等多个棱面折射出典型人物在国际传播过程中的价值。

三、场景构建：叙事主题的空间串联

国际受众对于中国军事的发展有诸多疑问。关于中国海军发展的动机、建立强大海军的缘由、中国海军的发展方向、中国打造强大海军是否会对世界造成威胁等，这些话题在整部纪录片中都有体现，使故事更为立体、人物更为饱满。《新时代：中国海军》

---

① 刘涛.新概念 新范畴 新表述：对外话语体系创新的修辞学观念与路径[J].新闻与传播研究，2017(2)：15.

② KIERKEGAARD. The concluding unscientific postscript[M].Princeton: Princeton University Press，1941：103. 转引自王平.尼采对理性主义的颠覆[J].辽东学院学报（社会科学版），2012(5)：15.

③ 赵利亭.新时代军事题材纪录片的创新与发展[J].电视研究，2018(3)：10.

综合运用镜头营造叙事场景，将主题和场景熔于一炉，让国际受众对海军命运共同体的理解因体验而生，因共情而增。

(一)以“海洋命运共同体”为主题

主题是故事的本质。国家军委主席习近平在出席中国人民解放军海军成立70周年多国海军活动中正式提出“构建海洋命运共同体”的倡议。这一倡议是中国深度补充与完善现有全球海洋治理体系的举措。CGTN《新时代：中国海军》的报道主线与“构建海洋命运共同体”的理念深度耦合，将中国海军故事落实于媒体的国际传播实践，体现了军队层面推进海军发展、构建海洋命运共同体的主题。

构建海洋命运共同体是实现人类命运共同体理念的必要条件，人类的普遍联系则是海洋命运共同体发展起来的必要条件。在国家和军队议题面前，媒体在负责找故事、讲述好故事的基础上，也在广泛地注意来自世界的声音，进而不断丰富全球海洋治理体系的理论建设。

面对“海洋、海军和中国”这一组宏大的概念，记者韩斌捕捉到中国海军鲜为人知的好故事，将官方话语场景化，通过深入中国海军三大舰队、对话普通海军官兵、登临主力舰艇、参与海上实弹演习、走进海军院校体验训练、报道多国海上阅兵活动，零距离感受中国海军战略转型与发展趋势，在不同场景中建构起全方位、多角度、宽领域的中国海军布局，取得了良好的认知效果。截至目前，该系列纪录片获得全球阅读量1,459万，独立用户访问量1,021万，总互动5.4万，视频观看量277万，实际的受众反馈印证了这些故事的成功。因此，报道的视窗大小和采编难度并不是影响传播效果的主要原因，关键在于如何运用好报道中人和环境这两种场景元素，如何兼顾国内主流舆论场和国际舆论场这两个场域，如何让专业化的新闻记录贯通顶层设计与受众个体心理这两个边界。

(二)用视觉语言服务于场景

对于场景而言，“有了社会关系和情感诉求，就有了场的概念；有了时间和空间的概念，就有了景的要素”[①]。镜头可以直接或间接地表现场景，如广角镜头拍摄的宏大场景，镜头编辑实现的场景转换等，有效表现了受访海军官兵同受众的情感维系，串联了海军活动的空间。

---

① 吴敏苏，王鹏宇.CGTN“两会”报道的场景传播研究[J].现代传播，2019(7)：38.

1.镜头运用与场景构建

首先,纪录片的镜头展示了场景、事件与个人的交互。CGTN 系列微纪录片《新时代:中国海军》注重镜头的丰富程度(多角度、多景别)和叙事质量,剪辑率高,节奏明快(见表 2)。在镜头选择上,该片既有交代情节和环境的长镜头,也有大量短镜头来表现动作强烈、形象显著的人物,长短镜头交替组接,将海军训练、日常生活、后勤供给等场景生动表现出来。

表 2 《新时代:中国海军》系列纪录片各分集时间及镜头数量

分集名称	中文译名	时间	镜头数量(个)
Swords in the Sky	铜心铁胆,万里挑一:中国海军加速培养舰载战斗机飞行员	4′33″	167
The Jiaolong Commandos	刀尖战队,斩浪劈波:中国海军陆战队致力发展两栖作战能力	4′40″	130
Danger Never Sleeps	练兵无闲,枕戈待旦:远海训练实战化常态化提升海军联合作战能力	3′55″	138
Navy Supply Chain	兵马未动,粮草先行:海军提升海上综合保障能力	3′37″	121
Prepare to Surface	居安思危,无患有备:海军培养未来海战水下尖兵	4′40″	144
The Underwater Force	艇行无声,剑亮惊雷:潜艇部队提升远海作战能力	4′39″	99
Maritime Peace Missions	十载承诺,远海召唤:中国海军护航舰队阔步深蓝	5′08″	143
Naval Air Force	长空有限,挑战无涯:海军航空兵苦练本领守卫海疆	4′34″	120
A Ship-shape Industry	中国制造,厚积薄发:船舶制造业助力中国海军现代化	3′21″	83
Navigating Rough Waters	纵风雨,亦同舟,但愿海波平:新时代中国海军走向深蓝	5′19″	231

该纪录片在整体上以蓝色为基调,呈现海军走向"深蓝"的实质,展现海军官兵丰富的精神世界以及海军独特的人文环境。在细节中,该系列纪录片每一集都通过各种镜头来表现海军生活。如,在《中国海军陆战队致力发展两栖作战能力》中,海中潜水、丛林搜索、城市反恐三组镜头紧凑而明确,大量真实的军事画面代替了过去军队模糊不清的隐晦表达。

其次,在镜头运用中,创作者直观的叙事视角渗透到各种场景中,场景的切换为纪录片的创作营造了叙事的时空,也为纪录片创作提供了不同人物共同拥有的社会空间。在拍摄过程中,《新时代:中国海军》创作团队极其重视镜头的美学价值,如光线、构图、色彩的整体把握，也关切包含事实信息、情绪信息和环境信息在内的信息质量，将可制作的选题通过画面呈现出来。这些主题包括加速培训舰载战斗机飞行员、海军陆战队发展两栖作战能力、远海训练实战常态化提升联合作战能力、远洋综合保障能力亟待提升、海军航空兵提升综合战斗力、十年护航彰显大国担当、打造未来海战水下尖兵、中国船舶工业迅猛发展助力海军现代化建设、海军多边外交管控风险避免误判、中国推动海洋命运共同体建设等。正是基于创作者对新闻场域的实时观察，新时代海军故事在极富场景感的镜头中一一铺陈开来。

2.视觉近景与心理远景

景别是现实的概念隐喻，也是纪录片的视觉呈现。因此，在纪实作品中，第一要务是离现实尽可能靠近，追溯为肉眼可感的真实场景，为受众建构出视觉的近景。其次，中西文化的认知逆差又不断告诫记者把握好摄像机的“在场”与“离场”，秉持相对客观冷静的态度。尤其是在军事题材的纪录片中，创作者一方面要有效介绍战略、备战的真实情形，不能刻意成演戏；另一方面还要留下值得回味的“景深”，让受众在看到军队主体的活动时，回味外界编码的“信息”或“情报”的应然与实然。

在创作过程中，CGTN 系列微纪录片《新时代：中国海军》没有突出国际新闻记者韩斌探访随军的轰动效应，没有戏剧化呈现独家采访的内容，也没有寻求记者盖棺定论式的现场评论，而是站在心理远景处，基于最合乎常理的大众认知和最注重微观的个体想象，描摹出中国海军的视觉近景，无形中建立起了受众的共情桥梁与信任纽带，让民心相通助力建设海洋命运共同体。

结　语

中国海军伴随国家发展迈入了新时代，而海军国际形象需要媒体在国际传播实践中进行构建。当国际传播题材是容易产生误解的军事议题时，媒体可以在话语层面完成同频共振、在人物层面实现情感共通、在场景层面创造认知共鸣。话语、人物和场景三者互为表里，真实的话语表达可以彰显人物特质，精准的人物描摹让陌生的场景变得可观可感，场景通过镜头实现正面刻画和侧面描摹的切换，真实立体地呈现了新时代海军发展的方方面面，使得体验式报道和纪录片的唯美感融合起来，增强了影像的表现力与冲击力。

中国海军的形象构建是全方位的过程，涉及技术的进步、理念的转变、个体的重塑，也要考虑外界的发声、环境的变迁、传播方式的改变等。CGTN 系列微纪录片《新时代:中国海军》将个人发展与国家大势结合，从国际受众可以接受的角度构建融通中外的话语体系，从普通海员身上折射海军的战略转型，这种将国内与国际、个体与整体熔为一炉的创作手法使海军故事贴近了国际受众的话语模式和认知习惯。因此，国际传播的变革需要信息生产者的自我革新，需要把握“面对谁”这个最大的变量，化变量为增量，构建起一套完整的让世界倾听、认可和接受的传播体系。

〔吴敏苏，中国传媒大学新闻传播学部副学部长，教授，博士生导师；王鹏宇，中国传媒大学电视学院国际新闻学硕士研究生〕

纪录片研究

医学题材纪录片的叙事创新与传播价值探析

——以纪录片《手术两百年》为例

A Preliminary Analysis of Medical Documentary *Two Hundred Years of Surgery* on the Narrative Innovation and Communication Value

◎ 陈子隽　胡　芳

Chen Zijun　Hu Fang

摘要:《手术两百年》是中国第一部全景展现人类与疾病抗争的医学题材纪录片,它将科学历史知识与社会现实故事穿插融合,创造出一种新的纪录片叙事模式。本文以叙事理论为框架,通过文本分析的方法,对《手术两百年》在叙事结构、叙事方法、叙事主题三个层面的叙事创新进行研究,并探讨其健康传播的价值。《手术两百年》从健康传播的角度来说,满足了受众对于医学领域的知识需求,实现了医生形象的重新塑造,打破了信息不对称情况下医患关系的对立隐喻,从而引导受众进一步审视医患关系,重新认识现代医学的重要价值。

关键词:纪录片叙事,回环套层结构,健康传播

Abstract: *Two Hundred Years of Surgery* is Chinese first medical documentary that highlights human's struggling against diseases. It integrates scientific and historical knowledge with the true stories in our society to create a new documentary narrative model. Based on the theory of narrative, this thesis focuses on the narrative structure, narrative method and narrative theme in the *Two Hundred Years of Surgery* through text analysis. The thesis also discusses the value of health communication in the *Two Hundred Years of Surgery* according to the innovation of narrative. From the perspective of health communication, *Two Hundred Years of Surgery* meets the audience's needs in the medical knowledge field. Then this documentary reshapes doctors' image and breaks the opposite metaphor between the doctors and patients under the information asymmetry. At last, it guides the audience to further examine the relationship between doctors and patients, and to recognize the important value of modern medicine again.

Keywords: documentary's narrative, loopback set of layer structure, health communication

随着社会进入转型期,公众的健康服务需求和社会的医疗服务水平逐步提高,医学已成为全社会广泛关注的学科领域。2019 年在中央广播电视总台纪录频道(CCTV-9)播出的《手术两百年》就是一部以纪实拍摄为主,创新叙事模式,科普医学知识,全景呈现外科手术的曲折历史与未来发展的大型医学题材纪录片。《手术两百年》共 8 集,每集 50 分钟,以中国人视角切入,展现当今外科医学领域的顶级技术,并用观点、故事引领观众,同历史中的国际学者展开直接对话,从而让观众逐步了解世界先驱努力探索的两百年奋斗史。

在《人间世》《生门》《急诊室的故事》等一批集中再现人类生死故事、聚焦医患关系问题的社会观察类纪录片火爆的当下,以科普医学知识、讲述医学历史为主旨的纪录片《手术两百年》另辟蹊径,在延承传统线性结构进行宏观叙事的基础上,创新利用回环套层结构,使科学历史知识与社会现实故事融合交织,并辅以三维医学动画、科学实验、情景表演等新型叙事方法,在时空交错、虚实结合中,开创出一种有别于传统医疗题材纪录片的新型叙事模式,基本解决了科学、历史、情感与观众之间的距离问题。《手术两百年》不同于中国以往的医学题材纪录片和 BBC 等国外媒体制作的科学纪录片,而是巧妙融合这两种纪录片的叙事方式,把当下中国社会的医疗实践放置于世界医学曲折发展的历史中,从国际视角解读健康传播,将中国社会医生对患者的人文关怀上升至与人类社会同呼吸、共命运的价值高度。

一、多维度解析《手术两百年》的叙事创新

在《叙事话语·引论》中,热拉尔·热奈特(Gérard Genette)将叙事的含义依次表示为“叙事”“故事”“叙述”,并明确指出三层含义间的关系,“故事和叙述只通过叙事存在。但反之亦然,叙事、叙述话语之所以成为叙事、叙述话语,是因为它讲述故事,不然就没有叙述性(如斯宾诺莎《伦理学》),还因为有人把它讲了出来,不然它本身就不是话语(例如考古资料文集)”①。根据热奈特对叙事的定义,中国学者将叙事研究延伸到纪录片领域,认为“纪录片是一种叙事艺术”②。

《手术两百年》开创了科学历史式叙事和故事小说式叙事相交织的新型叙事模式,

① 热奈特. 叙事话语 新叙事话语[M]. 王文融,译.北京:中国社会科学出版社,1990:21.
② 景秀明.纪录的魔方——纪录片叙事艺术研究[M].北京:文化艺术出版社,2005:75.

具体表现在结构、方法、主题三个层面。“新叙事结构”体现在多种叙事结构的融合，以传统线性结构进行宏观建构，回环套层结构开展场景化叙事，将历史与观众的距离逐步拉近；“新叙事方法”是指它通过人物采访提升专业性，并配合三维医学动画、科学实验、情景表演等多种方法，将科学知识进行视觉化呈现，达成社会科普的效果；而“新叙事主题”指的是它从世界格局、中国视角来认知外科医学，突出人类进行科学探索的艰难曲折，以及中国的外科手术实践在世界医学中的重要价值。

（一）新叙事结构：多重结构拉近历史距离

在纪录片创作中，叙事结构是指叙事的逻辑框架，能展现出纪录片的叙事顺序与叙事风格。《手术两百年》在不同层面创新综合不同的叙事结构，将宏观上的线性叙事结构与段落间的回环套层结构相结合。线性结构搭建的大框架能让普通受众由浅入深地了解医学知识，理解医学行业；而新颖的回环套层结构则可以进一步拉近受众与科学、历史的距离，通过故事的嵌套不断累积情感，并最终达成受众对医学的敬畏感和对人类科学的自豪感。

1.线性结构的宏观搭建

时间轴式的线性叙事结构是纪录片讲述历史时惯用的一种叙事结构，这一结构符合历史的基本发展脉络，同时与普通受众“解码”的路径相匹配。《手术两百年》按照医学科学的探索进程构建出整部纪录片的主体结构。第一集《理性之光》以解剖学的内容为主，因为解剖学是现代医学的基础，同时也是了解医学的第一课。第二集《手术基石》，渐进性地梳理出止血、麻醉、消毒三个方面的知识，带领受众在初步了解手术基本常识的基础上，过渡到对人体不同部位的探索——第三集《长驱直入》（腹部）、第四集《攻入颅腔》（大脑）以及第五集《打开心脏》。第六集《生死“器”约》，讲述外科医生挑战移植领域，呈现外科手术改变人类命运的医学壮举，使受众不禁对人类医学发出喟叹。但手术刀也不是万能的，第七集《众病之王》将镜头对准癌症问题。癌症从某种程度上限定了人的生死界限和手术的边界，留给受众对生命的思考以及对未来解决癌症问题的期待，并最终自然过渡到第八集《手术未来》，既是在总结整部纪录片的脉络，又在展望手术的未来发展。

这种线性的叙事结构同样被应用于片中每一集 3—4 个关键知识点的组合架构中，片中的每个单集都可独立成章。例如第三集《长驱直入》关于手术开腔剖腹的叙事，按照历史线索，依次呈现出四个段落：以 x 光为代表的医学影像学的发展，输血技术的安全保障,住院医师标准化医学人才制度的培养,微创技术的探索。每个段落叙述自然过渡,清晰明了地展现出外科医生逐步攻克人体第一个禁区的过程。医学知识对于普通受众来说具有一定的知识门槛,而这种宏观上的线性叙事结构正符合受众构建知识体系的一般逻辑,能由浅入深地带领受众认知医学,达成医学知识社会普及的目的。

2.回环套层的历史再现

"回环套层结构"是电影中常见的一种叙事结构,"是21世纪初形成的一种结构复杂的电影叙事模式,通过叙述层次上的垂直叠加构筑一个立体化的结构网络,营造整体架构上的叙述张力;在时间向度上呈现出环形轨迹,强调讲述方式的多元性和可靠性;通过空间的多重化和碎片化来实现时间的流动"①。

纪录片《手术两百年》巧用了这一结构,将现代手术的实践与外科医学的历史紧密联系在一起,在现实与历史两条线交替叙事的同时,又使现实故事与历史故事交错层叠,从而形成一幅生动形象的医学历史画卷。以第五集《打开心脏》中关于心肺机的叙事为例。这一段落先从中国病人孙凤在人工心肺机的帮助下顺利进行心脏手术入手,之后跳转到国外,讲述人工心肺机的发展历史。故事以《心脏之王》的作者韦恩·米勒(G.Wayne Miller)拜访早期心脏手术亲历者迈克·肖恩(Mick Shawn)为引,通过肖恩的个人叙述、历史影像画面以及明尼苏达大学的专家讲解,共同组合成关于人工心肺机的前身——"活体交叉循环技术"的历史叙事。在这一历史故事叙述完后,又再次跳转回现实,记述肖恩一家的家庭聚会,折射出"活体交叉循环技术"改变肖恩一家人命运的科学价值。最后,再回到最初的故事叙事,人工心肺机的使用让现实中的中国病人孙凤顺利存活下来。在这一个大段落中,关于人工心肺机的现实故事包裹着"活体交叉循环技术"的历史故事,形成了一个历史与现实间的大回环。这样,不同故事之间实现层层嵌套,现实与历史之间相互呼应,补充叙事。这种叙事结构既降低了历史叙事的视觉呈现难度,不会使影片陷入沉闷、冗长、拖沓的境地,又能聚合起每个故事的小情感,最终汇聚形成人类用智慧和鲜血共同探索科学、勇敢前行的大情怀。

《手术两百年》在段落叙事中应用的"回环套层结构",联通起现实与历史两个场景,实现了时空交织中的场景化叙事。从时间上来说,《手术两百年》围绕着历史的变迁和医学的发展,使观众能先从自己现实中的就诊经历出发,带着好奇去了解历史上这一医学治疗技术的发展过程,并沉浸于医学发展所经历的伤痛、探索、尝试、失败、成

① 邱章红.电影叙事系统中的层级嵌套模式探析[J].当代电影,2018(10):43-47.

功的全过程，从而感悟出现代医学的伟大成就，以及人类探索科学的艰辛道路。从空间维度上看，《手术两百年》不断转换叙事场景与叙事视角，从国内手术室延伸到各国的历史遗迹，从解说引导下的全知视角变化为博物馆专家讲解下的限知视角，多元的场景呈现迅速拉近了观众与遥远历史的距离，不同场景中的人物讲解也使观众产生了身临其境的强烈参与感。

（二）新叙事方法：多元方法丰富视觉呈现

为实现严肃科学的视觉表达以及健康传播的价值理念，《手术两百年》融合专家采访、情境表演、三维医学动画、科学实验等多种叙事方法，加深知识深度的同时，增强可视化互动。一方面，医学领域专家关于医学内容的详细梳理，字里行间流露的科学情怀，使医学专业人士看得酣畅淋漓；另一方面，科学观点的视觉化呈现，从医学角度定位病患群体的重要价值，使普通受众看得津津有味。

1.专业领域中的科学讲述

《手术两百年》以跨国界、高规格的人物采访丰富了片中医学知识的广度与深度。历时 3 年创作的这部大型医疗题材纪录片，辗转英、美、德、法等 12 个国家，走访诺贝尔奖获得者迈克尔・毕晓普(J.Michael Bishop)，拉斯克奖获得者、器官移植先驱罗伊・约克・卡恩(Roy Yorke Calne)爵士，显微外科之父马哈茂德・加齐・亚萨基尔(Mahmut Gazi Yaşargil)等 50 多位国际顶级专家。一方面，国际顶级专家作为专业权威的象征出现在纪录片中，本身就提升了医疗题材应有的科学性与专业性；另一方面，以郎景和、戴尅戎为代表的 15 位中国院士，从自身手术实践的视角讲述医学专业知识，也就是从中国的语境出发，带领观众走进外科手术的历史。所以，对于医学专业学习者来说，《手术两百年》完全是一门由世界医学专家共同教授的“专业课程”。

最后一集《手术未来》的结尾，国内外专家共同总结手术两百年的价值意义。其中中国工程院院士郎景和教授将人类探索科学比作在深渊黑洞中摸索前行，“我们手拿着提灯，我们照亮了一段一段，我们最后可能会认识一个局部，还有很多的东西我们不认识，但我们是求索者，医学也一样”[①]。短短几句话，就道出了医学乃至人类科学发展的一个过程，明确了医学工作者在社会发展中求索前行的价值地位，引发众多医学工作者强烈的职业认同感与自豪感。

---

① 《手术两百年》第七集《手术未来》郎景和采访同期声。

2. 虚实结合下的科学普及

《手术两百年》用三维医学动画、科学实验演示、情景表演等数字可视化技术,实现科学知识点的视觉化,复杂知识内容的明晰化。其中三维医学动画在《手术两百年》中,分别以微观动画、病理技法示意以及历史类的包装动画三种形式呈现,在视觉上符合现代审美品位,同时在医学上也符合医学逻辑。

首先,以微观动画实现视觉的清晰呈现。外科医学中涉及大量人体器官等专有名词以及手术操作过程的复杂叙述,大尺度的手术画面往往不能被普通观众接受,甚至无法将跟手术相关的医学知识讲解清楚,反而容易使观众产生视觉感观上的反作用。因此,《手术两百年》借用动画影像进行部分视觉呈现,展现人体内部的“奇观”——血液、骨骼、肌肉,乃至大脑、心脏等人体各个组织、器官运行的规律。例如在第四集《攻入颅腔》中,解说阐释大脑复杂、精密的同时,纪录片以微观动画呈现出大脑中的神经元细胞,从而带动受众形象化地理解大脑指挥人类生产活动的运作原理。

其次,以病理、手术技法示意展示手术难度,引发普通受众的视觉惊叹。《手术两百年》选择借助技术手段,使三维医学动画配合具体的医学手术案例,做病理解释以及高精尖治疗手段的呈现,通过虚实结合的场景化叙事提供给观众清晰震撼的视觉体验。例如,为清晰说明“介入治疗”这一医学名词,第五集《打开心脏》就通过一台心脏手术开展故事叙事,在视觉呈现上利用手术中的内窥镜镜头结合数字三维动画,虚实结合中清晰呈现导线插入病变位置,注入氧化亚氮,冷冻消融放电心肌细胞的完整手术过程。真实手术场景与虚拟动画场景的交织重叠,配合细致的解说,给观众带来了丰富的视觉交互体验。

最后,通过历史类的包装动画,提升医学作品的文献价值。以往纪录片中历史文献的叙述,基本都以人物讲述配合历史文字、视频资料进行影像呈现,过多文字知识的简单堆砌,往往使受众产生疲劳感。《手术两百年》则通过手绘动画、史料图片的分层运动,让历史文献中的人物“动”起来。例如第二集《手术基石》中关于中世纪医疗理发师的工作叙述,就采用包装动画的方法,让书中静止的漫画人物“动”起来,让历史叙事“动”起来,以更为形象化、趣味性的表达方法呈现出中世纪医疗工作的粗暴与可怕。

(三)新叙事主题:中国故事表达国际情怀

近年来的纪录片市场中,医学题材纪录片基本都聚焦于医患双方的故事,讲究人文关怀的表达。而《手术两百年》在叙事主题选择上独树一帜,没有过多煽情性的故事化叙事，反而以理性、克制的配乐来辅助故事化叙事，把更多的情感表达放在人类与疾病抗争的主题中，从而突出中国的外科手术实践在世界医学发展中的重要价值。

《手术两百年》以中国第一部全景展现人类与疾病抗争的医学纪录片为自身定位，从故事呈现到配乐辅助都保持着一种理性、克制的情感，凸显技术革命下医学领域的发展成就。以音乐这一重要辅助元素来说，《手术两百年》的主题音乐全部是原创作曲，由中国爱乐乐团演奏并配合着剧本的结构，建立起音乐整体的结构与段落感。片中每一段落的主题音乐都用钢琴旋律和宏大交响乐进行编配，呈现出历史进程中的命运感：前进中带着曲折，回望中带着希望，快乐中带着忧伤、遗憾。这一音乐基调与整部纪录片的气质相契合，是人类探索真理、推动医学前进的总调性。此外，片中开场结尾的音乐作曲还增加了电子音乐的部分元素，凸显出外科医学的时代感、现代医学的科技感。

《手术两百年》以国际视野开展叙事，把当下中国社会的医疗实践置于世界医学曲折发展的历史中，表明中国现今的外科医学成就已成为世界医学发展中的重要力量，并且中国也将继续引领世界，去探索更多人类医学的未知领域。例如第六集《生死“器”约》中的“中国式换脸”，讲述了在2016年世界第一例“异体脸面移植”失败的情况下，中国团队探索血管化治疗和干细胞再生医学技术，创造出脸面移植新方法的故事。《手术两百年》通过一个个类似“中国式换脸”的中国外科手术故事，引领受众走进世界曲折发展的医学历史。一方面表现出人类科学探索的艰难历程，另一方面也凸显出当下中国在外科医学领域的先进水平，表达出中国将与世界同呼吸、共命运，在世界医学的未来发展中肩负起大国的责任担当。

二、医学题材纪录片《手术两百年》的健康传播价值

20世纪70年代初，美国学界开始开展健康传播研究，随后杰克逊(Jackson L.D)等多位学者都对“健康传播”提出了概念界定。其中埃弗雷特·罗杰斯(Everett M. Rogers)认为“健康传播是一种将医学研究成果转化为大众的健康知识，并通过态度和行为的改变，以减少疾病的患病率和死亡率，有效提高一个社区或国家生活质量和健康水准为目的的行为”①。作为大型医学题材纪录片，《手术两百年》通过叙事上的创新来实现健康传播的价值意义。在健康传播领域，《手术两百年》满足了受众对于医学知识的需求，达成了对于医疗信息的社会科普；并在此基础上打破了长期以来关于医

---

① 陆园，张国涛.健康传播的电视剧实践：中国医疗题材电视剧的价值追求与发展路径[J].新闻界，2017(4)：69-74.

患关系的对立隐喻,进一步引导受众重新审视当前的医患关系,重新认识人类生死以及现代医学。

(一)全景呈现医学历史,促进受众健康认知

传统意义上健康传播的方式有两类,一是大众传媒进行健康宣传活动,另一类是医患之间面对面传播健康知识。根据麦克姆斯(Maxwell McCombs)和肖(Donald Shaw)提出的议程设置理论,受众通过获取大众传媒提供的健康知识信息,形成健康信念和态度,从而改变其健康行为。对多数受众来说,开刀剖腹的外科医学一直是未知的神秘领域,未知就会产生害怕恐惧的情绪,很容易造成误解,产生行为上的抗拒。而《手术两百年》通过寻访中外顶级专家,走遍匈牙利、意大利等外科手术技术的历史发源地,多场景、多角度讲述解剖、麻醉、移植、癌症等手术实践的前世今生,一定程度上填补了受众的知识盲区。

此外,《手术两百年》从片头开始,就将人体细胞、神经元的微观动画与宇宙星河的意向画面相层叠,让受众在潜移默化中认识到,人类对自我身体的医学研究和人类对宇宙的积极探索具有一样的价值高度,都是在向未知的科学领域大步迈进。这种画面上的剪辑设置,建立起了整部纪录片的感情基调与意义价值,形成了一种特殊的人文关照,让受众特别是医学从业者产生出强烈的认同感、满足感与自豪感。

《手术两百年》的回环结构形成今昔的强烈对比,从200多年前死亡率为100%的手术到现今人工心肺机、微创腹腔镜等技术支持下的现代手术,受众能在这种时空交错间直观感受到现代医学成就的伟大。同时,片中采取套层结构的故事化叙事,将普通人的手术治疗经历投射到与其相关的医学历史之中。故事化叙事里普通人面对镜头宣传自身的医疗体验就类似于面对面的人际传播,而这种人际传播又通过大众传媒进行完整呈现。人际传播与大众传播的结合,更新了健康传播的传统传播方式,一定程度上形成了有效设置健康议题的重要价值。

《手术两百年》没有将视角局限于医疗救治场景,而是通过历史遗迹场景、日常生活场景等场景化叙事,说明人类生活的方方面面都与疾病密切相关,从而强调健康传播的重要价值。“20世纪初的人类健康领域是生物医学的时代,今日的人类健康领域是行为医学的时代。”[①]《手术两百年》在展现外科医学伟大成就的同时,更新健康传播的内容,推动健康促进,向受众传达珍惜生命、健康生活的价值理念。在第七集《众病

① 张自力.论健康传播兼及对中国健康传播的展望[J].新闻大学,2001(3):28-33.

之王》的结尾，多个跑步、赛艇等体育运动的叙事镜头配合解说进行叙事，呼吁受众面对癌症应早发现、早治疗的同时，也在向全社会传达健康生活方式的重要价值。

（二）尝试突破对立隐喻，建构新型医患关系

外科医学将医疗场所逐步转移到社会机构"医院"，形成现代医疗的"隔离制"，这种制度性因素就使医生和患者之间出现一层屏障。近年来，随着公众健康服务需求和社会医疗服务水平的提高，医疗领域也成为公众对社会改革进程过慢进行口诛笔伐的宣泄口。医生和患者在上述制度化因素、历史文化因素的共同影响下，形成相互间的对立。采取多种叙事方法的《手术两百年》则将复杂的手术操作、病理知识进行可视化呈现，清晰晓畅，形象生动。没有任何医学知识的普通受众也能通过这种动画＋解说的双重解读，了解手术的具体操作过程，加深对医生行业的理解。《手术两百年》以科普为目的，从基础医学的角度平衡医患间的知识信息，尝试突破医患间的对立隐喻。

媒介的中介属性决定其在社会互动中的重要作用，"媒体既是社会现实得以表达的中介，也是形塑社会的动力"①。《手术两百年》不同于其他医疗题材纪录片聚焦医患故事，而是选择从科学的角度，以冷静的语态，讲述每一项医学成就所经历的曲折探索。受众同样也能从这一科学视角，感悟到医学背后那些医疗工作者的艰辛与不易。比如片中以专家介绍＋人物动画的方法讲述莫顿以身试法差点一命呜呼，从而发明出乙醚雾化器的故事；以情境表演的方法讲述福斯曼 9 次切开自己的静脉，试验心导管影像的故事。通过放大科学性，兼顾社会性，《手术两百年》不仅让受众重新建立起对医疗工作者的认知，更是让大众燃起对医学行业的尊敬之情。

总之，"纪录片应该承担的责任包括回顾与记录历史的责任，反映新鲜事物、人物的责任，讲述真实故事的责任，弘扬人文关怀的责任"②。作为医疗题材纪录片，《手术两百年》坚守社会责任，巧用叙事方法，达成受众对健康的清晰理解，重新建构和谐医患关系。

（三）引导受众直面生死，人类医学携手共进

"人生而为人蛮不容易的，可是生为人又是一件蛮骄傲的事情。"③生死是人类必

① 陈欣钢.我国医疗改革的媒介话语生产——对中央电视台新医改报道的个案研究[D].上海：复旦大学，2012.

② 李劲松.浅谈电视纪录片应坚守的社会责任[J].中国电视，2009(4)：61-63.

③ 一条.这部央视的大尺度纪录片，我以为是 BBC 拍的[EB/OL].(2019)[2019-10-08].https://mp.weixin.qq.com/s/Ji_1P9dZv9347eMXxwtwSQ.

须要面对的问题,医学题材纪录片的个体故事里往往都涉及生死命运的话题,这种矛盾冲突很容易引起受众的情感共鸣。《手术两百年》在具体个案的拍摄、人物故事的选择上,同样会把这种冲突叙事的戏剧张力作为一个重要的考量因素,但在影片的呈现上并不会过度利用煽情手法进行感情渲染。《手术两百年》会选择在讲述科学的同时,以故事化叙事引领受众走进每一个患者的生活空间,引导受众乐观、理性地面对生死话题。以第六集《生死"器"约》中接受双手移植的小男孩锡安·哈维为例,片中并没有过度聚焦于哈维残缺的双手,也没有增设过多哈维与家人的关系镜头,而是选取多个哈维未接受手术前玩耍、进食的生活镜头,呈现出一个积极乐观的人物形象。整个故事的叙事最终以哈维用移植后的双手掷出橄榄球作为结尾。积极向上的人物刻画,理性、克制的情感表达,引导着受众积极看待疾病与苦痛,保持对生命的珍视,对未来的希望。

《手术两百年》中所表达的希望不仅是寄予生存在这个世界中的人类个体,更是寄予人类科学以及人类社会。片中在呈现手术工具演变、医学理念更新的同时,采用解说、历史影像、专家回忆的方式,介绍不同年代的社会历史背景。因此,《手术两百年》不仅是在讲述外科医学的前世今生,也是在记录人类社会发展的完整过程。当下现实手术中每一个现代人所受到的恩惠,都是历史先驱们克服当时的社会困难,突破政治、经济等层层重围所做出的巨大牺牲与伟大贡献。《手术两百年》带领大众在了解历史的基础上,重新审视当下:现代医学是无数医生与患者用智慧与鲜血共同铸就的,是在战争、封建束缚、愚昧无知中一步步探索出来的,人类步履艰辛,走到今天实属不易。

全片从配乐到解说,再到画面呈现,也都表现着一种积极前进的姿态。尤其是在最后一集《手术未来》的末尾,多位中外专家的采访与纪录片的解说交错叙事,配合着渐进的音乐叙事,集中表达出人类将在科学探索的道路上继续摸索前行、携手共进的理想信念。

结　语

大型医学题材纪录片《手术两百年》兼具科学性、社会性、批判性,在叙事上实现了一定的创新与突破,开创出一种新的纪录片叙事模式,实现了科学历史与社会现实的两相融合,向中国乃至世界观众全景展现了人类与疾病抗争的壮阔图景。叙事上的创新,使观众更清晰地了解了健康知识,让全社会更深刻地了解了医学行业,引导人类直面生死问题，继续探索未知的科学。《手术两百年》是以全球格局、中国视角讲述科学故事的一次成功尝试，纪录片创作也和人类科学的研究一样，仍要在摸索中继续前行。

〔陈子隽，中央新影集团导演，纪录片项目负责人；胡芳，中国传媒大学电视学院2018级广播电视学硕士研究生〕

人类学视野下的纪录电影创作
——以《大河唱》为例

Documentary Film Production from the Perspective of Anthropology
—A Case Study of *The River in Me*

◎ 雷建军　萧伟婷

Lei Jianjun　Xiao Weiting

摘要:纪录电影在近年的中国电影市场中崭露头角,如《我在故宫修文物》《喜马拉雅天梯》《二十二》等,均产生不俗的影响力并引起广泛的社会关注。纪录电影是观察和记录当下的重要方式。探索更深入和多元的创作方式,提升对于现实社会更多的关怀,是纪录影像工作者需要深思的问题。音乐纪录电影《大河唱》关注黄河沿岸相关民间艺人以及当下本土音乐的流变,保留了丰富多元的影像和地域文化特质。本文以该片为例,分析其如何借助人类学的研究方法来完成影片创作,进而为现有主流纪录影像的创作提供思考和借鉴。

关键词:人类学,影视教育,乡土中国

Abstract:Documentary films have gradually emerged in the Chinese film market in recent years, such as *Masters in Forbidden City*, *Himalaya: Ladder to Paradise*, *Twenty Two*, etc. These films all have had great influence and social attention. Documentary film is an important way to observe and record our era. Exploring a more in-depth and diverse creative approach, while at the same time improving social care for the current society, will be a question that the documentary film practitioners need to consider. The music documentary film *The River in Me* pays attentiion to the evolution of the related folk artists along the Yellow River and the current local music while retaining rich and diverse images and regional cultural characteristics. This paper will take this documentary film as an example to analyze how it uses anthropological research methods to complete film creation, and then provides reflections and references for the creation of existing mainstream documentaries.

Keywords: anthropology, film and television education, rural China

电影已然成为当下重要的文化产品之一。纪录片作为电影类型中的鼻祖和不可或缺的部分，正逐渐吸引越来越多受众的参与和关注。根据不完全估计，2018年中国纪录片生产总投入为46.02亿元，同比增长16.4%；生产总值为64.45亿元，同比增长近7%，相较于2009年的5亿元，中国纪录片整体产业规模在10年间增长了12倍[①]。

当下互联网日新月异的发展塑造了用户新的思维模式，造成受众观影方式的蜕变。尤其是诞生于20世纪中叶至2000年的"Z世代受众"，作为数字世界首批的"原住民"，逐渐成长为最具影响力的消费群体。面对流媒体巨头形成的垄断之势，纪录影像的文化价值与美学个性遇到新一轮的冲击，如何形成良性的整体发展生态成为当下重要的思考方向。本文通过分析音乐纪录电影《大河唱》的创作方式、工作机制等，反思人类学创作手法在纪录影像中展现的特质和意义，探讨未来影像创作的多元可能。

一、借鉴人类学创作手法的工作机制

人类学纪录片最初是随着电影的诞生而出现的，它表现的是"向属于一种文化的人们解释属于另一种文化的人们的行为"[②]。人类学纪录片的具体作用在埃米莉·德·布里加德(Emilie De Bergard)的《影视人类学史》[③]中被列成以下三条：(1)当事件过于复杂，速度过快或太小，以至于人用肉眼或文字书写无法把握的时候，它们作为记录事件的工具而存在；(2)由于人们的很多行为即将消逝，或者理论中所设计的事物已不复存在的时候，它作为一种为了后代进行抢救性记录的方式而存在；(3)被用于共时性跨文化的对比和历史性的文化变迁研究。

最初的人类学纪录片只是研究中的附带产物，直到格里高利·贝特森(Gregory Bateson)和玛格丽特·米德(Margaret Mead)在20世纪30年代改变了这一状况。他们将人类学和电影结合到了一起，在针对巴厘人日常生活的研究当中，把电影和照片运用到人类学的研究当中，并对这些媒介进行了有机结合，通过视觉化的方式来呈现当地文化的特征，通过电影来表现形象化的运动，并且借助动态的影像更好地组织架构了复杂场景之间的相互关系。这样的方式极好地弥补了文字记录当中缺失的生动性和具象化。

① 张同道，胡智锋.中国纪录片发展研究报告(2019)[M].北京：中国广播影视出版社，2019：85.

② 戈德施莱特.民族志电影：定义和解释[M]//霍金斯.影视人类学原理.昆明：云南大学出版社，2007.

③ 布里加德.影视人类学史[C]//中国民族学学会影视人类学分会.影视人类学通讯.

著名的人类学家保罗·基奥齐提出:"为那些已经消失或正在消失的文化留下可以看得见的证据并不是要刺激人们回归到以往时代,而是应当把这些证据视为一种可以促进人类本身的认识的信息资料。"[①]经过数十年的演变,人类学的记录方式和角度也随着时间的推移不断地被更新补充。学者朱靖江认为民族志影像与文字书写之间,不再是从属性的说明关系,而是各自独立、互为补充的文化对位关系;人类学影像民族志也不再被视为现实生活的机械影像还原,更被赋予了创作者的价值判断、阐释风格与深描境界。[②]

《大河唱》是一部记录黄河流域的当代音乐人苏阳以及影响他音乐创作的四位黄河沿岸传统民间艺人(秦腔班主张进来、道情皮影魏宗富、西北花儿马风山、陕北说书刘世凯)的纪录电影。整部影片将中国本土的音乐样貌特色和黄河沿线地区的生活情境进行了视觉化表达,不仅呈现了当下中国音乐表达的多种可能性,同时追溯了新式音乐创作与表达的缘起和发展脉络。

相较于主流纪录类影像的制作流程,影片《大河唱》采用了偏人类学的创作方式和工作机制。2016 年 5 月确定创作方向之后,来自中国音乐学院音乐人类学研究方向的学者组成前调团队,对当地的地理样貌、生活方式、传统习俗以及每位拍摄对象展开了总计 3 个月左右的田野调查工作,最终形成了十几万字的田野报告以及音像资料并提供给创作团队。这部分深入田野的资料为后期的长期跟拍奠定了基础。确认拍摄对象的可拍摄性后,团队组建了具备丰富纪实影像摄制经验的队伍,确保了长期跟拍几位民间艺人影像的质量。核心摄影师均有 10 余年的纪录片摄影经验,他们分别参与过《我在故宫修文物》《喜马拉雅天梯》《摇摇晃晃的人间》以及《中国门》等多部纪实类影像的拍摄。导演有三人,两位研修过"清影工作坊"课程的青年导演,以及一位在云南省社会科学院民族学所从事人类学纪录电影摄制的学者。对田野调查资料的理解,加上经验丰富的纪录影像摄制团队,为影片的初期拍摄提供了更快和更为深入的"进场"。

跟拍几位民间艺人的整体摄制经历了"一年又一春":从 2016 年 10 月到 2017 年 10 月底的整一年时间,再加上 2018 年 2 月的春节阶段。每个月接近 20 个工作日的长期创作,团队分别在盐池县、固原、环县以及银川等地进行拍摄。

因地域的特殊性,环县的皮影民间艺人日常居住在窑洞中。该组的导演也同住于窑洞里,每日与拍摄对象生活在一起,对其生活状态和亲缘关系有极为深入的了解,细

---

① 基奥齐,梦兰.民族志影片的功能和战略[J].民族译丛,1994(2):41-49.

② 朱靖江.视觉人类学视野中的"影音文献"[J].西南民族大学学报(人文社科版),2016(11):21-27.

致观察并记录了皮影戏作为当地秦陇文化和周边族群文化融合的产物如何参与当地人的祭祀、过关、还愿、节庆日等。这些形式在丰富人民文化生活的同时，也表达了当地群众各式各样的情感。拍摄不仅涵盖了皮影表演本身，而且涵盖了当地的生活样式，将四季的变化和春耕秋收的内容完整记录，呈现出一个丰富多元的生活圈。其他组的拍摄情况也是与此相似，其中秦腔剧团班主需要四处下乡演出，拍摄团队也跟随剧团一起迁徙，在各个乡镇之间穿梭，对这些拍摄对象日常的生活进行了深描。

影片最终累计素材量超过 1,600 小时，田野笔记字数达到几十万字。在阶段性拍摄后，创作团队经常进行创作交流，对跟进拍摄对象的情况进行分享沟通，逐步深入梳理人物脉络。在实际拍摄的过程当中团队发现，虽然完成了较为深入的前期田野调查，度过了摄制的磨合期，拍摄团队和拍摄对象的信任程度和关系进一步加深，但与前期调查内容的差异性仍然会不断出现。经过创作团队与拍摄对象的多次沟通，最终摄制呈现的内容才更为接近真实发生的经历。

全片拍摄过程当中同样也存在着创作伦理方面的问题。由于长时段跟拍，拍摄对象已经习惯了摄影机的存在，因此产生了拍摄过程中有效内容传达的困难性：是否能够尽可能地给受众呈现关键内容？拍摄团队作为外在因素是否会约束到创作本身？这些都成为了需要仔细揣摩的部分，因此经历较长周期的后期制作才最终完成了本片。

二、创作方式与人类学意义

一直以来，纪录电影都被划分进“精英文化”的范畴，对于整个产业而言，它仅占据了极小的一部分。但在“大众文化”成为社会主流文化的当下，要迅速打破纪录电影生产思维的局限性，纪录电影作为大众文化商品就不得不适应社会发展需要，去尽可能满足绝大多数受众的观影需求。

中国最早的纪录片诞生于电视时代。电视纪录片发展迄今，最为重要的叙述主题是国家以及生活在其中的个人故事。在传统的纪录片叙述史中，对于平民生活状态的叙述应始于 1987 年开始拍摄的《话说运河》。[①] 20 世纪 80 年代是中国电视发展的重要时期，同时也是人文历史类纪录片发展的全盛时代。《话说长江》《话说运河》《黄河》等一大批电视专题片纷纷涌现，一度成为电视时代人文纪录片热潮的重要标识。“话说”系列本身日常化、共时性的观看方式和内容都为观众带来了一场前所未有的视听

---

① 陈婷.镜头里的中国人——从《话说长江》到《舌尖上的中国》[J].新闻大学，2016(1)：112-120，151.

盛宴，同时也成为一个时代的影像记忆。对于江河湖海这些意象的日常化观看使得受众作为国家的一员而感受到了呼唤和共鸣，但这些创作仍然带有明确的目的性。直到20世纪80年代末出现的独立纪录片，才开始以独立个体的形式表现平民的生活状态和情感，中国人的生活细节在纪录片的创作过程中不断被呈现。新纪录片运动早年也曾提出这样的观点："透视出不同阶层人们的生存诉求及其情感方式。"①纪录片已经不再局限于电视专题片的形式，而是从国家政治议程中的一部分，进入以普通人的故事书写中国历史的阶段。

纪录电影作为一种由"人"参与观察并记录的影像创作形式，人是"创作"这个行为的发出者，人的主体意识也是对纪录电影影像构建及意义传达影响较为深刻的因素。② 当下越来越多的人认为，人类学知识并非从既有的事实中发现和提炼，而是从我们和他者之间的关系中生长出来。③

影片《大河唱》从长达1,600小时的记录素材中，通过不同组合的多次尝试，最终形成了98分钟的成片。在创作过程中，通过"人物"之间交织的日常故事，影片平行展现了几位人物之间的相互关联，同时在"四季"变换的时间性呈现中构建了一个开放式的结尾。相较于其他类型影像关注艺术门类的代表性人物，《大河唱》核心跟拍的民间艺人均为日常生活中的普通人，他们构成了一个当代音乐人作品创作背后的源泉。记录普通人的生活状态成为片中核心的关注点，借助展现他们的日常而尽可能达到最大化的"共情"。长期的创作过程虽然是"日常"的最大化还原，但摄像在创作过程中是需要随时注意与拍摄对象之间保持距离和边界的："作为纪录片摄影师，在拍摄过程中是最接近拍摄对象的，除了技术层面的基础问题，我觉得要有对拍摄对象情绪的把握能力，还有人与人之间的距离的掌控能力。"④

拍摄对象从一开始进入拍摄过程中会出现不自觉的"搬演"，到后面放下所有的预设，去如实呈现日常和琐碎的点点滴滴，创作团队不断向拍摄对象提出问题并深入沟通，大概经历了几个月的磨合期，终于达到了一个平衡的状态。围绕创作主题，多团队平行时空创作进行互补，在长时段的记录过程中逐渐形成一定的风格。

黄河作为影片中隐藏穿插的叙事线索母体，正如前文提及，在早年国内专题片《黄河》《大黄河》《点击黄河》《老龙湾的老高家》《黄河258》《黄河文化》《风情黄河》等当中

---

① 吕新雨.纪录中国——当代中国新纪录运动[M].北京：生活·读书·新知三联书店，2003.

② 曲玮婷.浅析主体意识对纪录电影创作的影响[J].电影文学，2019(2)：31-33.

③ TYLER S A.The unspeakable：discourse，dialogue and rhetoric in the postmodern world[M]//Rhetoric of the human sciences.Madison：University of Wisconsin Press，1987：254.

④ 摄影指导Z的手记。

更多是以恢弘叙事的形式被呈现。① 其中《大黄河》由日本 NHK 完成剪辑，日本版的《大黄河》在叙述手法上胜于国内版，具有国际视野和影视人类学纪录片的特征。其余类型的影片更多的是对黄河本体和地域文化进行抒写，这些多元的方式都说明创作手法和方式不同会影响最终的影像呈现。

《大河唱》在整体制作过程中，综合考虑当下时代创作的特质，以及结合预期确立的方向，尽量以平视角度去记录，主要是为了平衡好摄影机前后的感受，用长时段来酝酿画面。在不断的拍摄过程中，创作者本身也在时时调整自己的方向："航拍是一个让人感到头疼的东西。它太纵观全局以及高高在上，并不像全片应有的气质。解决办法是从视角、运动、焦段三方面来冲淡航拍的突兀感。大多数时候，会把航拍的视角赋予一个假定的物体。比如在高空滑翔的老鹰，一只贴着河面飞行的鸟，黄河上一艘船上的乘客，都可以成为视角。然后通常会让飞手以能做到的最慢速度来控制飞机的运动，有时候还需要有很多飞机静止不动的画面。让航拍不再局限于变形厉害的广角，可以更接近人眼的视角。"②

导演通过平视的角度，把"黄河"作为一种表征，在片中串联起了地理上的空间和叙事上的线索。几条人物线交织于黄河，黄河本身是孕育文明和艺术的母体，同时也是具备情绪的"对象"，有时奔腾不息，有时则是静静流淌，形似于日常人物的生活状态，最后在创作影像中成为重要的"丝带"。

除了前期调研与长时段的摄制，在确定拍摄主题后，影片对拍摄对象进行了开放式的记录。除了关注"音乐""黄河"等几个核心要素之外，影像在多数时候关注的是人物在不同时间发生的变化，以及人本身与当代社会的联系。

社会中媒介应用方式的变化，导致跟拍对象受到了影响，逐渐改变了他们与外界互动的方式。一位拍摄对象在使用直播平台后，收获了超越以往的经济效益，同时多次获得了离开本土前往外地表演的机会，打破了百年之间实时观看民间艺术表演的时空壁垒，成为一种新的社会现象。这正是当下多数地区不断被多元表达方式冲击的结果。

三、呈现影像中的"乡土中国"特质

每一部纪录电影，都是创作者审美价值的投影③。创作主体意识的影响在纪录电

① 巩杰.甘肃地域文化纪录片对黄河黄土文化的纪录与彰显[J].电影评介，2011(18)：1-4.

② 导演 K 的采访。

③ 曲玮婷.浅析主体意识对纪录电影创作的影响[J].电影文学，2019(2)：31-33.

影和故事电影当中有着相似之处，两者皆是对素材文本进行组合与重构，以此建构出一个新的叙事文本。创作者通过叙事文本来表达自身审美和对社会的认知，影片也展现其主体价值。但是在具体的创作实践上，纪录电影与故事电影的创作区别是对象的差异性，纪录电影的创作对象是客观世界当中的人物及事件，不是单纯、机械地复制客观现实。运用现实素材来表现主题是纪录电影的核心价值。

《大河唱》整体的后期制作花费了一年多的时间，由于没有一个强故事类型的线索以及固定的结构，同时段多地区的平行拍摄在后期组合过程中产生了极大的碰撞，地域文化壁垒、方言和习惯的问题以及大量有效信息的场景和事件，这些对后期的创作都是不小的困难。经过反复建构，以节奏为蓝本的“音乐化”手段和以语言作为媒介的“诗化”手段成为串联影片的方式，它们除了各自独立的表意作用，还充分发挥自身的功能属性，在影像叙事的间隙调剂“节奏”，协同象征（隐喻）机制辅助特定主题的影像叙事来叙述个体的存在，将潜藏的人类共通的情感通过影像叙事内容呈现出来①，这种影像的结构方式是经过长时段的架构和基于文化差异性而达成的。

布尔的情绪理论对人们的认知与情绪二者的关系曾进行过探讨，“它暗示人的意识或认知限制着情绪，个体若处于连续的认知过程中，他的意识中可能就不存在情绪。反之，个体若处于断裂的认知过程，那么他就会体验到情绪”②。非线性叙事的创作方式对受众的情绪影响是显而易见的，在确立了结构方式和主题之后，对分散的影像素材进行梳理，组建了整体的叙事文本和框架。除了隐线的“黄河”以及四季变换的时间线之外，围绕“音乐”作为内容核，整体影像最终形成了兼具“诗意”串联节奏和非闭合的结尾形态。

影片除了呈现拍摄对象日常生活的内容，同时也折射出黄河沿岸不同地区的生活情境和传统习俗。影片多次记录了相关地域丰富多元的传统仪轨流程，诸如“打台”“过关”等民俗仪式，这些习俗本身就长期存在于传统戏曲当中，部分地区还使用“破台”（“祭新台”“打台”“踩台”“洗台”）来进行称呼，戏班届时要举行隆重的仪式，恭请相关神灵前来驱邪。

> 打台戏，就是农村中盖起了新戏台，往往要在使用前，先上演一场打台戏——咬鸡，打台戏必须由职业剧团来完成。打台也叫镇台、祭台、破台。先用五色线把台口封住，用黄裱制成小旗贴在线上，舞台四周分别贴有“前朱

① 杨会.从视觉节奏到生命律动：诗意纪录片研究[D].上海：华东师范大学，2018.

② 斯托曼.情绪心理学[M].张燕云，译.沈阳：辽宁人民出版社，1986：77.

> 雀，后玄武，左青龙，右白虎”。前台按八卦方位摆好八块瓦，全体演员上台后，由会长给每人一块银元含在口里封口。这时黑虎赵公明上台，用鞭打断各处的五色线，在唢呐伴奏中刘海亮相，黑虎赵公明绕场一周，踏碎八块瓦片后下场，然后马灵官在大鼓声中上场，跳架子后下场。这时天官在庄严的面牌中出场，招呼台下将准备好的整猪整羊、斗米斗面、铜钱、五色布等拿上台来，并由土地神率领众人献在天官面前烧香化表后齐呼“请天官开金口露玉牙”。这时天官先讲四句诗，之后再讲某村某地新修戏台一座，吾奉玉帝旨意，前来打台降福。接着唤上黑虎赵公明，用五雷碗打舞台四角。再让咬鸡仙上场，咬去一只鸡的鸡头，将鸡血洒到前后台，并把鸡血抹在各台柱之上。再由土地神指挥众人架好长梯，请咬鸡仙将鸡头钉在舞台中间的大梁之上，把死鸡抱至台下。这时天官把铜钱、五谷粮食向台下四周抛撒，祝愿当地财源茂盛，五谷丰登。

这些民俗记录，均呈现出影像当中“乡土中国”的气质。随着时代的变迁，对于“乡土中国”进行影像记录的方式也在不断地变化，从早期西方海外人士猎奇式呈现西洋镜中的文化奇观，再回归到记录时代风云变化的政论式纪录片。距今近40年的当代影像记录，开始逐渐呈现多声部的文化样态：从逃离乡土者的期望、困顿与焦虑，到国家重塑乡土机能的“新农村建设”；从知识分子怀有美好理想而发起(通常遭遇现实困境)的“知识乡建”运动，再到一些返乡村民富于反思性的主体意识重建。影像作为一种载体进行着观望或者参与其间，始终保持了在场与发声。①

《大河唱》在创作过程以及最终影像中，均折射出陕甘宁地区中二三线城市的发展现状，以及主流城市中离乡者的焦虑感。影片在保持创作者审美价值的同时，避免将主观意志凌驾于文化现实之上，而是客观记录影像中的情景“再现”，尽可能地保持“真实”的合理性；同时以“音乐”为母体视角，不仅呈现了中国本土音乐的多样性，也承载了丰富多元的生活样貌。这些记录的内容成为当下中国的缩影，赋予了影像更广阔的社会关怀和时代图鉴的意义。

结　语

中国电影产业蓬勃发展，正逐渐占据文化产业更大版块。纪录电影作为产业当中

---

① 朱靖江.归去来兮：人类学视野中的乡土中国与影像表达[N].中国摄影报，2019-03-01(9).

非虚构的影像类型,在兼具视听语言强传播属性的同时,如何更好满足科技飞速变迁中受众的多元需求,如何发挥更为广泛的影响力,都是创作者需要思考的问题。结合更为多元的创作手法,借助相关学科的研究方式,进一步深入创作本身,关注时下的语境,传递更多当下社会的情境,让更多受众能够更好地接收创作者希望传达的信息。

将相关人类学科研究方法作为前期"进场"的基础,对于纪录电影本身,尤其是对年轻影像工作者来说,能够让他们更好地扎根于客观世界的土壤。长时段的田野创作,不仅有助于创作者认知方面的延伸和拓展,也有助于青年一代深耕现实、关怀人类社会的发展和变迁。

〔雷建军,清华大学新闻与传播学院教授;萧伟婷,清华大学新闻与传播学院在读博士〕

口述历史纪录片的影像化表达模型构建与实证研究

——以 2009 年至 2019 年的央视纪录片为样本

The Model Construction and Empirical Study of the Image-based Expression of Oral History Documentaries

—Taking CCTV Documentaries from 2009 to 2019 as Samples

◎ 桂笑冬 赵东宇

Gui Xiaodong Zhao Dongyu

摘要：本文通过实证研究，对口述历史纪录片的影像化表达方式进行探究，运用了内容分析法、焦点小组法和扎根理论方法，发现：一、口述历史在影像化过程中面临"真实性"与"真实感"的博弈；二、重现方式可"有限补全"纪实资料的空缺，三种重现方式在真实性、艺术性、内容理解层面的传播效果差异显著。本研究最后构建了口述历史纪录片影像化重现方式的特征模型。

关键词：口述历史纪录片，影像化表达，重现方式

Abstract: Through empirical research, this paper explores the image-based expression mode of oral history documentaries, using content analysis method, focus group method and grounded theory method, and finds that: first, oral history faces the game of "authenticity" and "sense of reality" in the image-based process; second, the reproduction methods can "fill in the gap" of documentary materials in a limited way. The three reproduction methods have significant differences in communication effects in terms of authenticity, artistry and content understanding. This research finally constructs the characteristic model of oral history documentaries' image reproduction.

Keywords: oral history documentary, image expression, reproduction

一、中国口述史学相关研究方兴未艾

中国有着广阔的疆域和悠久的历史，在这样的时空维度下，有着特殊事迹的群体和地域并不鲜见，他们为口述史学的实践提供了丰富的选题。另一方面，随着代际更

迭与社会变迁,历史事件的亲历者、亲见者、亲闻者将越来越稀缺。尤其是在文物资料留存有限的情况下,口述者的个人记忆更显得弥足珍贵,口述历史的影像化表达渐成趋势,为相关研究提供了现实可能。

口述史学研究是采集者、受采集者、口述内容三者共同构成的一项历史文献收集与研究活动。口述历史纪录片是以口述史学资料为基本素材并进行艺术加工,以呈现真实记忆,并引发人们思考的影像艺术形式。

20 世纪中叶以来,国内外口述史学研究对口述历史纪录片的历史脉络和社会影响多有回顾,而针对口述历史纪录片的影像化表达方式的研究并不多。针对口述历史纪录片的探讨多集中在形态分析,没有上升到对口述历史纪录片的影像化表达方式的内在探讨,且这一领域的实证研究尚为空白。

本文以实证研究的方法对口述历史纪录片的影像化表达方式进行探究,主要回答以下几个研究问题:

1.影像化表达对口述历史的呈现是否有其必要性?

2.如何使口述历史的影像化表达符合纪录片对真实性与艺术性的要求?

3.通过何种影像化重现方式使口述历史纪录片达到最佳传播效果?

二、央视口述历史纪录片的影像化表达方式的使用现状

在量化研究方面,本文以央视纪录频道为例,通过内容分析法对该频道口述历史纪录片进行现状分析,以此来展现口述历史纪录片在中国进行制作播出时所采用的影像化表达方式的基本面貌。

(一)样本

本文的研究对象是一种特定的历史资料呈现形式——口述历史纪录片,目前国内并无明确的口述历史纪录片这一类别,因此本文将涉及口述历史内容的纪录片作为研究样本。首先利用在线数据库“CCTV 纪录频道分类检索系统”进行检索,得到原始样本,共计 1,092 部纪录片。随后按照两个标准进行筛选:必须关于历史上的真实事件或人物;排除所有未使用口述历史素材资料的纪录片。最终,得到由 45 部纪录片组成的样本。在这里,口述历史纪录片的稀缺性也可见一斑。

(二)建构变量

本文通过调查发现,口述历史纪录片的影像化表达方式可分为纪实和重现两种,

前者分为口述画面、生活纪实、故地重游、史料互证、空镜头,后者分为扮演重现、动画重现、故事片资料,见图 1。

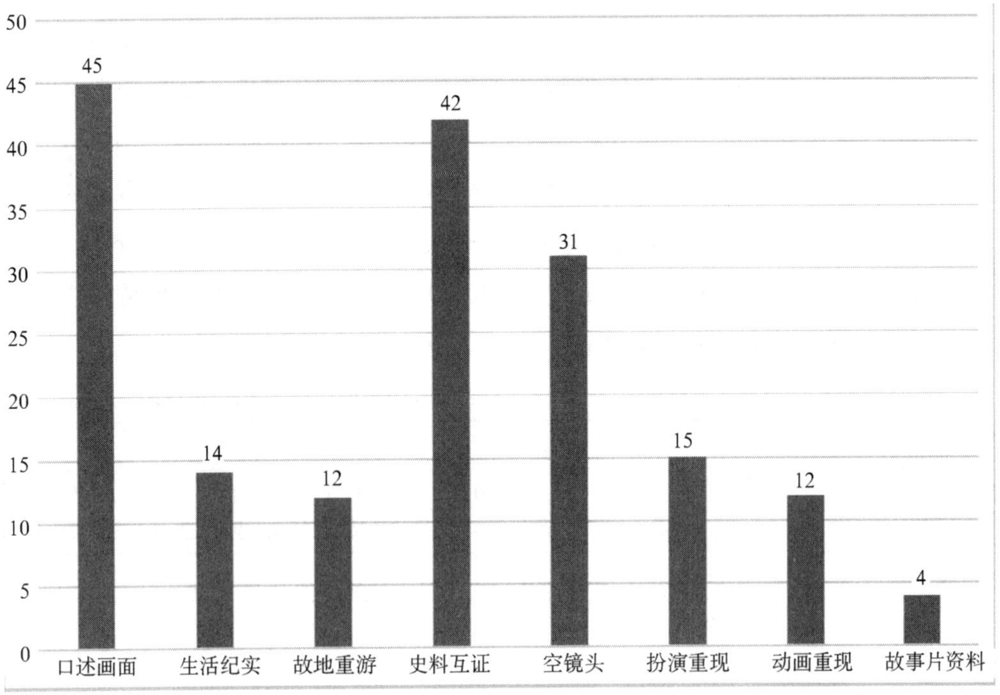

图 1　央视口述历史纪录片的影像化表达方式

以上述特征作为判断标准,本文建构了以下变量:是否采用口述画面的方式(1/0),是否采用生活纪实的方式(1/0),是否采用故地重游的方式(1/0),是否采用史料互证的方式(1/0),是否采用空镜头的方式(1/0),是否采用扮演重现的方式(1/0),是否采用动画重现的方式(1/0),是否采用影视重现的方式(1/0)。这些变量大多数是二分变量。

(三)编码

在正式进行编码之前,本研究的两位编码员对所有变量的操作化进行了充分讨论,并使用小样本进行了信度检验。为了确保编码的质量,编码员首先各自独立将全部样本编码,再逐个对变量进行比照。对于少数不一致的地方,再次讨论之后进行赋值。

(四)分析结果

央视纪录频道的大部分口述历史纪录片都以讲述内容的故事性和现场感作为自觉追求,这些作品的一个共同之处是历史事件的发展线索均由当事人引出,在人的经历中交代事件的来龙去脉，在事件发展的关键点，由当事人讲述自己亲身经历的细节，再把多位当事人的讲述联结起来，构成对一个事件的完整讲述。口述历史纪录片的作品框架是由一个个事件当事人搭起的，但是单一的口述不足以支撑起整部纪录片的画面，口述历史纪录片需要围绕着口述画面，通过其他多种方式的配合进行影像化表达。

通过建构8种变量，本文完成了45个样本的编码工作。首先进行样本间的比较，45部口述历史纪录片对于口述历史的呈现，均未采用单一的影像化表达方式，方式的种类由2到6种不等。其次，比较不同的变量，本文发现8种影像化表达方式在样本中均被使用过。除了在口述历史纪录片中普遍存在的“口述画面”外，“史料互证”和“空镜头”也被频繁使用，而“动画重现”和“故事片资料”则比较少见。但值得注意的是，近两年动画重现方式的应用逐渐频繁，见表1。

表1 “中央电视台纪录频道口述历史纪录片的影像化表达方式”编码表

		V1	V2	V3	V4	V5	V6	V7	V8	Sum
时间	片名	口述画面	生活纪实	故地重游	史料互证	空镜头	扮演重现	动画重现	故事片资料	合计
2009	《大戏黄梅》	1	0	0	1	1	1	0	0	4
2010	《绝活世家》	1	1	0	1	1	0	0	0	4
	《司徒雷登与燕京大学》	1	0	0	1	1	0	0	0	3
2011	《岁月山河·攀枝花》	1	1	0	1	1	1	0	0	5
	《花冈越狱》	1	0	0	1	0	1	0	0	3
	《日内瓦1954》	1	0	0	1	0	1	0	0	3
	《海上沉浮》	1	0	0	1	0	0	0	0	2
	《重庆大轰炸》	1	0	0	1	1	0	0	0	3
	《我的母亲：三个新四军女兵的故事》	1	0	0	1	1	0	0	1	4
2012	《我们在延安》	1	0	0	1	1	1	0	0	4
	《柯麟医生》	1	0	0	1	1	1	0	0	4
	《上甘岭——最长的43天》	1	0	0	1	0	0	1	1	4
2013	《饭店·在历史的转弯处》	1	0	1	1	1	0	0	0	4
	《双合村的亡命人》	1	1	0	1	1	0	0	0	4
	《激战一江山》	1	0	1	1	1	0	0	0	4
	《铁马冰河》	1	1	1	1	1	0	0	0	5
	《十年驻马胭脂河》	1	0	1	1	0	0	0	0	3
	《火焰上的歌者》	1	0	1	1	0	1	1	1	6

续表

		V1	V2	V3	V4	V5	V6	V7	V8	Sum
时间	片名	口述画面	生活纪实	故地重游	史料互证	空镜头	扮演重现	动画重现	故事片资料	合计
2014	《抗大抗大》	1	0	0	1	0	0	1	0	3
	《义者》	1	0	0	1	0	0	0	0	2
	《邓小平遗物故事》	1	0	0	1	1	0	0	0	3
	《日本关东军要塞》	1	0	0	1	1	0	0	0	3
2015	《解放武汉——张轸起义》	1	0	0	1	0	1	1	0	4
	《青春一九三零》	1	1	0	0	1	0	0	0	3
	《大营救》	1	0	0	1	0	0	0	0	2
	《红旗渠》	1	1	0	1	1	0	0	0	4
	《七三一》	1	0	0	1	1	1	0	0	4
	《血色浪漫》	1	0	0	1	1	0	0	0	3
	《六城记——抗战时代的城市记忆》	1	0	0	1	0	0	0	0	2
2016	《台湾·1945》	1	0	0	1	1	1	1	0	5
	《岁月记忆》	1	1	0	1	0	0	0	0	3
	《罪行与忏悔:日本与德国》	1	0	1	1	1	1	0	0	5
	《红旗漫卷西风——红军长征在四川》	1	0	0	1	1	0	1	1	5
2017	《光阴的故事:中越情谊》	1	1	1	1	1	0	1	0	6
	《西北花儿王朱仲禄》	1	1	1	1	1	0	0	0	5
	《寻找潘德明》	1	0	0	1	1	1	0	0	4
	《科恩眼里的中国》	1	1	1	1	1	0	0	0	5
	《光阴的故事》	1	1	0	1	1	0	0	0	4
	《临沣寨传奇》	1	1	1	0	1	1	0	0	5
	《柳青在皇甫》	1	0	0	1	1	0	0	0	3
	《闯关东》	1	0	0	1	1	0	1	0	4
2018	《国家记忆·小岗人家四十年》	1	1	1	1	1	1	1	0	7
	《我们的四十年》	1	0	0	1	0	0	1	0	3
	《刘少奇的故事》	1	0	0	1	1	1	1	0	5
2019	《时代》	1	1	1	0	0	0	1	0	4
SUM		45	14	12	42	31	15	12	4	175

本文在研究中发现，常见的表达方式为纪实方式，而重现方式则比较新颖少见。在口述历史纪录片的创作过程中，一些口述历史的部分内容缺少相关的文物、文献、影像资料。此时，重现方式对这部分内容至关重要。因此，本研究的后半部分将重点放于口述历史纪录片的影像化重现方式上。

三、基于焦点小组的口述历史纪录片重现方式对比

在质化研究方面，本文采用焦点小组法，组织口述历史纪录片的观众对不同的口述历史纪录片影像化重现方式进行开放式讨论。随后，遵循扎根理论方法对原始访谈数据进行深入分析、整理和归纳，构建了口述历史纪录片影像化重现方式的特征模型。

（一）受访者

本文面向社会公开招募了 43 名自愿参与调查的志愿者。为防止被调查者的个体因素对研究结果造成干扰，在焦点小组访问前，首先以线上发放自填式问卷的形式对志愿者进行筛选。其中男性 8 名，女性 17 名，年龄 18—23 岁之间，学历本科以上。这些受访者具有一定的同质性，符合焦点小组座谈的要求。接着按性别和序号编号，如“M01”“F02”，将 25 位受访者随机分为 6 个小组，每组 4—5 名成员分组讨论。

（二）座谈会流程

本文将《光阴的故事——中越情谊》《七三一》《红旗漫卷西风——红军长征在四川》中典型的影像化重现片段作为材料请受访者观看。考虑到观看顺序可能对研究结果造成影响，本文按排列组合方式将三段材料播放给 6 个焦点小组观看。研究中设置了关于口述历史纪录片影像化重现方式的数个问题，为发言方向提供参考。

四、口述历史纪录片影像化重现方式的特征模型构建

（一）范畴提取与模型构建

在开放式编码阶段，本文根据焦点小组访谈的录音整理出书面材料，然后逐字逐句进行分析提取概念。三种重现方式的访谈资料分别提取出了 38 个、46 个、29 个概念，剔除出现频次很少的概念，再根据相关性或相似性原则对概念进行合并，最终分别形成了 15 个、14 个、10 个初始范畴。在主轴编码阶段，本文分别对开放式编码结果得

到的初始范畴分析范畴间关系，重新归类可以整合得到真实性层面、艺术性层面和内容理解层面三大类别。

结合原始访谈材料对开放式编码和主轴编码所得到的范畴间关系不断进行比较分析，确定各种重现方式的主次范畴，经检验达到理论饱和，构建出如图 2 所示的口述历史纪录片影像化重现方式的特征模型。

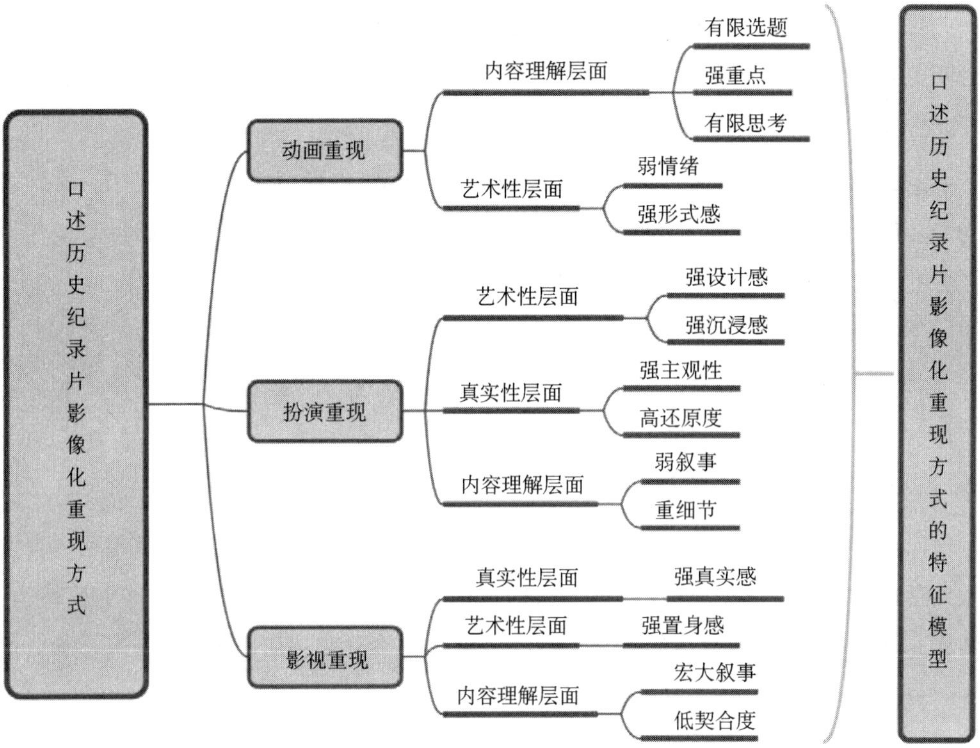

图 2　口述历史纪录片影像化重现方式特征模型

(二)模型阐释

1.动画重现

(1)内容理解层面

①选题局限

选题范围。动画重现具有其特殊性，适合具体展现小范围故事，其所适合的口述历史纪录片的选题是有局限性的，侧重以个人或独立事件为中心的小型选题。

跳脱感。动画重现是一种较为新颖的方式，在口述历史纪录片中并不多见，轻松娱乐的动画与严肃庄重的历史存在一定的隔阂。例如,受访者 F22 表示:“我认为这种方式有点儿‘脱轨’,动画在我的理解中是一个比较三次元的世界,用它去还原一段历史会带来一种不适感。”

②重点强化

明晰内容。目前口述历史纪录片的动画重现画面比较简单,所表达的内容是明确的,在展现事件变化发展的前因后果时有优势。

突出重点。动画重现的方式可对口述者所述内容的重点部分进行集中展现,主体比较突出。例如,受访者 F23 提到:“创作者的能动性很强,可以省略不需要的东西,可以凸显需要的东西。”

丰富记忆。动画重现的方式使观众对口述者所述内容留下了更多记忆。受访者 F09 认为:“一个一个环节的动画……起到了补充和突出的作用,看完之后也能记住更多历史的内容。”

③思考有限

消遣型观看。动画重现中的画面元素相对单一,观看时观众会处于一个比较舒适的状态。在焦点小组访谈中,受访者 M07 提到:“……以一种消遣的心态观看纪录片……不用花太多心思……”

理解成本。相较于本质上都是真人演绎的扮演重现和影视重现,动画重现与现实世界存在一定距离,对于一些相对复杂的动画,在理解的过程中需要付出更多精力。例如,受访者 F08 提到:“理解一个特效或一幅图画是需要一段时间的,这与聆听口述者的叙述存在冲突。即使有动画的画面,我也只是在关注声音和字幕。”

想象空间。动画重现将口述者所述内容展现得比较清楚,观众可以直观地看到这段历史画面,无需花费更多心思去联想其他相关内容。但同时,这种重现方式也限制了观众的想象空间。受访者 F08 提到:“与口述者所述内容完全一致的动画,会限制想象空间,观众的思想被困在这种非常具体的画面中。”

参与程度。动画重现的方式可以使观众的思路跟随口述者的叙述,一同回忆这段口述历史。受访者 M07 提到:“动画会让观众不自觉地去脑补这段历史场景,更大程度上参与到口述者的叙述中,体验感会更强。”

(2)艺术性层面

①弱化情绪

感染力。动画重现塑造的二维或三维人物是虚拟形象,与现实世界存在一定距离,在情绪渲染方面难以使观众感同身受。例如,在焦点小组访谈中,受访者 F19 提到:“……情绪不会跟随着主人公,无法做到感同身受……”

连贯性。动画重现的方式对故事的每个环节、每个进程展现得比较有节奏感,但整体叙事的连贯性不足。例如,受访者 F10 提到:“……做成一帧一帧的动画来重现一段口述历史……连贯性较弱……”

②强化形式

形式程度。动画重现的方式在形式上有鲜明特色,且目前在口述历史纪录片中运用得还不多见,易营造耳目一新之感。例如,受访者 M25 表示:“……动画效果很吸引人,但往往形式大于内容,观众容易将注意力完全放在画面上,而不去注意口述者……”

关注程度。动画重现的方式因其新颖、有趣的特质使观众有观看的欲望和倾向。在焦点小组访谈中,多名受访者表示,在未观看到纪录片的前提下,三种重现方式中,他们对动画重现最感兴趣。

直观程度。动画重现塑造的画面相对简单,对故事情节的展现比较直接。

形象程度。动画重现可将人物的特征进行强调,甚至夸大,使其变得生动。

2.扮演重现

(1)艺术性层面

①强设计感

美观性。扮演重现对美观的追求较高,对演员形象、服装、道具、化妆、灯光、布景各方面都有较高要求。受访者 F08 提到:“……比起纪实的内容,它更像一种艺术表现。但纪录片本身也是一种艺术形式,追求画面的美感是理所当然的。”但对于美的追求易使扮演重现在其他方面有所欠缺,受访者 F13 提到:“……很容易单调地追求艺术性……”

故事性。扮演重现的方式将口述者所述内容展现得有看点,故事化的表现方式很吸引人。

冲击力。扮演重现中的景别切换、镜头调度较为丰富,在视觉上带来冲击。但设计感过强的镜头会使观众无法对口述内容集中注意力。例如,受访者 F09 提到:“我的注意力都在不同的镜头上了,忘记口述者在讲什么了。”

②强沉浸感

现场感。扮演重现可以将观众的状态带入到历史情境中,仿佛身处现场见证了一段历史。受访者 M15 提到:“能让观众身临其境地体会到主人公的心路历程……这种方式使观众可以站在‘第三人偷窥’的视角,现场感很强。”

感染力。扮演重现的方式使口述者所述内容对观众的关注点和情绪有很强的影响，具有辐射和感染的作用。

情绪化。扮演重现的方式容易使观众的情绪进入到纪录片构建的环境中。受访者 F19 提到："……就像很多人喜欢追剧，纪录片也可以有这方面的尝试，可以从演员的情绪中感受到历史氛围。"

(2)真实性层面

①强主观性

个人表达。扮演重现的方式在很大程度上受到创作者个人的主观影响，其个人态度较为明显。例如，受访者 F11 提到："明显体会到创作者的暗示，主观情绪流露较多。"

表演痕迹。扮演重现的方式对演员的外形与表演水平的要求都比较高，否则观众会对这段口述历史产生抵触情绪。例如，受访者 M07 提到："如果让一位相貌很有辨识度的演员去再现这段历史场景，我会记住他的脸……有些扮演很出戏、很跳脱，观众再想联系口述者所述内容时会有困难。"

②高还原度

现实契合。扮演的演员、道具与现实中的人物和物料的贴近程度更高。受访者 F08 提到："与动画制作出的人物相比，真人扮演与现实世界更接近，观众更容易接收信息。"

场景重现。扮演重现的方式可借助服道化、场景布置等手段，最大程度上还原历史情境。例如，受访者 F22 提到："从场景还原的角度考虑，扮演是最有优势的方式，它相当于直接将历史场景'copy'过来。"

(3)内容理解层面

①弱叙事感

核心内容。扮演重现在形式上很吸引观众的注意力，易造成观众对作为核心内容的口述历史的忽略。受访者 F24 质疑扮演重现的方式存在主次颠倒的问题："对于口述历史纪录片，我更想专注地去听口述者讲述的内容，如果画面太花哨，就会主次颠倒。"

逻辑关系。扮演重现的方式较为复杂，对口述者所述内容进行展现时，逻辑不够清晰简单。受访者 F16 认为这种不够清晰的逻辑关系与复杂的拍摄手法有关："它在拍的时候采用了电影的一些手法，画面切换、灯光音效都相对复杂，我在理解时感觉不太清晰。"

②重细节化

特写展现。扮演重现的方式在细节的展现上比较到位。受访者 F10 提到:“扮演中有许多演员的手部、表情的特写镜头,帮助观众从细节进入到故事中。”但特写展现也可能对口述历史纪录片的真实性造成冲击。受访者 F20 表示:“扮演的过程中展现了很多细节,但这些细节正是有可能与真实的历史有出入的地方。”

印象深度。扮演重现采用故事化的表达方式,能够给观众留下深刻印象。

3.影视重现

(1)真实性层面

①强真实感。通过影视重现的影像化表达,可以强化真实的视觉传达效果。受访者 M06 提到:“有了情景再现的镜头,可以更好地还原对历史的真实理解。”

②重可靠性。如果纪录片中采用的影视片段是黑白色调,即使在纪录片中明确标注使用的是影视片段,观众在第一印象上也会有“将其等同于真实历史录像”的倾向。受访者 M07 提到:“一些老电影、老电视剧在视觉上与历史上留存下来的视频资料的相似程度很高。即使知道它们不是在历史中真实拍摄的,而是后人演绎出来的,也会产生一种‘它们很真实’的错觉。”

③强历史感。一些影视资料的创作年代较久,画质有不同程度的损伤,观众可以感知到这段影像与当下有一定跨度。受访者 F22 提到:“老电影给人一种历史的厚重感。”

(2)艺术性层面

①置身感强。每一次使用情景再现这一影像重现的手段,都可以带来一段置身历史长河的体验感。影像重现给观众带来的感觉就是让你身在此片中。

②代入感重。影像重现使用了反映历史情境的影视片段,能够将观众的情绪状态带入相应的历史环境中。受访者 M12 认为影像重现的最大价值就在于此:“故事片的存在主要用于把观众拉入历史情境中,而不在于表现具体的历史人物与故事。”

③背景交代清晰。影视重现对于交代一段口述历史的背景很有帮助。受访者 F24 表示:“……一下子就能让人知道历史事件发生的背景,了解到当时的社会状况。”

④气氛渲染恰当。影视重现对于渲染一段口述历史的气氛很有帮助。受访者 M01 表示:“我喜欢纪录片中的这些影像化呈现效果,有一种浓浓的情绪和氛围包裹着历史的沉淀。”

(3)内容理解层面

①宏大叙事居多

切入角度。目前国内口述历史纪录片中的影视重现片段通常从比较宏大的角度切入故事,缺乏细致的描绘。

详细程度。影视重现的方式对口述者所述内容的细节展现不够到位。受访者F23提到:“扮演和动画是专门为口述者所述内容进行制作的,可以对这段口述历史进行详细描述,而影视重现的方式侧重于氛围的渲染,因为很难刚好有影视资料与口述者所述内容对应上。”

②契合程度不足

内容对应。与动画重现和扮演重现这种专门针对一段口述历史进行创作的方式不同,影视重现的方式是从已有的影视资料中取材。影视资料是有限的,而口述历史是相当丰富的,现有的影视资料很难与口述者所述内容完全对应。

贴合程度。影视重现几乎难以做到将画面与口述者所述的每一处内容紧密贴合。受访者F20认为贴合程度对影视重现方式的感染力也造成了影响:“对于口述者讲述的历史,缺乏确切的影片进行展现,给人一种‘拼凑’的感觉。只有影视资料与口述历史结合紧密,才能有强烈的感染力。”

记忆障碍。影视重现的方式缺乏细节的展现,能在观众的记忆中留下的内容也十分有限。

结　论

(一)影像化是口述历史发展的必然趋势

从传播学的角度看,“口述历史”最能体现大众传播中人际传播的特性。讲述人完全进入历史的情境之中,他们以一个事件亲历者与见证者的身份,描述事件的细节。论证与描述表现方式的不同带来的是叙述人理性和感性情感态度的差异,由此产生纪录片更加生动的影像世界。

口述画面本身所呈现的是一个真实记录的过程。在这个过程里,观众听到的,即口述者所讲述的内容是过去的事,而观众看到的则是现实的记录,讲述者的样貌、神态、动作都是一种表达。这种有声有色的表达能够更准确地传达口述者对其讲述的内容所持有的态度,从而使得观众能够更好地去理解口述的内容,并且更容易被唤起与口述者同样或相关的情绪。

通过研究，本文发现口述历史进行影像化表达的意义主要有以下几方面。

1.补足信息性，辅助理解想象

口述者提到的一些关键词会在观众脑海中形成渐隐渐现的意象，如果将其影像化，冲击感会更强烈。因此，影像化的表达，对口述历史的保存与传播都有不可忽视的作用。对于一些大众比较陌生的历史，如果有了具体可见的画面，就可以帮助观众理解这段与其存在一定距离的历史。

影像画面与口述内容的关联程度直接影响了观众的注意力集中程度和理解程度。影像提供了更直观的信息点、更丰富的历史背景、更确切的历史人物，有助于观众依托口述者的叙述展开自由想象。

2.增加合理性，塑造真实情感

在这里我们需要区分两个概念——“真实性”与“真实感”。前者是历史的一种客观特质，后者是人们的一种主观感受。真实的历史经过口述者和创作者多次加工成为纪录片，其“真实性”难免打折扣。从某种角度讲，所有的重现方式都在一定程度上悖离了真实，我们无法复制历史，只能无限地接近历史。①

但是，影像化重现后的口述历史的“真实感”未必有所减少，相反，如果画面生动合理，就能够弥补“口说无凭”的空洞感，帮助观众去理解和想象，在一定程度上增加了真实感。

对于一些特殊内容，影像化重现时也可以不追求高度还原，例如对于战争、犯罪题材的口述历史，在呈现画面时需要考虑观众的感受，一些血腥、暴力的内容会引起不适。这时如果在重现时采用相对委婉的手法对这些内容做模糊的处理，不失为一种好办法。

3.丰富内容性，缓解审美疲劳

提升观看体验是对口述历史进行重现的目的之一，以缓解单一的口述画面引起的审美疲劳。口述者叙述的音频和回忆录文本也是口述历史的另外两种主要呈现方式，如果将文字、图片、音频、视频相结合，会大大增加口述历史的趣味性。

(二)口述历史的影像化过程是多种方式的组合

从客观信息传播效果上来看，不同的影像化重现方式之间的差异并不明显，口述

① 刘阳. 影像如何记忆——中国口述历史纪录片研究[J]. 声屏世界，2016(12):42-44.

历史纪录片的内容、情感、主旨均可被观众高效感知。但从主观体验效果的角度看，不同的重现方式拥有不同的特质，适用于不同内容的口述历史纪录片。

1.动画重现对内容理解的辅助作用明显

动画重现方式最大的优势在内容理解层面。第一，动画重现通过元素相对单一的简单画面表达明确的内容，在展现事件变化发展的前因后果时非常清晰。第二，这种方式对口述者所述内容的重点部分进行集中展现，将一段口述历史的主体凸显出来，使观众在消遣型观看的同时，对口述历史留下深刻印象。第三，动画重现的方式吸引着观众跟随口述者的叙述一同回忆这段口述历史，具有较高的参与度。但我们也需要认识到动画重现这种方式的局限性。动画重现所适合的口述历史纪录片的选题是有局限性的。此外，复杂的制作技术增加了理解成本，直观的画面又限制了想象空间。

此外，从艺术性层面考虑，动画重现的方式具备直观、形象等优点，可对故事情节进行直接展现，也可将人物的特征进行强调甚至夸大，使其变得生动。目前在口述历史纪录片中，对动画重现的运用尚不多见，易营造耳目一新之感。但形式感也在一定程度上分散了观众的注意力，易产生形式大于内容的问题。这种方式塑造的二维或三维人物是虚拟形象，与现实世界存在一定距离，在情绪渲染方面难以使观众感同身受。

2.扮演重现具有较高的艺术价值

扮演重现的最大优势在于艺术性层面。在三种重现方式中，扮演重现具有最高的审美追求。此外，故事化的表现方式具有强烈的吸引力、视觉冲击力和情绪感染力。作为一种艺术形式，追求画面的美感无可厚非，但要注意避免单纯地追求艺术性而在其他方面有所欠缺。

在真实性层面，扮演重现的方式面临诸多争议。这种方式对演职人员和物料的选取要求较高，需要尽可能减少主观判断对真实性的干扰。如果操作得当，真人和实物的组合会比另外两种方式更易还原历史情境。

从内容理解的层面来看，扮演重现的方式在叙事时有许多值得商榷的问题。故事化的叙事方式使扮演重现易给人留下深刻印象，但由于运用了较为复杂的拍摄与剪辑手法，对口述者所述内容进行展现时，逻辑不够清晰简单。扮演中有许多对演员的手部、表情的特写镜头，细节展现比较到位，但也存在有违历史真实的风险。

3.影视重现最大限度地营造了真实感

强真实感是影视重现的突出特点。影视重现中所使用的是已经播出的影视资料，它们经过有关部门审核，达到播出标准，再经过纪录片创作者的选择，才被纳入口述历史纪录片中。这样二次考量的过程，使影视重现的方式更严谨可靠。如果采用的影视片段是黑白色调，即使在纪录片中明确标注使用的是影视片段，观众在第一印象上也会有"将其等同于真实历史录像"的倾向。类似于纪实重现中运用的史料镜头，影视重现适合交代故事背景，不适合展示细节。

影视重现大多进行宏大叙事。目前国内口述历史纪录片中的影视重现片段通常从比较宏大的角度切入故事，缺乏细致的描绘，对口述者所述内容的细节之处展现不够到位。不同于动画重现和扮演重现这两种专门针对一段口述历史进行创作的方式，影视重现的方式是从已有的影视资料中取材。影视资料是有限的，而口述历史是相当丰富的，现有的影视资料很难与口述者所述内容完全对应。较低的契合度对影视重现方式的感染力也造成了影响，对口述者所述内容，如果缺乏确切的影像进行展现，就会给人一种"拼凑"的感觉。只有影视资料与口述历史紧密结合，才能产生强烈的感染力，也才能在观众的记忆中留下深刻印象。

综上所述，口述历史纪录片需要丰富的素材来源与口述者所述内容互相印证、相互解释，尤其要交代清楚这段口述历史的背景。口述历史纪录片的主题多为历史事件或历史人物，多是时过境迁后进行的回忆式记录。这就需要口述历史纪录片的创作者运用多种手法在丰富纪录片画面的同时，最大限度地还原历史"真实"。口述历史纪录片的核心是口述者所讲述的口述历史，任何影像化表达都只是一种辅助呈现的方式。

真实性是纪录片的生命，而艺术性是影像化表达方式的特征之一，而这两种特征之间存在摩擦与博弈。高水平的口述历史纪录片必须在画面上运用多元化的手法，这些手法既能够与口述进行互证来保证信息的真实传播，又能够营造一种身处历史时空的逼真感受，增强纪录片的可看性。因此，任何一部口述历史纪录片都不应采用单一的影像化表达方式，只有纪实与重现相互配合，才能实现口述历史的影像化传播效果最大化。

〔桂笑冬，中国传媒大学电视学院讲师；赵东宇，中国传媒大学新闻学院本科生〕

青年视点

触发器、催化器与冷却器：突发舆情事件中主流传统媒体的阶段性功能考察

Triggers，Catalysis and Coolers：An Investigation into the Roles of Traditional Media Functioning in Public Opinion Events

◎ 叶明睿
Ye Mingrui

摘要：面对复杂的媒介舆论环境，传统主流媒体长期以来肩负着舆论引导和话语权引领的使命担当。然而，一直以来，传统主流媒体在舆情事件中所实现的具体功能和承担的角色却被长期固化看待，且被笼统地加以讨论。本文将传统媒体在突发舆情事件中的功能加以重新梳理，提炼出触发、催化和冷却三重具有阶段性特征的功能角色，并将其放在现实舆情事件中加以比对和分析。通过对 2018 年至 2019 年连续 12 个月内的突发热点舆情事件的分析，着力发掘传统主流媒体在舆情事件发生发展的不同阶段上的功能表现，并进而考察其中传统媒体对舆论引导的实际效果。

关键词：突发舆情事件，传统媒体，主流媒体，舆论引导

Abstract：With the increasingly complex media environment，the traditional mainstream media has long been shouldering the mission of public opinion guidance. However，for a long time，the specific functions and roles of traditional mainstream media in public opinion events have been fixed and discussed with less specificities. In this paper，the functions of traditional media in public opinion events are revisited，and the functions as triggers，catalysis and coolers with characteristics at varied stages are extracted，which are then compared and analyzed in real public opinion events. Through the analysis of hot public opinion events in the 12 consecutive months from 2018 to 2019，the paper tries to explore the function and the performances of traditional mainstream media in different stages of the development of public opinion events，and then investigates the actual effect of traditional media on public opinion guidance.

Keywords: sudden public opinion events, traditional media, mainstream media, public opinion guidance

引　言

2003年3月,一位因为没有暂住证而被遣送当地收容站的年轻人,在遭到站内人员及其他收容人员的殴打后,于次日不幸身亡。事件一经曝出,在互联网上迅速引发舆论风暴,最终"政府在民意的压力下于6月废除收容法",也正是这起中国互联网历史上著名的"孙志刚案",后来成为这一"网络舆论年"的标志性事件。① 由这一年开始,人们对于网络舆情的认识也开始逐渐形成并加以重视,中国互联网在经历了十几年的发展之后,从当时的Web1.0时代走向今天已经逐渐清晰可见的5G时代,伴随着技术的发展与新的网络平台不断出现,突发事件在网络环境下传播和扩散,其影响规模和发展演变的复杂程度相较于2003年也已呈现几何倍数级的增长。

在日益复杂的舆论环境下,传统媒体一直肩负的坚守主流舆论阵地、掌握话语主导权的职责使命与功能角色也被进一步强调。② 在如何理解和认识新兴媒介环境,从而更好地实现舆论引导的过程中,"两个舆论场"的划分及其相互关系的讨论成为热点。国内舆论环境被区分出"传统媒体舆论场"和"网络舆论场"两个空间,强调两者之间既有对立交叉,也有一致与互动。③ 然而,随着技术环境与形势的发展,单一的"二元化"舆论场的讨论框架逐渐被打破,越来越多的学者开始看到以传统媒体为代表的"主流舆论场"和以新媒体为代表的"网络舆论场"呈现出更加多元、复合、大量交叉、衍生的现象,表现出互动与互补的关系格局。④

朱春阳等人认为,新的媒介环境下,代表官方立场的传统媒体舆论场与有着民众大量参与的网络舆论场两个场域形成了一种对真相呈现的效率竞争。而"只有那些具有更高可信度和沟通能力的传播者才能获得议程设置的主导权"⑤。为了共同呈现出真相,两个舆论场之间呈现出一种基于合谋态势下的"竞争—合作"关系,也正是缘于

---

① 闵大洪.2003年的中国网络媒体与网络传播孙志刚事件掀起"网络舆论年"[EB/OL].(2014)[2019-10-21].http://media.people.com.cn/n/2014/0415/c40606-24898329-3.html.

② 谢耘耕,刘锐,徐颖.当前互联网管理和舆论引导工作存在的问题及对策建议[J].科学发展,2012(8):65-70,64.

③ 赵宬斐.多元舆论场中党的舆论引导能力研究[J].政治学研究,2014(1):42-51.

④ 刘莲莲,常松.议题互动、舆论生成与舆论偏向——新媒体时代传统媒体舆论引导力的重建[J].学术界,2017(3):114-122,325.

⑤ 朱春阳,刘心怡,杨海.如何塑造媒体融合时代的新型主流媒体与现代传播体系[J].新闻大学,2014(6):9-15.

这一竞合机制的出现，传统媒体在不断的竞争过程中演化出了新的能力和价值目标。

伴随着“融合媒体”概念的提出，传统媒体开始将发布渠道和端口向新媒体空间大举延伸和拓展。一方面，彰显出它们在与网络媒体和平台的竞合过程中所演化出的新能力与价值目标；另一方面也进一步打破了过去关于舆论场讨论的二元结构框架。经过十多年的发展，整个舆论场从单一分割、竞争，走向合作与互动，传统主流媒体主动拥抱新媒体，两者之间边界进一步消失。然而，需要指出的是，舆论场域边界在某种程度上的消失，并不意味着在舆情事件中参与的各方主体性和主体身份之间差异的消失。作为官方媒体，传统媒体机构所承担的舆论引导和舆情“阀门”的社会功能依然存在，并在各种舆情事件中，通过与网络媒体、自媒体，以及网民的互动，扮演了更加具体的功能性角色。

一、传统媒体的功能性角色

这里对传统媒体的功能性角色的讨论，主要着眼于网络环境下传统媒体在网络端口和渠道中的表现。从其所发布的内容来看，既包括在传统媒介渠道上生产的内容，也包括它们的新媒体部门专门为网络端口定制生产的内容产品。尽管传统媒体的内容生产与网络媒体的内容生产者彼此之间存在议题上的双向设置现象[①]，但长期以来，主流媒体的网络端内容历来都是各个新闻站点和资讯平台以及社交媒体重点抓取的对象，和复制转载的主要来源，在内容聚合平台和搜索引擎的算法之中占有更大的权重。传统媒体的这一特点，决定了其内容一旦生成发布，便能在极大范围内得以快速扩散和分发。其传播面之广，传播速度之快，使其在网络环境下依然具备一定的传播优势，并且借此优势，以下三个功能性角色得以实现。

(一)触发器

新媒体环境下，传统媒体面对网络媒体受限较少，发起议题门槛较低，且表达自由，传播迅速等特点，迫于竞争的压力，需要在议题的开掘和报道内容的及时性方面与网络媒体和自媒体展开竞争，抢夺视线，维系自身影响力。一旦其所报道议题本身具有能够满足网络扩散条件的因素，比如话题争议性大，事件破坏性强，情绪色彩浓烈等，便能够快速通过社交平台和资讯聚合平台以及自媒体得到快速广泛传播。这类传

① LUO Y. The Internet and agenda setting in China: the influence of online public opinion on media coverage and covernment policy[J].International journal of communication, 2014(8).

统媒体的报道引起一种触发机制,在网络环境下被广泛复制传播,并加以讨论,进而引发网络平台上大量衍生内容出现和再次传播与扩散,从而实现"信息发布逐渐由单向型向多向度转变,带来舆论的'倍增效应'"①。

(二)催化器

在新媒体环境下,网络舆论一旦形成,"主流新闻媒体的适时介入,将会使网络舆论的影响进一步扩大"②。传统媒介的信息内容经过网络放大,能够将公众分散的注意力集中于同一件事,进而产生"集体性的情感体验",并且公众彼此之间借助网络的超时空连接形成互动,从而实现"情感能量得到传递与聚集"③。这一具有舆情催化性质的功能在一般情况下会呈现出两种不同的表现。一方面,由于长期以来被内嵌于特定的政治体制框架之中,传统媒体容易在舆情事件面前呈现出习惯性的"冷处理"④,面对新媒体与社交用户在网络平台上形成的热点议题,"倒逼机制"迫使其开始以引导姿态参与到舆情事件之中⑤;另一方面,传统媒体为了追逐流量,博取视线,在参与热点舆情事件过程中放弃事实核查,盲目采信网络媒体,自身引发次生舆情的同时,也进一步助推了事件之中谣言和不实传言的扩散。

(三)冷却器

传统主流媒体的官方背景在一定程度上决定了在舆情事件中它们的表现更多具有"求稳"的逻辑,而这一身份也决定了在一些舆情事件中,它的出现往往具有官方介入以及官方意见的明确指向。⑥ 同时,传统主流媒体凭借其在信息资源收集和社会资本动员方面的强大能量,有条件能够获得更加丰富、全面、翔实的信息,从而有机会借助这一优势来传递更多事实,终止不实传言,平复公众情绪,最终平息舆情。

通过对舆情事件中传统主流媒体所承担的功能的梳理,可以看出在舆情事件的发

---

① 陶贤都,隋明晓.网络媒体与传统媒体议程互动——以杨丽娟事件为例[J].华中科技大学学报(社会科学版),2009(2):107-113.

② SONG Y. Internet news media and issue development: a case study on the roles of independent online news services as agenda-builders for anti-US protests in South Korea[J]. New media & society, 2007,9(1):71-92.

③ 朱代琼,王国华. 基于社会情绪"扩音"机制的网络舆情传播分析——以"红黄蓝幼儿园虐童事件"为例[J]. 西南民族大学学报(人文社科版), 2019,40(3):146-153.

④ 李春雷,贾立平.突发事件中传统媒体沟通党媒意见与网上舆论的进路研究——基于"什邡事件"的实地调研分析[J].国际新闻界,2015(11):90-104.

⑤ 靖鸣,郭艳霞,潘宇峰."魏则西事件"主流媒体与社交媒体舆论监督的共振与互动[J].新闻爱好者,2016(7):22-27.

⑥ 李翠敏,徐生权.媒介化视域下公共危机事件的网络舆情演化研究[J].新闻界,2019(7):83-90.

展过程中，三种功能角色呈现出明显的阶段性特征。但就传统主流媒体在引导舆论、掌握话语主导权这一核心职能来看，在舆情事件发生的实际过程中，其核心职能实现效果如何则构成了本文接下来所要考察的重点。

二、突发舆情事件中传统主流媒体的功能考察

我们对2018年7月1日至2019年6月30日连续12个月内的突发热点舆情事件加以整理，依据“是否突发”“舆情热度高”“影响规模大”三个原则加以筛选，通过对事件相关的内容数量（篇数及发帖数）、参与用户数量（发表、点赞及转发用户）、用户覆盖规模（总体用户数量）以及传统主流媒体报道数量四个指标综合计算，筛选出最为热门的200件突发热点舆情事件，并对其热度做出排序，以便于展开研究。本报告的主要数据来源为中国传媒大学国家突发事件舆情应对研究中心，中传—京东大数据联合实验室，并参考使用第三方数据平台“知微”所提供的舆情数据。

本报告的研究对象为突发热点舆情事件中的传统媒体机构及其在互联网端发布的内容，着眼于发现并了解舆情事件发生、发展和衰退全过程中，传统主流媒体机构在其网络端账号下参与事件的形态和特征。通过数据分析整理，发现传统主流媒体在突发舆情事件发生、发展的不同阶段明显表现出前述的三种功能。但在不同阶段上，传统主流媒体对于引导舆情和主导话语权这一目标的实现效果则表现出较大的差异。

需要说明的是，长期以来，对于突发舆情事件的生命周期存在多种不同的划分。李纲等人在综合对比了已有的不同类型划分标准之后，认为应当根据事件的生长曲线将突发舆情事件划分为潜伏、爆发、成熟和衰退四个阶段。① 具体到本文所考察的对象，对于传统主流媒体在舆情事件中的参与及其影响效果而言，我们使用“蔓延”这一概念替换“成熟”，以此强调对事件发展动态变化的关注，以及传统媒体在这一动态过程中参与行为的干预效果。所以，本文对传统主流媒体在突发舆情事件中作用的考察将基于事件的“潜伏—爆发—蔓延—衰退”这一动态过程。

（一）触发能量巨大，后续跟进乏力

传统媒体机构依然是网络热点舆情事件的主要“触发器”之一，在当前媒介融合环境中，依然是网络议程设置的重要一极，在观测周期内，除重大突发灾害及事故

① 李纲，陈璟浩.突发公共事件网络舆情研究综述[J].图书情报知识，2014(2)：111-119.

类新闻事件外,约有 39%的突发热点舆情事件是由传统媒体触发生成。但是,从所捕捉的媒介事件特点及其后续对于事件传播的影响力来看,传统媒体的前后表现差异显著。

通过比对分析可以看出,相较于网络媒体触发舆情多依赖于"事实爆料",传统主流媒体则通过"事实爆料"和"评论带动"两种形式触发热点舆情。对于事实的挖掘可以理解为传统媒体在消息线索发掘和开拓方面既有优势的持续发挥,同时又得益于传统媒体从业人员对处于潜伏状态下的舆情事件所具有的敏感特质的捕捉。比如在"瑞典警方粗暴对待中国游客"事件中,9 月 2 日事发当天外交部领保中心官微"领事之声"发布的一条提醒在瑞中国游客加强防范的微博中,未明确提及该起事件;而在 9 月 15 日凌晨,《环球时报》则以"中国游客遭瑞典警方粗暴对待,一家三口被扔坟场,外交部严正交涉!"为题将此事公布于众,旋即引发舆情高企。

同时,传统媒体所拥有的大量优质内容生产者资源,尤其是纸媒机构在优质评论内容的生产方面所积累的资源,都对触发舆情热点具有显著的贡献。2019 年 4 月的"996 工作制"舆情事件,本来只是在一个小众代码托管平台 Github 上的一个小范围传播的项目,正是因为《中国青年报》记者任然的一篇《被"996"围困的年轻人,像是定好闹钟的机器》的评论,发表之后迅速引发大量网络转载,继而引爆全网对于"996 工作制"的激烈讨论。

除此之外,一些传统主流媒体由于机构自身在影响力方面的显著性,也往往容易由于自身的报道内容和报道行为引发舆情事件。比如江苏省委机关报《新华日报》2018 年 8 月刊发的文章《提高生育率:新时代中国人口发展的新任务》,由于作者在文中提出要设立生育基金,因此引发大量网民认为要开征"单身税"的误读。与之相类似的还有 2018 年初黑龙江五大连池市"汤兰兰案",澎湃新闻因对此案的首发报道中涉及对汤兰兰的隐私侵犯和可能造成的二次伤害而令自己身陷舆论暴风中心。

(二)放大效果明显,舆情引导质量不足

通过对 12 个月连续观测期内热度排名前 100 的舆情事件观测,主流新闻媒体的网络发布端口对舆情事件的扩散与热点放大依然占据着绝对的影响力,成为相当一部分热点突发舆情的"助燃剂"与"催化器"。在舆情事件发展的不同阶段,传统新闻媒体的影响力发挥呈现出明显的"分量前倾"特征,新闻媒体的网络发布端在舆情事件发展的早期阶段对舆情的快速放大功能最为显著。多数事件的最初阶段在经过《环球时报》、《新华视点》、《中国经济报》、澎湃新闻、天天新闻等新闻媒体的转发或报道后,迅

速引发社交网络用户的大规模关注。

值得注意的是，传统主流媒体对新闻事实核查的缺失，对报道细节存在主观刻意，以及对网络传播流量的片面追逐，直接引发了次生舆情。如在“重庆綦江公交坠江事件”中，传统主流纸媒在官方通报发布之前，便采用“重庆一公交与逆行轿车相撞后坠江，女司机被控制”(《新京报》)、“重庆万州22路公交车坠江，疑因一女司机驾驶私家车导致”(《北京青年报》)、“大巴车坠江原因：女司机逆行”(环球网)、“重庆公交车坠江已致2死，事发前轿车女车主逆行”(环球网)等标题对事件加以报道，并在网上引发大量转载、转发，使得事后被证明与该案无关的女司机陷入舆论风波的同时，也因为标题中刻意强调其女性身份，而在互联网上引发关于“性别歧视”和“女性权益”等话题的热议。

对于从网络媒体通过“外溢效应”传导到传统主流媒体继而引发相关报道的舆情事件，在对其参与事件过程中的话语影响力进行分析比对后发现，主流媒体报道内容中的议题设置与网民话题之间存在较为显著的错位情形，除了一部分带有网民个人色彩的情绪性话题占据了一定的比例之外，传统主流媒体的报道只有约28%的内容与网络舆论中的话题相契合。

(三)网民理性质素提升，助力舆情快速冷却

相比之下，在舆情事件发展的中后期，传统主流媒体与大量的自媒体用户和关键意见领袖依然在网络空间话语权的争夺上存在较为激烈的博弈，但伴随网民整体理性自觉程度的提升，主流媒体的理性话语和表达所形成的正面引导效果也更为显著。

2018—2019年间，Top20突发热点舆情事件中，微博平台上评论、谴责、赞扬等类型的内容发布占比34.5%，相较上一年度降低了5个百分点；对于核心事件的简单转发内容占比约12%，相较上一年度下降6.7个百分点；而围绕确凿信息和事实，以及相关知识的内容占24.7%，相对于上一年度提升近10个百分点。这或许可以理解为伴随近几年“反转”频发的后真相情形不断出现，网民对于真相的辨别意识也在不断提升，对事实的重视程度也在不断加深。也正是得益于网民在参与突发舆情事件过程中所表现出的这一渐进理性的趋势，有着官方背景色彩的传统主流媒体在一定程度上摆脱了“塔西佗陷阱”的影响，从而能够在一些舆情事件上实现较为显著的引导效果。以“范冰冰逃税门事件”为例，2018年10月3日相关部门向范冰冰下达处理结果的消息向社会公布后，当天网民话题焦点就由一般性热议，迅速集中到“为何对其只罚不判”的问题上，新华社和《中国日报》以及《法制日报》就相继于当天和次日发布相关文章，

解释其中法律问题。

不难理解,传统新闻媒体作为机构用户在其网络发布端提供了大量权威、客观的事实信息,这对于平息舆情,回击谣言与不实信息,提升网民整体理性认知方面依然具有不可替代的作用,也在很大程度上对热点舆情起到了“冷却降温”的作用。

三、讨论及结语

长期以来,面对日趋复杂的网络舆论环境,传统主流媒体的舆论引导力一直被反复强调。然而,伴随着整体媒介环境的快速变化发展,人们对传统主流媒体实现这一职责担当的认识,以及对其在舆情事件中的功能角色的理解都存在一定程度的固化。尽管现有文献对其主要功能有大量论述,但却一直没有在舆情事件变化发展的过程中对其功能以及引导效果加以动态考察。随着人们对突发舆情事件认识逐渐加深,传统媒体在这其中所扮演的阶段性角色也逐步清晰起来。本文通过对既往研究的梳理,提出传统媒体在突发舆情事件中具备触发、催化和冷却三重功能,并将其放置在实际的舆情事件中加以比对,通过在舆情事件发展的不同阶段各个功能的体现来考察当今传统媒体在突发舆情事件中的舆论引导效果。

通过分析比对,可以看出,传统媒体在人才和社会资源方面的优势能够帮助其快速发现并报道事件的同时,也能深入地看待问题,精准、有效地切中公众痛点及痒点,生产出优质评论性内容,并借助传播优势实现对这些内容产品的快速扩散,成功将处于潜伏状态下的新闻激发为热点舆情事件。

但面对网络媒体和自媒体以及社交平台用户等方面的竞争性压力,传统主流媒体在已经爆发的舆情事件上往往更多地呈现出一定程度的被动和引导乏力。一方面为了获得更高的流量,传统主流媒体有时会片面迎合用户阅读兴趣,一定程度上放松对内容生产品质的要求,甚至哗众取宠,盲目跟从,加剧舆情的进一步爆发与蔓延,甚至引发次生舆情灾害。另一方面,在舆情爆发后的蔓延发展阶段,传统媒体与网络话题的对接与互动则相对乏力,相互之间的议题错位明显,成为舆论引导力实现的障碍性因素。

从舆情蔓延转至衰退阶段中,传统主流媒体的功能发挥较为显著,官方背书下可以相对便利地调动更多的公共资源来服务于自身的内容生产,这使其可以更加有效地获得更为全面丰富的信息来填补信息模糊地带。同时,日渐成熟且趋于理性的网民也在此类突发舆情事件中更易于达成与传统主流媒体的互动与沟通,从而也令舆情事件的快速平息和消退得以更顺利地完成。

随着2019年11月1日5G在中国大陆地区的正式商用，未来的互联网空间注定会在给予我们更多想象空间的同时，给我们带来更多的挑战，而网络环境下舆论空间的格局也势必更加趋于复杂。如何更加清晰地理解突发舆情事件与传统媒体的互动形态，让传统媒体在其发展的不同阶段能够做到扬长避短，更好地服务于现实的舆论引导，都将有赖于未来更进一步的思考和探求。

〔叶明睿，中国传媒大学电视学院副教授〕

品　鉴

传播学视域下《幸福三重奏》的创新：题材细分化与价值主流化　曹晚红　时佳琪　陈欣瑜

传播学视域下《幸福三重奏》的创新:题材细分化与价值主流化

Innovation of *Happiness Trio* from the Perspective of Communication Studies: Subdivision of Subject and Mainstreaming of Value

◎ 曹晚红　时佳琪　陈欣瑜

Cao Wanhong　Shi Jiaqi　Chen Xinyu

摘要:近年来,慢综艺节目逐渐兴起。《幸福三重奏》是腾讯视频于2018年7月独家出品的一档情感类夫妻观察慢综艺节目。节目上线的两个月内,三对明星夫妻话题不断,引发大众对亲密情感关系以及夫妻相处之道的广泛关注和讨论,在收视率、讨论度、观众口碑等方面均取得不错的成绩。作为国内第一档以爱情、婚姻为切入点,以无干扰、无强制任务的方式真实记录自然生活状态的情感类网络慢综艺节目,《幸福三重奏》具有题材细分化和价值观念主流化的特点,通过"社会实验"+无干扰同题材投射等多元化的传播方式和结构方式,引领主流爱情观和幸福观,成为情感类慢综艺节目的一次创新破局,对未来慢综艺节目的发展有一定的趋势意义和借鉴作用。

关键词:情感类慢综艺节目,题材细分化,价值主流化

Abstract: Recently, slow variety shows have gradually risen. As an emotional slow variety show exclusively produced by Tencent Video in July 2018 about watching couples' life, within two months of the program named *Happiness Trio* launching, the three celebrity couples continued to make people talk about intimate emotional relationships and the way they get along with each other. The program achieved good results in ratings, discussion and audience reputation. As the first emotional network slow variety show in China, which regards love and marriage as the breakthrough point and truly records the natural life state in a non-interference and non-compulsory way, *Happiness Trio* has the characteristics of subdivision of subject matter and mainstreaming of values. It leads the mainstream view of love through diversified communication and structure methods such as social experiment and non-interference projection of the same topic. The concept of harmony and happiness has become an innovative breakthrough of emotional slow variety shows, which has certain trend significance and reference for the future development of slow variety shows.

Keywords: emotional slow variety programs, subdivision of subjects, mainstreaming of value

一、《幸福三重奏》:情感慢综艺的一次创新破局

新媒体时代碎片化传播占据主流,抖音、快手等短视频依赖于平台短、平、快的制作和快速消费的模式在视频传播中占据了较大份额。作为一档每期时长达到 90 分钟的慢综艺节目,在充斥碎片化信息的互联网视频平台,慢综艺题材节目《幸福三重奏》如何满足观众的需求,又如何在收视率、讨论度、观众口碑等方面取得不错的成绩呢?

《幸福三重奏》是腾讯视频于 2018 年 7 月独家出品的一档情感类夫妻观察慢综艺节目,9 月收官,节目共 11 期。节目在播期间,累计播放量达 22.5 亿。[①] 该档节目主要记录了不同年龄段的明星夫妻在无干扰的环境中自然生活的真实状态,展现具有"烟火气"的夫妻生活。

节目嘉宾分别为 70 后、80 后、90 后的三代明星夫妻,三对夫妻正好处于婚姻的不同阶段,有甜蜜的新婚夫妇,也有闪婚后聚少离多的夫妇,更有结婚多年过着老夫老妻生活的夫妇。他们在节目中褪去了"明星光环",在平凡的生活中展现大众不了解的另一面。节目组为了实现完全"无干扰"的夫妻生活情景,在北京郊外建造了三间小屋,在房间中安置监控设备,在保证不影响嘉宾正常生活的情况下记录了三对夫妻在离开工作、离开家庭琐事后的相处日常,聚焦夫妻的二人世界,捕捉不同婚姻关系中不同的情感交流方式。

节目上线的两个月内,三对明星夫妻话题不断,引发大众对亲密情感关系以及夫妻相处之道的广泛关注和讨论。节目播出一周内,在微博上,话题"#幸福三重奏#"共斩获 48 亿+主话题阅读量,78 万+话题讨论量,节目及嘉宾的相关关键词共 62 次登上微博热搜,如"大 S 剥虾论""汪小菲力挺大 S""陈建斌做饭"等,共产生 1.2 亿热搜

---

① 播放数据来源于腾讯视频官网。

值。关键词“幸福三重奏”的短视频博文发布数量达到311万条,大S在节目中的“剥虾论”短视频播放量更是高达32.6亿。该节目在收视率、讨论度、观众口碑等方面都取得了不错的成绩。

《幸福三重奏》营造出的是明星夫妻朴素、零干扰、自然的生活状态和不同夫妻的相处模式,它带领观众去思考婚姻的真谛、感知婚姻万象,也让大众在讨论中思考以及调整自己对于婚姻关系的看法和认知。

二、传播内容分析:题材细分化与价值观引领

(一)题材细分:慢综艺+夫妻关系

1.慢综艺表达:真实自然

近年来,慢综艺逐渐兴起并进入荧屏。世界上最早产生的与“慢综艺”这一概念相关的概念是“慢电视”,它不像传统电视节目,没有快速的剪辑镜头,没有精美的后期制作,是一种全新的看似“古怪”的电视节目类型。2007年,韩国推出电视慢综艺节目《两天一夜》,开拓了韩国综艺节目新时代。2015年,国内开始试水慢综艺节目。腾讯视频上线的慢综艺节目《我们15个》,是一个基于真实生活的大型生活实验真人秀,也是首次进行24小时直播的综艺节目,但是并没有引起很大的反响。之后国内市场不断尝试慢综艺节目的制作,2016年黑龙江卫视推出的《见字如面》和2017年湖南卫视播出的《向往的生活》等节目都收获了不错的反响,慢综艺节目逐渐兴起。

毋庸置疑,在碎片化时代,慢综艺是与短、平、快的短视频有极大差异的一种内容制作方式。和情节较强、节奏紧凑、对抗性质浓的“快综艺”不同,慢综艺不设置复杂的游戏环节,也没有过多的剧本干预,不设定人物的角色性格,而是将嘉宾放置在相对宽松的环境中,让其呈现出最自然的状态。《幸福三重奏》节目就是让嘉宾在这种相对自由的环境中进行自我表达,使得嘉宾的表现真实自然,更加具有延展空间,更易引发观众的共鸣。

2.情感节目:市场刚需

民政部2018年8月发布的《2017年社会服务发展统计公报》显示,2017年我国结婚率为7.7‰,比上年降低0.6个千分点,离婚率为3.2‰,比上年增加0.2个千分

点。[①] 由此可看出,2017 年我国国民结婚率下降,而离婚率上升。

夫妻情感生活不仅仅是我们茶余饭后经常谈论的话题,更是节目市场中必不可少的内容。无论是微博、微信等社交媒体,还是爱奇艺、腾讯视频、抖音、快手等视频平台,夫妻情感话题一直以来都备受关注。因此,情感类的节目一直是内容市场的刚需。

国内市场针对此类节目不断探索和推陈出新。《非诚勿扰》《我们约会吧》《幸福魔方》《8090》等节目都获得不错的收视率。但是总体看来,国内情感类综艺节目,以速配节目为主流。而在国外,情感类节目切入的角度则更加多元,有的节目展现新婚夫妇的婚姻生活,还有一些则与离婚、复婚等话题相关。因此,情感类节目本身就具有多个切面,而当节目内容具体到婚姻这一话题时,同样需要去思考如何反映出不同样态。

《幸福三重奏》在节目定位上突破了以往夫妻类节目中"情感访谈""游戏闯关"的传统模式,而是着眼于夫妻日常生活,近距离展现明星夫妻的真实情感状态,试图通过三对不同年龄层段夫妻的婚姻生活样本向观众展示三代夫妻情感交流的不同方式,让观众在其中看到不同的婚姻样本,从而引发自身对于婚姻、情感图景的展望与思考。

3.明星自带流量

最高人民法院发布的《司法大数据离婚纠纷专题报告》显示:婚后 2—7 年为婚姻破裂高发期,77.51%的夫妻因感情不和向法院申请解除婚姻关系。[②] 这说明导致感情不和的因素往往很多,这些因素也广泛存在于中国夫妻的生活中。普通人的夫妻生活如此,明星夫妻的真实生活是否会有一些不同之处呢?

《幸福三重奏》节目中福原爱与江宏杰是一对来自不同国度的夫妻;汪小菲与大 S 的夫妻生活在网络上原本就有很多争议点,甚至出现了家暴和二人已经离婚的传言;陈建斌和蒋勤勤则是实力派演员的代表,二人向来低调,也没有什么绯闻。节目组将本就有差异的明星夫妇的夫妻生活展现给观众,让观众在其中寻找答案。

三对明星嘉宾在节目中的相处模式各有特点,不同嘉宾的表现也会映射出不同的现实角色。福原爱夫妇是典型的新婚幸福甜蜜夫妇的代表。江宏杰对福原爱关怀备至,不得不使人们联想到暖男的形象;大 S 则是又"作"又可爱的小女人的形象;陈建斌则是一个典型的中国男人的形象。毫无疑问,这些现实形象,在满足观众窥私欲的同时,也给了观众极强的共鸣感,使得明星的商业价值得到充分发挥。

---

① 数据来源于中商情报网。

② 数据来源于中国法院网。

(二)价值观引领:烟火气+幸福感

1.引领爱情观,回归真实婚姻

2016年2月19日,习近平同志在党的新闻舆论工作座谈会上发表重要讲话,谈到新闻舆论工作各个方面、各个环节都要坚持正确舆论导向。各级党报党刊、电台电视台要讲导向,都市类报刊、新媒体也要讲导向;新闻报道要讲导向,副刊、专题节目、广告宣传也要讲导向;时政新闻要讲导向,娱乐类、社会类新闻也要讲导向;国内新闻报道要讲导向,国际新闻报道也要讲导向。

因此,网络综艺节目作为深受受众喜爱的视频节目,也应当承担自己的使命,针对社会痛点进行正向的价值观引导。

在当今离婚率高、结婚率低的社会环境下,离婚、恐婚、大龄单身等现象越来越多,不少人对婚姻有着排斥、恐惧心理。关于婚姻的悲观看法的文章在网上引起广泛讨论早已不足为奇,一些文章宣扬"婚姻是爱情的坟墓",不少自媒体公众号上关于婚姻经营方法论的文章往往能够赢得较高的点赞量和转发量。因此,受众需要有正确的婚姻观、感情观引导。

市场上关于夫妻类的情感节目往往聚焦于夫妻的"情感访谈""游戏闯关",或者恋爱中的感情速配阶段,却没有节目引导受众如何去经营夫妻生活。因此,情感类综艺节目也需要抓取中国人婚姻感情生活的痛点,并在节目中做好价值观的引导。

观众通过观看节目,发现原来明星的夫妻生活与普通人也并无太大差异,明星夫妻也会因小事争吵、抱怨,他们将三对夫妻的生活模式投射到自身。观众看到了福原爱夫妇的甜蜜日常,看到了汪小菲夫妇的相互包容,也看到了陈建斌夫妇的相濡以沫。有观众认为"每一对夫妻的生活都有着我们期待和喜欢的样子"。有不少网友表示:看了《幸福三重奏》,我都想结婚了。

由于社会环境和家庭关系,许多夫妻婚后生活都围绕着工作、家庭转,反而"二人世界"被人们忽视。《幸福三重奏》营造出来的具有"烟火气"的幸福夫妻生活不仅仅是真实重现,更让观众在观看节目时重视夫妻生活。节目贴合大众生活环境,用朴实的话语氛围营造了婚姻生活的不同切面。观众通过节目观察明星夫妻生活,发现他人的幸福,进而达到情感契合,引发其关于爱情观、婚姻观的共鸣。

2.引领幸福观,打造正能量

《幸福三重奏》节目的市场传播标语是"最好的时光,就是和你在一起",在传播中主打“幸福”这个概念,将节目中关于幸福的细节点进行放大和传播,收获了良好的口碑评价。网友也纷纷表示:原来幸福很简单。

幸福是什么?《幸福三重奏》的三对夫妻为我们做了不同的指引方向:幸福是福原爱、江宏杰夫妇在生活中为彼此准备礼物与惊喜,是互相看对方时藏不住的宠溺与甜蜜;幸福是阳光下汪小菲给大S画的素描,是不善于表达的汪小菲对大S的无限包容与理解;幸福是陈建斌和蒋勤勤一起散步、一起赏花作诗、一起下棋做饭,是他们趋于平淡过后的居家生活。婚姻的每个阶段都是幸福的,新婚夫妇是温馨甜蜜的幸福,结婚几年的夫妇是互相尊重和包容的幸福,老夫老妻是太过熟悉而平淡真实的幸福。

《幸福三重奏》没有直接告诉观众关于“幸福”的答案,而是呈现了“幸福”的多种画面,在节目的镜头中引导观众重新审视和观察自己的婚姻与爱情。三对夫妇的三种不同生活,有柴米油盐的平淡美好,有陪伴彼此相濡以沫的温馨时刻。观众能感受到夫妻生活的幸福美好,在观看节目时也能燃起自身对婚姻的向往,找寻属于自己的幸福生活。

满足大众情感需求是情感类节目的社会价值。情感类节目需要倡导和弘扬正确的婚姻观,不能任由“爱情悲观论”“婚姻坟墓论”等舆论发酵。综艺节目针对社会痛点、热点问题要对受众进行正确的价值观引导,为大众提供情感“补给”,倡导正能量。观众在观看情感类节目时不仅能看到关于婚恋价值观的探讨,还能看到婚姻生活的现实图景,在观察明星夫妻生活的过程中,体会婚姻的幸福。节目引发大众共情,正确引导观众对于“婚姻”“幸福”的观念,符合社会主旋律,传递了社会正能量。

三、传播方式多元:“社会实验”+无干扰

(一)“社会实验”:还原本我

“社会实验”是近年来中国和韩国综艺节目中比较流行的一种制作方式,把一群人放在某个地方去观察他们的生活状态。嘉宾逐渐熟悉了这种模式的生活之后,慢慢表现出自己人性中真实的部分。《幸福三重奏》节目在拍摄过程中也是将摄像头完全隐藏,在“无干扰”的环境中进行长时间拍摄,真实记录三对夫妻的生活。

很多综艺节目通过游戏规则的制定,将不同的嘉宾放到不同的游戏模式中,达到节目的预期效果。人在现实环境中往往要面对多种复杂的情况,并不能够完全表现自己真实的一面,有时会进行某种表演和伪装。好的游戏规则能够挤压出人性中很有趣

的部分，这些部分往往是真实的。《幸福三重奏》节目中所进行的“社会实验”将三对嘉宾放到不受外界干扰的环境中，在这种环境中，没有工作和其他生活琐事要处理，一切活动的进行都是自然而放松的，嘉宾可以表现出自己人性中真实的一面。因此，嘉宾参与到“社会实验”的过程也是一个还原本我的过程。

(二)结构方式:“无干扰”环境下同题材投射

《国民婚姻情感指数白皮书》的数据显示，降低夫妻感情分数的主要原因是工作压力、家庭琐事、抚育孩子等。这些问题导致两人的相处时间越来越少，沟通越来越少，独处也越来越少。这是很多家庭的痛点，也是影响婚姻稳定性的重要因素。

《幸福三重奏》针对该社会痛点，在设计重现夫妻生活时摒弃了许多家庭生活中的元素，重点突出他们脱离生活琐事，去重新面对彼此的生活，展现二人世界。在“无干扰”的环境中还原和放大夫妻生活中的纯粹与真实，通过情感传递，为受众提供情感依托和共鸣。

“无干扰”就意味着更少游戏元素的设置，将三对明星夫妇置于一个完全没有外界打扰的环境中，夫妻之间会发生什么故事，这些故事是否有看点是难以预料的。因此节目组在内容制作过程中采用了同题材投射的结构方式，根据主题剪辑节目。比如，三对不同年龄层段的夫妻都在做饭、都有“打蜜蜂”的片段，然后依次在节目中进行对比展现，让观众看到三对夫妻在相同情境下的不同表现。再加上嘉宾本身足够有趣，使得节目看点不断。

(三)表现方式多元

节目中花字、采访声、背景音乐的运用，给节目的价值观表达增色不少。比如节目中蒋勤勤与陈建斌争吵之后，出现了字幕:“婚姻的不可思议，就是我们细数着甜蜜，也愿意为爱包容着对方的脾气。”花字的内容点破了婚姻的真谛，每一对夫妻都会吵架，但是幸福之处恰好就在于吵架背后两个人的互相包容。画面中出现陈建斌帮蒋勤勤揉腿的场景时，配上了蒋勤勤的采访声“当你去到一个陌生的地方的时候，你就会非常依赖他，互相依赖”，表达了当时蒋勤勤内心的温暖感受。而当福原爱和江宏杰恩爱的场景出现时，往往会配上韩国温馨甜蜜的音乐，使人不禁联想到偶像剧中男女主角互相爱慕的场景。

在视觉表达上，每一期的片尾都采用了方莎莎的彩色沙画，使得画面更加精美。动态的沙画具有很高的人物还原度，配上与幸福主题相关的花字，不仅画面唯美，更增添了主题表现力。

《幸福三重奏》还在节目中设置街访环节，在线下采访多位路人，让路人对一些夫妻关系问题、节目中的明星相处模式发表观点。线上线下互相映衬，让观众产生真实感，将受众带入到婚姻关系广泛的关注和讨论之中。不同观点的交锋，满足了受众参与节目的心理，引发受众对节目中的婚姻观产生共鸣，鼓励受众追求幸福。

四、情感类慢综艺节目的未来

纵观时下综艺市场，不同类型的综艺节目层出不穷，而情感类综艺的发展也呈现井喷趋势，夫妻旅游类节目、亲子户外真人秀、恋爱速配等类型的综艺都抓住了情感的不同切面呈现节目内容。我们不难发现，较多情感类综艺都有着环节设置、阶段任务等，节奏也变得越来越快。《幸福三重奏》是国内互联网第一档纯粹以爱情、婚姻为切入点，以无干扰、无强制任务的方式真实记录自然生活状态的情感类慢综艺。它的出现对情感类慢综艺未来的发展有着重要的启示。从嘉宾元素、节目定位、内容生产等角度，情感类慢综艺在未来还有着较大的改进和发展空间。

（一）减少明星依赖，增加模式亮点

《幸福三重奏》将明星夫妻放在“无干扰”的社会环境中，无疑对于明星的表现力提出了更高的要求，明星夫妻嘉宾的选择一定程度上决定了节目的呈现效果。

将明星夫妻置于“无干扰”的环境中，让他们真实自然地展现自己。但如果明星真实的状态并不是足够有趣的，或者缺乏表现力，则会使得节目缺少一些足够有爆发力的看点。节目的最终呈现效果很大程度上依赖于对明星嘉宾的选择，《幸福三重奏》的成功离不开三对夫妻自身的话题度和表现力，说明此节目依赖于明星夫妻自身商业价值和其粉丝数量。因此，如何弱化明星嘉宾自身的光环，通过游戏环节和综艺规则的设置，以及内容和形式上的丰富，使得节目有更多冲突和故事，是情感类慢综艺需要进一步去思考的问题。

（二）重视情感表达，“走心”才“走量”

自 2014 年从韩国引进的《奔跑吧兄弟》获得大量关注度后，国内综艺市场纷纷主打流量明星＋竞技游戏对抗的模式，明星真人秀节目均占领收视高地，取得了不错的成绩。但热播过后，节目模式同质化、观众审美疲劳等问题也亟待解决，观众是否持续

关注节目,除了流量明星与环节设置,更需要情感的加持。

与突出娱乐性的快餐式综艺节目相比,情感类慢综艺更重视情感和情怀。《幸福三重奏》中,嘉宾褪去了明星光环,回归到生活本来的面貌,没有大量任务的设置,夫妻之间的相处更真实和自然。在纯粹的夫妻生活中,观众能看到细水长流的婚姻状态、甜蜜如糖的新婚生活,也能看到因柴米油盐引发的争吵。《幸福三重奏》呈现给观众亲密关系最原始的样貌,与观众达成情感上的共鸣。

前期有最真实的镜头,后期加工没有过多的修饰,只有用最朴实的手法才能传递出触动人心的画面。情感类慢综艺节目不是要刻意凸显情感,也不是内容拖沓,唯"慢"至上,而是要用心和走心,在制作中重视情感表达,紧密联系受众的情感生活,用情感与用户构建联系,增强用户参与黏性,才能增加节目收视率、扩大节目的影响力。

(三)强调内容抓取,关注细节表达

"无干扰"的慢综艺节目制作,一方面要求明星足够有趣,另一方面也对内容生产者提出了更高的要求,尤其是导演抓取细节的能力。在原始的素材中,细节的展现点往往是分散的,或者说是不新颖的。

比如在节目中,三个家庭都遇到了"打蜜蜂"这一事件,不同的夫妻有着不同的处理方式,若没有捕捉到其中一家打蜜蜂的画面,那这一情节将无法实现同场景三个家庭的对比。又比如节目中大S感冒后,汪小菲为妻子熬汤。煲汤是夫妻生活中较为常见的场景,但是节目的镜头给了白萝卜特写,与下一个大S要求老公在汤中加萝卜的画面遥相呼应,后期加工对"萝卜"这个细节进行了放大,这让观众能够从节目中看到汪小菲对妻子的体贴,更加感受到幸福生活的内涵,从而更加细节化地传递出了节目的价值观。大S"剥虾论"话题的由来,也是在内容生产者对于节目细节内容抓取和放大之后,市场传播再次进行推动的结果。

慢综艺的特点在于真实自然,而内容生产者抓取细节的能力则是十分重要的一部分。《幸福三重奏》有着大量的细节内容抓取,可以为情感类慢综艺节目提供借鉴。

〔曹晚红,中国传媒大学电视学院教授;时佳琪,中国传媒大学电视学院硕士研究生;陈欣瑜,中国传媒大学电视学院硕士研究生〕

图书在版编目(CIP)数据

中国新闻传播研究. 区域融媒体传播 / 高晓虹主编. --北京 ：中国传媒大学出版社，2019.12
(传媒集刊)
ISBN 978-7-5657-2683-5

Ⅰ. ①中…　Ⅱ. ①高…　Ⅲ. ①传播媒介－研究－中国　Ⅳ. ①G219.2

中国版本图书馆 CIP 数据核字(2019)第 292654 号

中国新闻传播研究:区域融媒体传播

ZHONGGUO XINWEN CHUANBO YANJIU:QUYU RONGMEITI CHUANBO

主　　编　高晓虹
副 主 编　刘　宏　赵淑萍　曾祥敏
策划编辑　王雁来
责任编辑　王雁来
特约编辑　周　蓉　陈　霞　徐媛媛
封面设计　拓美设计
责任印制　李志鹏

出版发行　中国传媒大学出版社
社　　址　北京市朝阳区定福庄东街 1 号　　**邮　　编**　100024
电　　话　86-10-65450528　65450532　　**传　　真**　65779405
网　　址　http://cucp. cuc. edu. cn
经　　销　全国新华书店

印　　刷　北京玺诚印务有限公司
开　　本　787mm×1092mm　1/16
印　　张　15.5
字　　数　276 千字
版　　次　2019 年 12 月第 1 版
印　　次　2019 年 12 月第 1 次印刷

书　　号　ISBN 978-7-5657-2683-5/G・2683　　**定　　价**　78. 00 元

本社法律顾问:北京李伟斌律师事务所　郭建平